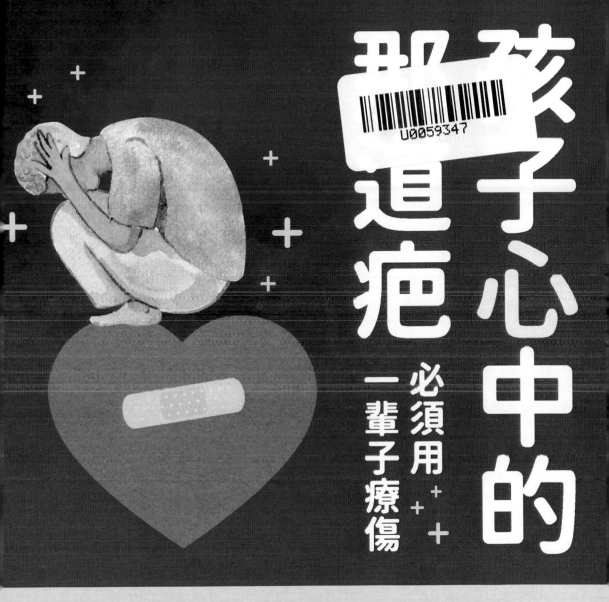

孩子心中的那道疤

必須用一輩子療傷

U0059347

你眼中的最佳避風港，竟是孩子急欲掙脫的囚籠？

每日放學回家滿面愁容、一看見父母就緘默不語，
跟誰傾訴都可以就是不想找你，這樣的親子關係怎麼行！

你是否從來不讓孩子發表反對意見？
你是否老在孩子面前犯錯又死鴨子嘴硬？
你是否幫孩子安排一堆補習班，卻從沒問他累不累？
在找孩子談心之前，家長該好好審視自己！

胡郊仁，曉秋 編著

目錄

第三章　讓孩子在充滿讚美的家庭中成長

第四章　用濃厚的書香薰陶孩子的心靈

第五章　從小培養孩子的藝術細胞

第六章　家境再富也要「窮養」孩子

第七章　教孩子在家中學會獨立

第八章　家庭結構不同，重在因材施教

第九章　別讓錯誤的家教觀耽誤孩子

第十章　向國外家長學習家庭教育

前言

　　為了探知兒童對自己的家庭和父母究竟有哪些最迫切的需求，一位學者走訪了二十多個國家，對一萬多名膚色不同、經濟條件各異的學齡兒童進行了一次大規模調查。調查結果出爐後，所有人都深感意外：孩子對家庭和父母的首要要求不是物質條件 —— 他們對吃的、穿的、用的和玩的東西似乎都不太在意，他們更關注的是家庭精神生活、家庭氛圍和父母對他們所採取的態度。孩子心目中的理想家庭有著友愛、輕鬆、寬容、民主和活潑的氛圍，而他們最討厭冷淡、緊張、沉悶、專橫、毫無生氣的家庭氛圍。

　　良好的家庭氛圍可讓孩子感到舒服和親切，有助於他們健康茁壯地成長。而不良的家庭氛圍則恰恰相反，不僅會讓孩子遠離快樂，還會使他們經常處於緊張、憂慮、困惑等狀態中，甚至導致他們學業成績下降，繼而引發價值觀、人生觀的扭曲等一系列問題。

　　讓我們來看一組資料 ——

　　兩百多年前，美國康乃狄克州有個叫嘉納塞‧愛德華茲（Jonathan Edwards）的人，不僅很有學問，而且重視自身修養，也十分重視營造良好的家庭氛圍。他的家族至今已延續八代，其中出了 1 位副總統、1 位大使、13 位大學校長、103 位大學教授、60 位醫生、80 多位文學家、20 位議員。在長達兩個世紀的時間裡，沒有一個後代入獄、被捕、被判刑。同樣是兩百多年前，美國紐約州有個名叫馬克斯‧裘克斯（Max Jukes）的人，是個不務正業的酒鬼、賭徒，對家庭不管不顧，對子女不理不睬。他的家庭至今也繁衍了八代，在這八代子孫中，有 7 個因殺人被判刑，有 65 個盜竊犯、234 個乞丐，因酗酒死亡或殘廢者多達 400 人。

　　讓我們再來看一組資料 ——

　　某市對 236 名失學少年進行了原因調查，結果令人震驚：在這些少年

中，家庭破裂或瀕臨破裂邊緣、父母經常吵架的占 43.6%；父母經常任意體罰子女的占 28.4%；家庭生活糜爛、父母盲目追求物質享受而忽視精神生活的占 37.7%。

一興一衰的兩個美國家庭和失學少年的相關調查給我們的啟示是多麼深刻！毋庸置疑，這兩組資料足以說明家庭氛圍對孩子的心理健康發展和品格的形成有何等重要的作用。托爾斯泰曾經說過：「全部教育，或者說千分之九百九十九的教育都歸結到榜樣上，歸結到父母自己生活的端正和完善的舉止上。」由此可見，為人父母者應該努力提升自身的修養，為孩子營造良好的家庭氛圍，讓孩子從潛移默化中受到教育，健康成長。

蘇聯教育家蘇霍姆林斯基（Vasyl Olexandrovych Sukhomlynsky）認為：「家庭氛圍既是進行家庭教育的前提條件，也是一種積極有效的教育方式。」如果說孩子是顆種子，那麼家庭就是土壤，家庭氛圍便是空氣和水。家庭氛圍屬於家庭的精神環境，它雖無形，對孩子的一生卻至關重要。

編者

第一章
為孩子創造幸福的「安樂窩」

　　有人說：「有父母的地方就是家。」這個家不是屋子，而是血緣與親情交融構建的一片天地，更是孩子永久的港灣。因為那裡有守候的父母，有父母的愛，家是愛的源頭。即使家的位置或成員會改變，可是家的概念在每個人的心中都不會變 —— 有父母的地方就是家，有家就有愛。從這個意義上來說，父母有責任為孩子創造一個幸福的「安樂窩」。

家庭是孩子成長的搖籃

胡適曾經說過：「一個人小的時候最是要緊，將來成就大聖大賢大英豪大豪傑，或者是成為一個大奸大盜小竊偷兒，都可在其所處的家庭環境中辨別出來。」我們每個人從脫離母體呱呱落地、降臨人世身為一個社會成員起，首先融進的便是家庭環境。可以說，家庭是孩子的第一個生活環境，家長，尤其是父母，是孩子無法選擇的首任老師，而家庭教育是孩子接受教育的開端。嬰幼兒的頭腦像張白紙，很容易塗上各種顏色。在孩子生活的早期，家長和家庭生活會對他們帶來各式各樣的影響，這些影響會在他們的心靈留下難以消除的深刻烙印。所以，家庭環境的營造，將會影響到孩子的一生，成為其成長的基石。

和諧的家庭環境能讓孩子感到舒服和親切，他們從中感受到父母之愛和家庭的溫暖，身心便會得到健康的發展。反之，如果家庭不和睦，孩子就會生活在冷漠的環境中，長此以往，孩子就會缺乏安全感。

近年來，兒童問題越來越引起社會關注。只要稍加留意，就會發現那些「問題兒童」大多出於「問題家庭」。從這點上也可反映出家庭環境對孩子成長的重要。所謂「問題家庭」的範圍很廣，例如：夫妻不和，經常吵鬧；夫婦分居，子女分離；單親家庭，子女接受的親情不完整 …… 總之，家庭有問題的孩子，由於得不到正常的照顧和愛護，又得不到適當的管教和引導，所以很容易形成偏激的性格，以致行為出現偏差，成為「問題兒童」。

這是擔任四年級導師的李老師在一次家長會上舉出的例子：

幾年前，我班上有個叫小英的學生，她一向不喜歡讀書，上課從不認真聽講，課後也從不認真寫作業。因此，我決定上門拜訪。

經過幾番詢問，我終於來到一幢兩層高的小樓前。一個 50 歲左右的婦女從二樓走廊探頭熱情地和我打招呼。她匆忙下樓，卻沒為我打開前面的門，反而帶我繞了一圈來到屋後。「哎呀，真對不起老師，前面的房子都租給外地的工人，我們平時只能從這個小門出進。」她邊說邊請我進

屋坐，可是哪裡有走廊？門口堆著亂七八糟的雜物，連下腳的地方都沒有。我不便進屋，就在門口和她聊了幾句。原來她就是小英的母親，夫妻倆都主動放棄外出工作的機會，只靠出租有限的幾個房間維持生計。

透過交談，我感覺他們的家庭不太和睦。夫妻都沒讀過幾年書，沒什麼知識。對許多問題的意見有很大分歧，感情也不深，經常爭吵，在小孩的教育問題上意見也很不一致。爸爸比較關心女兒，但在教育孩子方面缺乏正確的方法，使得小英有很多陋習。媽媽對女兒則只關心吃穿，覺得把她養這麼大已經很不容易，當孩子犯錯時，只用粗暴的打罵來教訓……

在回來的路上，我感慨萬千，在這樣的特殊家庭中，小英能健康成長嗎？

由此可見，家庭環境對孩子的健康成長有多重要的影響。很多家長面對不聽話的孩子時，總是抱怨他們「不爭氣」、「沒出息」、「丟臉」。可是，這些家長有沒有想過，孩子之所以不聽話，絕大部分責任還是在於家長，而非孩子。你是否為孩子提供良好的家庭環境？你是否為孩子的健康成長付出過什麼？

歐美一些國家曾在 20 世紀做過探索幼兒成長因素的實驗，試圖為因戰爭而失去父母或其他各種原因父母無力撫養的孩子建立一些撫養機構，有政府官辦或私立的兒童收養中心、托兒所和個人領養等形式。研究結果顯示：不管這些機構受過多好的訓練，工作人員多有愛心，專業知識有多豐富、多麼悉心照料那些沒有家長的兒童，沒有任何代理機構（包括宗教性質的，專業護理等）有能力替代父母的親自撫養。

是的，孩子在成長過程中，會不斷受到客觀環境的影響，其中影響最大的，莫過於家庭環境。身為家長，請切記，在生活中，你為孩子營造的是怎樣的環境，孩子將來就容易成為怎樣的人：

> 指責中長大的孩子，將來容易怨天尤人。
> 敵意中長大的孩子，將來容易好鬥逞能。
> 恐懼中長大的孩子，將來容易畏首畏尾。

> 憐憫中長大的孩子，將來容易自怨自艾。
> 嘲諷中長大的孩子，將來容易消極退縮。
> 嫉妒中長大的孩子，將來容易鉤心鬥角。
> 羞辱中長大的孩子，將來容易心懷內疚。
> 容忍中長大的孩子，將來會極富耐性。
> 鼓勵中長大的孩子，將來會充滿自信。
> 讚美中長大的孩子，將來會心存感恩。
> 嘉許中長大的孩子，將來會愛人愛己。
> 接納中長大的孩子，將來會心胸廣大。
> 認同中長大的孩子，將來會掌握目標。
> 分享中長大的孩子，將來會慷慨大方。
> 誠實公平中長大的孩子，將來會維護正義真理。
> 安定中長大的孩子，將來會信任自己、信任他人。
> 友善中長大的孩子，將來會對世界多一份關懷。
> 詳和中長大的孩子，將來會有平和的心境。

是的，家長無法控制社會上的不良風氣與影響，但可以給孩子關愛與溫暖；家長可以沒有寬敞、漂亮的房子，但可以給孩子和諧、民主的家。所以，聰明的家長，請給孩子營造和睦的家庭環境吧！

與孩子同步成長很重要

事實顯示：家長與孩子同步成長很重要。

「沒有父母的成長，就沒有孩子的成長。」一個優秀的孩子成長為優秀人才的背後，往往能看到父母與孩子共同成長的痕跡。

然而，在現實生活中，很多家長在傳統教育觀念的影響下，總認為家長就該高高在上，孩子就該服從家長，聽家長的話。在這種觀念影響下，家長又怎能與孩子一起成長呢？

在某個幼稚園，新學期開始時，新來的一批孩子當中，有幾個孩子有不愛睡午覺的習慣，針對這種情況，老師想了個辦法，把他們的床都靠牆

放，午睡時就讓那幾個孩子面朝牆睡。老師覺得，這樣一方面孩子的注意力不容易分散，另一方面還可以減少他們與其他小朋友說話的機會。沒想到不到一星期這個方法就失敗了。

有天，午餐散步結束後，老師正帶孩子走向午休室。突然，一個叫欣欣的孩子跑到老師面前說：「老師，您別讓我對著牆睡覺好嗎？我對著牆睡覺心裡不舒服。」當時老師愣住了，彎腰抱起她說：「那好吧，老師不讓妳對著牆睡覺了。」他聽了老師的話很高興，還把這件事告訴身邊的小朋友。看到欣欣的舉動，老師心裡有種說不出的滋味。

晚上回家後，這個老師在想白天孩子說的話。於是她做了一次試驗，把家裡的床搬到牆邊，然後側身對著牆躺下。這時她才感覺到真的很不舒服！心裡有種說不出的壓抑感。順著牆往上看，那牆顯得很高很高，而且像是就快倒下來，於是心裡就更不舒服了。原來對著牆睡覺是這種感覺，老師意識到自己真是大錯特錯了！

第二天，老師早早來到幼稚園，把那幾個不愛睡覺的孩子的床，全部搬離那面高牆，重新擺好。

這個故事告訴我們：家長要放下架子，與孩子一起經歷生活的歡笑與淚水，孩子才會健康快樂地成長。心理學家黑爾加‧吉爾特勒（Helga Gürtler）說過：「如果你放棄權力，放棄你的優越感，那麼你就有更多機會得到孩子的信任和尊敬。」因此，在教育的過程中，家長應該把自己與子女擺在平等的位置上。

與孩子一起成長，還表現在家長要與孩子一起學習，甚至在某些時候虛心地向孩子學習。

當孩子遇到問題或出現錯誤時，家長應該透過教育讓孩子明白事理，改正錯誤。如果家長發現孩子具備自己沒有的長處和優點時，就該主動扮演受教者，向孩子請教，向孩子學習。

韓愈說：「師者，所以傳道、受業、解惑也。」我們從中可以看到，能告訴你做人之道，向你傳授學問，幫你解決疑難問題的人，皆可稱之為師。

在現今這個新事物層出不窮的時代，家長已經不再是知識的權威，在一定程度上，孩子獲取的資訊量可能遠比家長大得多，此時家長就該放下架子，明智地以孩子為師，向孩子學習自己不懂的知識。家長虛心向孩子學習，這就是給孩子最好的讚揚、鼓勵、賞識和尊重。

一個媽媽在家長學校聽完教育專家的課後，決定採納專家的建議，向孩子學習，與孩子一起成長。

回到家後，這個媽媽對自己國一的兒子說：「我想學英語，我們公司要求每個人英語考試都必須及格，否則就不能加薪。我這些年都沒碰英語，早就忘光了，你能來幫我，教我學英語嗎？」

兒子聽到這話，覺得既新鮮，又有些誠惶誠恐，他不好意思地對媽媽說：「我的英語不好呀，我怕沒法教妳。」

媽媽說：「你總比我強呀，我就從你們國一的課本開始複習，我快點補課，不會的就問你，等我的進度跟你一樣了，就讓你教我。好不好？」兒子說：「試試看吧！」

媽媽的公司也的確要求員工學英語，於是，她真的開始認真自學。她每次問兒子時都表現得很虛心，而且不時誇獎或感激兒子，這就讓兒子很重視這件事，覺得自己有責任把媽媽教好。

為了更能好好教媽媽學英語，他的學習態度有了很大的改變，經常請教老師，學英語時越來越努力，成績也不斷進步。

以孩子為師不只是激發孩子學習熱情的好方法，同時還是讓孩子接受我們的好方法。在以孩子為師的過程中，家長與孩子可以像多年老友般無話不談。更可喜的是，當孩子是我們的老師時，他的自我控制能力會增強，同時還能為家長提供有價值、有創造性的意見和建議。

除了和孩子一起學習、陪伴孩子成長外，在日常生活中，家長也完全可以邀請孩子做自己的小幫手，讓孩子幫忙做些家事。看到他們做得好的地方，就向他們請教，讓孩子來教我們，這時孩子會很得意，便做得更起勁。當孩子和我們一起做完事情後，應當真誠地表示感謝，讓孩子知道他

的幫助對我們非常重要。同時，家長千萬不能因為孩子能力不足，認為他越幫越忙而拒絕或敷衍他，這樣最容易打擊孩子的熱情和積極心理。孩子是在鍛鍊中成長的，與家長合作的愉快經驗，有助於引導孩子與別人合作，培養他們良好的團隊精神和協作能力。

尊重孩子的成長規律

　　法國思想家、教育家盧梭曾說過這樣一番話：「大自然希望兒童在長大以前，就要像兒童的樣子。如果我們打亂這個次序，就會造成一些果實早熟，它們長得既不豐滿也不甜美，而且很快就會腐爛。」這句話值得所有「望子成龍」的家長深思。

　　每個孩子在漫長的成長過程中，都有自己的身心發展規律。像動植物一樣，每個階段都有不同的特點。出生時不一樣，出生後一個月又不一樣，3 歲時和 4 歲時不一樣，學齡前和小學階段也不一樣。

　　就以思考來說，0 至 3 歲是靠直觀的動作思考來引導自己的活動，4 歲則從動作思考過渡至形象思考，5 至 6 歲開始過渡向抽象邏輯思考。如果孩子較早上小學，他的抽象思考能力還很弱，那麼學起數學來就更加費力。因為數學是以抽象邏輯思考為主的活動。

　　再比如，很多家長說孩子做作業拖拉，動作慢，字寫不快，還寫得歪歪扭扭。從生理上來說，有個原因就是：寫字是一項精細且持久的高難度勞動，需要手腕的精細動作達到一定水準，需要視覺和動作協調良好。如果孩子的手部肌肉力量不夠強，沒有發育到能完全勝任寫字的程度，寫起字自然就吃力多了。如果家長不了解這一點，認為是學習態度不正確、不認真，豈不委屈了孩子？

　　再者，剛上一年級的孩子上課坐不了多久就無法專心聽課，原因之一是，一、二年級的孩子的注意力集中時間一般為 10 至 15 分鐘。隨著孩子年齡的增長，注意力的集中時間就會延長。這時有的家長總以為孩子對讀書沒興趣，好動愛熱鬧，甚至懷疑孩子有過動症。還有，常聽到很多家長

說孩子考試太粗心，不該錯的地方卻出了錯。其實有時並不是孩子有意犯錯，而是小學低年級的孩子由於大腦和神經系統還沒發展成熟，記憶的瞬間性、注意力的短暫性、思考不夠周密等因素都會造成粗心。這些在成人看來低級而簡單的錯誤，會隨著孩子大腦和神經系統功能的成熟和完善而自動消除。

義大利教育家蒙特梭利說得好：「每個人的成長都有個過程，在某個年齡階段該領悟什麼樣的問題，其實是固定的，你沒辦法強求，過分人為地加以干涉只會毀了他。」

所以說，既然孩子的成長有自然發展規律，那就要順著它的「成長趨勢」讓孩子自由發展。像農作物必然要經過一定時間才能成熟一樣，揠苗助長只會適得其反。所以，家長不能超越自然規律，只能等待，花時間等待孩子的成長。

同樣都是成長，但是也有個體差異，孩子的成長有快有慢。個性氣質、智力結構、認知水準、知識經驗、心理特點等的不同都會決定孩子在同一發展階段上的差異，加上孩子所處環境以及成人施加教育影響的不同，以致有的孩子發展得快些，早早就鋒芒畢露；有的孩子發展得慢些，可能屬於大器晚成。比如只要有語言環境，孩子遲早能學會母語，但有的孩子說話較早，有的則較晚；在小學階段平平無奇的孩子，到了中學可能一鳴驚人，令人刮目相看。就像長跑運動員，在起點慢的不一定全程都慢，在終點的勝利者也許在起點並不快。成長過程中只有相對的而沒有絕對的快與慢。

所以，面對孩子的教育問題時是急不來的。不要因為看到孩子 3 歲了還一句話都說不完整，就懷疑其智力是不是有問題；不要看鄰家孩子會背唐詩會算數，就埋怨自家孩子怎麼還不會；不要看到孩子剛上小學，上課注意力不夠集中，屁股坐不住，家長大腦就亮起「紅燈」：孩子會不會是得了過動症呀？於是四處求醫問藥；不要看到孩子考了八十多分，神經馬上繃緊，急急上網求助：我的孩子成績不好，怎麼辦呀！我都絕望了！

　　愛迪生上學才 3 個月就被老師責令退學，如果他的母親也和老師一樣對愛迪生失去信心和耐心，那麼就不會有今天的發明大王；愛因斯坦 4 歲多還不會說話，上小學後也被認為是低能兒，但他父親耐心的鼓勵一直推動著他不斷進步；美國歷任總統中，堪稱好學的威爾遜到 9 歲才學會 26 個字母，12 歲才識字；小時候的達爾文在父親眼裡簡直是遊手好閒之輩，整天打鳥、玩狗、抓蟲子，但父親最後還是放棄讓孩子學醫的願望而讓自己融入孩子的嗜好中。這樣的例子很多。

　　其實，個體的差異、先天的稟賦、後天的教育等都會造成孩子之間的千差萬別。就像人的手指有長短，孩子的才能也各有千秋。美國哈佛大學霍華‧加德納（Howard Gardner）教授指出，人有八種智慧：語言文字智慧、數學邏輯智慧、視覺空間智慧、身體運動智慧、音樂旋律智慧、人際關係智慧、自我認知智慧、內省智慧。這個理論告訴我們，不同的孩子有不同的智力結構和側重點。家長不必為孩子某方面暫時的落後而唉聲嘆氣。

　　所以，每個孩子都是不同的、獨一無二的。家長不要總拿孩子和別人比，期望值不能太高，希望孩子樣樣出色，當全能選手是不合現實的。太早對孩子下定論，容易失去客觀的判斷標準，偏離正常的教育軌道。

　　操之過急，期望過高，讓自己徒增煩惱和焦慮不安，會在自己的負面情緒主宰下做出對孩子打罵、發脾氣、嘮叨不停甚至歇斯底里的行為。不管是家長的不良情緒還是行為，都會影響孩子心理的健康發展，最後只會讓孩子越來越遠離家長的期望。

　　家長要做的是去發現孩子的長處，要仔細觀察孩子的特點和優勢，積極尋找孩子身上的優點，找到孩子的最有才華之處，再創造適當的條件去培養這方面的能力，揚長避短。如果不顧孩子的特點，所學內容不是出於孩子的意願而是家長所逼，或者說，要孩子學的正是孩子力所不能及的，那麼只會費力不討好，增加孩子的心理負擔又無法得到理想的效果。

　　可以說，最好的家庭教育應該是那種處於自然狀態、遵循孩子身心發

展和成長規律的家庭教育，而不是按照家長滿意的模子製造產品的家庭教育！唯有尊重孩子的成長規律，孩子才能朝著良性的方向健康成長！

培養孩子的自我意識

有位心理學家在做動物實驗時曾遇到這樣一件有趣的事：心理學家給小猴子一些木塊，讓牠用木塊換糖吃，換到後來，木塊用完了，牠就用自己的尾巴來換糖，這位心理學家捧腹大笑。為什麼看起來挺聰明的小猴子會做出這麼可笑的動作，而再笨的孩子也不會用自己的手或腳去換糖吃呢？原因在於，猴子無法區分自己尋周遭的事物。而人則不同，人能夠了解自己以及自己與周遭世界的關係，人有自我意識。有無自我意識是動物和人在心理上的分界線。

自我意識是指一個人對自己的認知，包括對自己和周圍他人關係的認知。自我意識能在人的心理活動和行為中發揮調節作用，是行為的強烈動機，它對孩子的心理發展有重大意義。孩子怎樣了解自己，怎樣安排和處理自己與周遭世界以及與別人的關係，怎樣評估自己的能力，具有什麼樣的自我價值觀，建立什麼樣的自我形象等，會直接影響他們能否積極適應社會，能否保持心理健康，能否在學習和生活中順利前進和發展。

家長培養與利用孩子的自我意識，可以有效促進其學習與心理健康的水準。一個具有良好自我意識的孩子，會在各方面表現出優秀的才能而不斷成功。反之，如果孩子在自我意識的發展中出現不良傾向，又沒有及時調整，會使孩子的個性和行為發生偏異，以後要矯正就難了。所以，家長應當注意培養孩子良好的自我意識。

甘順上小學一年級時，媽媽就開始讓他每天走 5 分鐘路程到社區值班室去拿牛奶。一開始那幾天，他很高興，準時跑去拿牛奶。但有個星期天，甘順賴在床上不肯起來去拿牛奶，說自己好睏好睏。媽媽說：「如果牛奶工也說睏，不起床送牛奶，那大家有牛奶喝嗎？我睏了，不起來做早餐，你就要餓肚子了嗎？該自己做的事，不可能因為有了困難就

不做。如果你不去拿牛奶，那我們全家人就要缺少一頓美味了。」甘順一聽，馬上意識到自己在家中的重要位置，他低著頭，不好意思地說：「媽，我知道了，我以後不會再賴床了。因為我發現，你們少不了我！」

故事中，甘順有了強烈的「自我意識」，開始意識到自己在家中所處的位置，這是很值得家長高興的事。

那麼，如何培養孩子良好的自我意識呢？家長應該努力做到以下幾點：

培養孩子的自我認知

家長引導孩子進行正確的自我認知，主要是要引導孩子解決兩個矛盾：孩子自己心目中的「我」與實際的「我」的矛盾；自己心目中的「我」與他人心目中的「我」的矛盾。在操作中，家長引導孩子了解實際的「我」，可以透過一些比較，使孩子逐漸對自己有準確的認知。比如：家長可以讓孩子與過去的「我」比較，用筆記、攝影、錄音記下孩子的成長過程，過一段時間拿出來讓孩子看看、聽聽，讓孩子由此知道「我」的進步、退步或停滯；讓孩子與同齡的孩子比較，了解自己的發展狀況和能力水準，了解自己的長處和短處；讓孩子與成人和優秀人物比較，了解自己的差距，增強進取意識；讓孩子與之前的「我」比較，給孩子設計一些做起來吃力、但經過努力可以完成的任務，使孩子了解自己潛在的能力。

培養孩子的自我評價能力

自我評價是自我意識的核心，它對於孩子道德品格的形成、道德行為的培養極為重要。家長應當為孩子創造自我評價的情境，促進孩子自我評價能力的發展。要知道，孩子最初的自我評價能力是根據成人對他的評價而形成的。因此，家長對孩子的評價應當比孩子的實際情況略高一點，使孩子經過努力可以達到，這樣有利於培養孩子的自尊心和自信心，使孩子能正確地評價自己。另外，家長要努力安排一些孩子經過努力能夠成功的活動。成功的次數越多，孩子對自己能力的評價越高；成功的範圍越廣，

孩子對自己的全面評價也就越高。這樣有利於培養孩子自信、自我接受、勤奮、樂觀的個性，使自我意識中積極的成分占主導地位，從而促使孩子獲得更多、更大的成功。

教育孩子接受與悅納自我

悅納自我是發展健全的自我意識的核心和關鍵。一個人首先應該自我接納才能被別人所接納。只有在悅納自我的基礎上，培養孩子自信、自立、自強、自主的特質，才能促進其發展自我和更新自我。

引導孩子有效地控制自我

自我控制是人主動定向地改變自我的心理特質、特徵和行為的心理過程。有效地控制自我是健全自我意識、完善自我的根本途徑。因此，應該從小就要發展孩子的自我調節與自我控制能力，使他們盡早實現自我教育。

以身作則，做孩子的榜樣

從前，有個農婦老來得子，對兒子百般寵愛，孩子不管做什麼事，做母親的都會大加「讚賞」，積極「鼓勵」。

有一次，兒子從鄰居家裡偷了根針回來。母親一看，非常高興，稱讚她的兒子很聰明、很有出息。兒子得到母親的應允，就把「偷」當作樂事，經常從外面偷東西回家。

終於有一天，兒子因為偷東西被官府抓到，因為案情嚴重，兒子被當場判斷。

行刑時，監斬官問他還有什麼要求。兒子淚流滿面，他要求再吸一次媽媽的奶。

母親走上刑臺，將乳頭放入兒子口中時，兒子一口將母親的乳頭咬

下，並說：「媽媽，我是吃妳的奶長大的，如果在我開始偷東西時，妳好好地教育我，哪怕就是打我，我今天也不至於落得被殺頭的下場。」

母親一聽此話，悔恨交加，痛哭不止。

這個故事對我們每位家長教育自己的孩子都是個很好的啟示。

家長是孩子言行的示範者，是孩子人生道路上的第一任老師。家長舉手投足都會潛移默化地影響著孩子。要想把孩子教好，家長必須隨時注意自己的言行，做好自我教育。

作為家長，我們在平時的生活中就應該特別注意自己的一言一行，用自身良好的行為去引導孩子。這樣，就更能體會到「此時無聲勝有聲」的效果了。

遺憾的是，並不是每位家長都知道這個道理。生活中，我們的很多家長非但不能為孩子建立好榜樣、給困惑的孩子正面引導，還因為自己的壞習慣影響孩子的成長。具體有以下幾種情況：

▶ 懶惰庸俗，粗話不離口，動不動就粗言穢語。

▶ 有打牌嗜好，經常在家裡開牌局，讓嘈雜的麻將聲干擾了琅琅的讀書聲。

▶ 教育孩子的方式是說一套，做一套，要求孩子做到的，家長自己卻做不到。比如，要求孩子不看電視，自己卻在客廳裡把電視開得很大聲，影響孩子讀書。

▶ 帶著孩子一起闖紅燈，在孩子面前隨地吐痰，在與人交談時很不禮貌地嚼著口香糖。

這些，孩子耳濡目染，看在眼裡、記在心頭，不知不覺就會被同化了。

孩子本無過，家長的影響和教育是孩子成長的推動力，至於向哪個方向推，就取決於家長的自身素養、教育觀念和教育方法了。一個合格的家長必然懂得，即便我們培養不出曠世英才，至少也應用自己的模範言行，為孩子從小奠定一生的良好基礎，使孩子逐漸形成在知識經濟社會能終身受益的良好品格，讓勤奮、進取、理性、公正、民主、誠信、理解、同

情、團結等成為孩子自我完善的目標。

小女孩小安把幼稚園的玩具悄悄帶回家，但她告訴爸爸是幼稚園發的。爸爸知道實情後很生氣，對小安說：「妳這種不誠實的行為爸爸很不喜歡。妳必須接受懲罰。」

爸爸做出三項決定讓孩子選：第一，取消一週吃霜淇淋的權利；第二，取消週日到公園玩的資格；第三，接受體罰。對這三項，孩子必須選一樣，小安感到很無奈，既不想一週不吃霜淇淋，又不想取消期盼很久的去公園玩的安排，她只得選擇第三項。但她提出，必須有人當監刑官，以保證她的權利和自尊不會受到損害。爸爸答應了。等到中午孩子媽媽回家，媽媽一進門，孩子便飛快跑到沙發邊，趴在沙發上，讓爸爸對她實施「體罰」。

沒過幾天，爸爸同樣也受到女兒的懲罰。原因是：爸爸原本答應送小安去學校，但因為晚上加班太累，所以多睡了一會兒，導致小安上學遲到。到學校後，爸爸對小安的老師解釋：「孩子早上睡過頭，所以遲到了。真對不起呀！」這句謊言引起小安的不滿，小安認為，既然自己因為不誠實受到懲罰，那麼，爸爸不誠實也理應受到懲罰。

爸爸向小安承認錯誤，且願意受罰。

對這件事，小安記憶很深刻，她覺得爸爸是自己最好的榜樣。

家長們試想，如果我們對孩子的教育同樣公平、公正，同樣能給孩子建立良好的榜樣，那麼，我們的孩子又怎麼不可能朝著自己希望的方向發展呢？

孩子的心靈是張白紙，要靠他們自己在成長中塗上顏色。家長作為他們人生中第一個老師，其言行對孩子的影響深遠。家長想使孩子成為怎樣的一個人，自己就得先成為那樣的人，至少，應當向那個目標努力！

家長要做到以身作則，應達到十點要求：

▸ 孩子在場，父母不要吵架。

▸ 對每個孩子都要給予同樣的愛。

▸ 父母之間互相謙讓，相互諒解。

▸ 任何時候，父母都不要對孩子撒謊。

▸ 父母與孩子之間要保持親密無間的關係。

▸ 孩子的朋友來作客時，父母要表示歡迎。

▸ 對孩子提出的問題，父母要盡量答覆。

▸ 在孩子的朋友面前，父母不要講孩子的過錯。

▸ 注意觀察和表揚孩子的優點，不要過分強調孩子的缺點。

▸ 對孩子的愛要穩定，不要動不動就發脾氣。

　　以上十條要求，既有孩子對父母以身作則方面的要求，也有孩子對父母教育方式方法上的要求。家長只有在自己的一言一行中為孩子作好榜樣，孩子才能跟在家長後面學習他們的優點，從而變得優秀！

請給孩子充分的自由空間

　　有這麼一對年輕夫婦，總是埋怨自己孩子笨，並懷疑孩子發育不正常。為此，他們帶著孩子去請教一位專家。誰知這位專家和孩子交談後，給家長開了這樣一個家教偏方：「一張笑臉，兩句鼓勵，三份野餐，須在草地、河邊、陽光照耀下全家一起食用。『藥』不分劑數，週六、週日常用。」

　　原來，這位專家和那個小男孩談了一個多小時，發現孩子頭腦清晰、反應靈敏、用詞準確，壓根看不出有什麼不正常。孩子向專家透露：「我每天的生活很枯燥、乏味，早上吃完飯就上學，放學回家吃完飯寫作業，然後睡覺。星期六還得去補習班上課，有空還要練吹小號。好不容易爸媽說帶我出去玩一天，爸爸又說有事。我現在就想玩。」他還悄悄告訴專家：「你別跟爸媽說，我很想看卡通，但爸媽一回家就打開電視看股市行情，不讓我看。」根據孩子的訴說，專家得出結論：孩子一切都很正常，「不正常」的可能反倒是孩子的家長。於是，專家為他的家長開出上述家教偏方。

　　現在的孩子背負著太多重擔，他們的日常生活被大人的安排填滿，有時早上天還沒亮就背起沉重的書包上學，很晚了才疲憊不堪地回到家，而孩子的週末時間更是被各種補習班填滿……孩子的反抗招來的也往往是家長的不滿和訓斥。

　　孩子不能嬉戲、不能遊玩、不能看電視、不能上網……父母坦承，無法忍受孩子「虛度光陰」的做法。孩子的時間真的是白白浪費掉了嗎？其實不然。英國心理專家指出，對孩子來說，「虛度光陰」也是一種休息和能量儲備，反而是大人對孩子過多的安排會扼殺孩子的獨立性和創造力。專家呼籲，應允許孩子在一定程度上「虛度光陰」。

　　民國初年教育家陶行知指出，孩子的成長和發展需要有個寬鬆的、開放的、積極的環境，父母需要在熱切的期望和等待中引導孩子的成長。孩子的發展要遵循天性，不能任意抹殺孩子的創造欲，要給孩子足夠的空間，讓孩子自由發展。

　　給孩子自由空間，可以讓孩子早早學會自立；給孩子自由空間，孩子就會明白自己應該怎樣生活，應該如何為人處世，有了問題該怎樣解決；給孩子自由空間，實際上是給孩子獨立思考的時間 —— 現在的孩子「被動」的時候太多，甚至在忙碌中已喪失了獨立思考的習慣，這是件多麼可怕的事；給孩子自由空間，就是交給孩子培養想像力、激發創造力的時間 —— 很多孩子的時間被大量課業占據，根本沒有空間選擇自己想關注的事物，無法充分解放自己，這就影響了孩子的想像力；給孩子自由空間，可以培養孩子的懷疑精神 —— 當孩子忙於學習，沒有時間質疑，便會造成可貴的批判意識的喪失。

　　有位老師在日記裡寫了這樣一件事：

　　在故事〈三隻蝴蝶〉的教學中，我設計了故事表演這個段落。這時，我發現中班小朋友對角色扮演非常感興趣，特別是愛表演的峻峻顯得特別興奮，活動結束後還有些意猶未盡的感覺。於是我在活動的表演區放了些道具和頭飾，峻峻首當其衝，把最喜歡的紅蝴蝶頭飾戴在頭上。

　　第二天，我又在表演區準備了許多畫有紅蝴蝶、黃蝴蝶、白蝴蝶，紅花、黃花、白花的硬紙板以及竹片、迴紋針、雙面膠、糨糊等。活動開始了，峻峻第一個走過去，接著，又有幾個小朋友圍了過去，拿起桌上的東西開始議論：「這是什麼？沒有帶子，不是頭飾呀。」「這竹片是做什麼的？」峻峻歪著頭想了想說：「我們可以把硬紙板黏在竹片上，可以拿在手裡玩呀。」其他小朋友也紛紛贊成。於是他們動手操作起來，有的用糨糊黏，有的用雙面膠貼，有的用迴紋針，最後他們發現用迴紋針最方便。一會兒，紅蝴蝶、黃蝴蝶、白蝴蝶、紅花、黃花、白花紛紛「飛」到了竹片上。小朋友把它們舉在手裡蹦來蹦去。這時峻峻又發現了桌子上的大臉盆，端詳一會兒後興奮地叫起來：「對了，我們可以把三朵花種在裡面，把三隻蝴蝶拿在手上，這樣我就可以一個人表演了。」她馬上把紅花、黃花、白花插在沙子裡，有聲有色地講起故事。蝴蝶在她手裡翩翩起舞，一會兒飛到這裡，一會兒飛到那裡，從她充滿笑意的臉上，可以看出她的需求得到了滿足。

　　由此我體會到，兒童的發展是孩子在適宜的環境中，以主動、積極、內涵豐富的活動為基礎的。老師一定要了解孩子內在發展的需求，及時創設適宜的環境條件，激發孩子的興趣和求知欲，為孩子展現自我提供寬鬆自由的空間，給孩子自我發展的機會。

　　是的，正如這位老師所說，給孩子充分的自由和愛，孩子就會健康、快樂地成長。

　　當然，父母在給孩子自由的時候，應意識到自由是在一定界限範圍內的自由，而不是無法無天、胡作非為的自由，是尊重與愛的自由，是出於對孩子的深入理解所給予的自由，也只有這種自由，才能滋養孩子的身體和心靈。

營造家庭的民主氣氛

我們可以認為，民主和諧的家庭氣氛是現代文明家庭的象徵。然而，當下的很多孩子在描述自己的家庭時，都流露出厭惡：「家，那簡直就是一座監牢，我甚至不想在家多待一會兒。」

誠然，在很多家庭裡，孩子的事都是父母說了算，孩子的意見很少被父母尊重，從小就失去自主權，很多孩子有被父母壓制的感覺。這使得孩子稍大以後，就開始反抗父母的管制，向父母爭取尊重，爭取民主。

在一些孩子眼中，父母很霸道，看看他們是怎麼刻劃父母的：經常怒髮衝冠；聽不進我的意見；不理解我的喜好；老是說別人家的孩子好，看不到我的優點；不尊重我的選擇……

還有孩子這樣形容父母：父母就像個怎麼也甩不掉的枴杖；父母像警察，而且是刑警 —— 專門在你做了「壞」事後出現；父母是法官，我總是像個壞人……

在一次家長會上，一個國中的男孩說：「家長除了關心我以外，是世界上最不把我看成獨立個體的人。家長永遠只憑自己的直覺和自己的需求來判斷我的行為，因為他們永遠只把自己的孩子當成他們擁有的一部分。」

是呀，被占有式的愛包圍，孩子會永遠找不到自我，在家庭中也永遠找不到公平和民主。這個男孩說出很多孩子的心聲，孩子需要尊重，需要民主的家庭氛圍，需要自己獨立的空間。沒有誰想一站在家長面前就成了接受審判的對象，孩子們渴望得到在家庭中的發言權，渴望和家長平等對話。

瑩瑩從會說話那天起，就喜歡問「為什麼」，瑩瑩不停地問，爸爸媽媽不停地回答、不停地學習，與她一起探究世間的奧妙。這種民主的家庭氣氛，給了瑩瑩一片思索的天地。瑩瑩上學後，也喜歡問老師問題。總之，無論在哪裡，她都願意表露「真我」的一面。

　　一次，瑩瑩從學校回來，進門就對正在看報的爸爸滔滔不絕地講起自己的成績。原來她期中考考得很好，數學還取得全年級第一名的成績。爸爸拍拍瑩瑩的肩膀說：「好樣的，不愧是妳老爸的女兒。」

　　瑩瑩非常激動，接著又說了班上的情況，還說了其他同學的成績。看著女兒興奮的樣子，爸爸實在不願打斷她的話匣子，心想讓她高興也好，畢竟入學以來她第一次拿到這麼好的成績。於是女兒激動地說著，爸爸也高興地分享著女兒快樂的心情。第二天，爸爸才提醒女兒不要太得意，因為驕兵必敗。

　　瑩瑩的爸爸不愧是個開明的家長，他在教育孩子的問題上，總是懂得「放手」，從而創建了一個民主和諧的家庭氣氛，對瑩瑩的健康成長大有益處。

　　我們在追求社會民主的同時，不能忽視家庭民主的重要性，更不能忽視家庭民主在家庭教育中的作用。一個家庭的民主氣氛表現在尊重孩子的個性發展，尊重孩子的發言權、參與權，不把孩子當做私有財產，而是把孩子當做有獨立人格的個體尊重。對孩子要事事用商量的口氣，並且給他們自己做主的權利，父母的任務只是給予指導，而不是替孩子做決定。

　　在民主平等的家庭氛圍中，父母和孩子之間才能相互信任、相互理解、相互尊重。要知道，千百萬個民主家庭才能匯聚成一個民主平等的社會。

　　父母要創建民主和諧的家庭氣氛，應從以下幾方面做起：

▸ **不要濫用家長權威**：父母不要老是禁止孩子做這做那，不能要求孩子無條件服從，重要的是鼓勵孩子去做有益的活動。

▸ **父母要信任自己的孩子**：父母不要胡亂猜測，武斷地下結論。如果孩子的同伴告訴你，你的孩子打了人，或是拿了別人的東西，你不要隨意搜孩子的口袋，而要耐心聽孩子講出事情的前因後果。否則，孩子會因為受委屈，慢慢地和父母疏遠，變得不信任別人，不願說真話。如果孩子真的做了錯事，那就不要放過第一次，要好好教育。

▸ **父母要尊重孩子的人格**：父母切莫粗暴地傷害孩子的自尊心。有時孩子在同伴面前說說大話，不要一概斥為撒謊、不誠實。由於孩子年紀小，容易把幻想當成現實，父母要幫孩子分清是非。有時孩子想要修理壞掉的玩具但沒成功，父母不能用譏笑的態度說：「你不是很有本事嗎？瞧你有多笨！」更不能在陌生人面前讓孩子下不了臺。傷害孩子的自尊心，久而久之，孩子就會變成一個不求上進、自暴自棄的人。

▸ **明確告訴孩子擁有的權利和義務**：孩子作為獨立的個體，作為家庭的一員，應該擁有自己的權利，同時也必須承擔一定的義務。因此，父母應明確地告訴孩子，他擁有哪些權利和必須承擔的義務。

▸ **父母要多和孩子接觸**：父母儘管很忙，但也要抽出一定的時間和孩子在一起，或晚飯後一起散步，或在音樂聲中相互交流一天的見聞，也可和孩子一起畫畫、講故事、玩遊戲等。

▸ **不要在孩子面前互相攻擊**：當然，我們並不完全禁止父母在孩子面前吵架，因為有時候父母的爭吵也會讓孩子體會到感情的複雜，學習面對父母真實的情感，有利於孩子情感的全面發展。但父母爭吵時應堅決禁止相互攻擊，這些充滿攻擊性的言辭不但無益於解決夫妻間的矛盾，還會帶給孩子恐懼、不安和懷疑。

孩子喜歡勇於認錯的家長

　　世界上最難說出口的話，不是「我愛你」，而是「對不起」，尤其是當父母在孩子面前說錯話或做錯事的時候，是否有勇氣向孩子認錯，便成了考驗家長的一道難題。

　　海因里希・威蘭（Heinrich Wieland）出生在德國古城福爾茨海姆的一個銀匠世家，他家的首飾以精巧考究聞名全國，歷代帝王和皇親國戚每逢慶典，都指定由他家製作首飾、器皿和勳章。

　　出身書香門第的母親希望兒子威蘭成為飽學之士，就帶年幼的威蘭到

外祖父家住。魏蘭德在外祖父的培育下，在數學、物理學方面打下堅實的基礎。

幾年後，已經懂事的威蘭被父親領回家，威蘭請求父親讓他讀書，而墨守成規、謹記祖先遺訓的父親卻生氣地說：「讀書有什麼用？我們這樣人家的孩子學點手藝才是正經的！」

不久，父親為結算不清一個月首飾買賣的帳目而暴怒不已，而威蘭只花了一小時，就把雜亂無章的帳目結算得一清二楚。當威蘭把結算好的帳本捧到父親面前時，父親感動得眼裡噙滿淚水。經過整整一晚的思考，父親深感自己不讓孩子讀書是錯了，第二天一大早，他毅然敲開兒子的房門，鄭重地向威蘭道歉，並摟著他激動地說：「你是對的，我支持你，你好好讀書吧！」

威蘭在父親的鼎力支持下，刻苦讀書，22 歲就取得慕尼黑大學的博士學位，後來因傑出貢獻獲得諾貝爾化學獎。

每個家長都會教育孩子，做錯事後一定要改正並道歉。但當自己做錯事時，有的家長卻很少或甚至從不道歉，尤其是不願向孩子道歉……殊不知，父母學會向孩子道歉，正是家庭教育中的明智之舉。當孩子「闖禍」後，一些父母由於一時感情衝動，往往會對孩子做不當的批評或懲罰。事後，父母往往又會後悔。這時，倘若父母能勇於真誠地向孩子道歉，用行動補救自己的「過失」，就更能與孩子好好溝通，並讓孩子從中受益。

相反，如果父母不在乎孩子的感受，錯怪孩子後仍理直氣壯、死不道歉的話，傷害的將是孩子的心靈。

大烈的媽媽發現錢包少了 100 元，就一口咬定是大烈拿了。大烈說沒拿。媽媽不信，先是「啟發」孩子：「需要錢的話可以跟我要，但不能自己拿！」後來就越說越生氣，警告大烈：「不經允許拿媽媽的錢，也算是偷！」大烈不服氣，母子倆就吵了起來。這時，大烈的爸爸回來了，忙解釋說：「錢是我拿的，還沒來得及告訴妳呢。」媽媽這才停止對兒子的責

備，但又補上一句：「大烈，你要記住，要錢就跟媽媽要，不能自己偷偷拿啊！媽媽很清楚有多少錢的！」大烈覺得受了侮辱，一氣之下，離家出走了。

「金無足赤，人無完人」，父母說錯話、做錯事，甚至冤枉孩子都是難免的，關鍵是發生問題後父母怎麼處理。父母和孩子相處，應該是民主平等的，不能擺家長架子。錯怪了孩子就要主動道歉，而且態度要誠懇，不能敷衍。有些父母認為這樣有失尊嚴，其實不然，孩子都很明白。父母向孩子認錯，會給孩子建立有錯必改的榜樣，會讓孩子由衷敬佩父母的見識和修養，從而更信任父母，使一家人和睦團結，為孩子創造健康成長的良好環境。這樣，父母的威信不但不會降低，反而更高了。

同時，在家庭教育中，父母如果從不向孩子承認自己的缺點和過失，孩子就會產生「父母永遠正確但其實總是出錯」的觀念。久而久之，對父母正確的教誨，孩子也會置之腦後。而如果父母在對孩子做錯事後，能鄭重地向孩子認錯、道歉，孩子就會懂得承認錯誤並不可恥，就會提高分辨是非的能力，嘗試原諒別人。

父母怎樣才能做到向孩子認錯呢？在向孩子認錯時，父母又應注意什麼呢？

▸ **父母要改變觀念，放下心理負擔，正視自身的錯誤**：「每個人都有犯錯的權利」，同時，每個人也有改正錯誤的義務，不可能因為「為人父母」了就不會犯錯，也不可能因為孩子的愛戴而使錯誤消失。既然任何人都難免犯錯，那麼犯了錯也就不必過分羞愧，而應將精力放在改正錯誤上，因此，向孩子認錯並不丟臉。

▸ **父母道歉的態度很重要，不能太過生硬、輕描淡寫**：如果父母採取錯誤的態度，即使道歉了也無法挽回什麼，只會加深誤解，因為孩子十分敏感，很容易意識到父母是不是敷衍了事。因此，父母應用真誠的態度道歉，不要礙於面子或身分而不願對自己的孩子道歉或只是隨便說說。

▶ **要想讓孩子從心理上接受父母犯錯誤的事實，必須與孩子多交流**：透過交流，讓孩子知道父母也會犯錯，但是，自己絕不是故意要傷害孩子的感情，看到孩子的感情受傷，自己也很內疚。孩子只要感受到父母的悔過之情，自然就會理智地對待犯錯的父母。

總之，凡是要求孩子做到的，父母自己也應該帶頭去做、認真做好。當父母違背了自己的諾言，要敢於向孩子承認錯誤並自我檢討，孩子才會感到父母的話真實可信，而不是居高臨下的騙人把戲。這樣，孩子就會自願自覺地按照父母的要求去做，並在犯錯後勇於承認。父母勇於向孩子認錯，這是一種無言的人格力量，對孩子的一生都會產生深刻的影響。

把孩子的快樂和幸福找回來

有個兒童教育專家說過這樣一件事：

有一次她參加兒子學校的家長會，其中有一節名為「我的幸福」的主題課，由一個剛受完訓的老師主講。她說：「同學們，現在我們每個人都被家人當做寶貝，每個人周圍都有爸爸、媽媽、爺爺、奶奶愛著我們；在物質上，我們要什麼就有什麼；星期天可以游泳，放假還可以旅行……那麼，過著這樣的生活，我們一定感到很幸福……」

話音未落，孩子就齊聲回答：「老師，我們不 —— 幸 —— 福！」

這個回答太讓人意外。那老師非常尷尬，愣在那裡。這不能怪她，因為她太年輕，並不知道現在的孩子真實的處境。

她以為孩子沒聽懂，還想繼續引導。她說：「老師小時候就比不上你們，因為經濟不好，連糖都沒得吃。所以，老師那時候嚮往的最最幸福的事就是能有很多很多糖，一屋子糖，甚至一間用糖做的房子，連書桌、椅子、床、枕頭也是用糖做成的，這樣我想吃糖的時候呢，伸出舌頭隨便在舔一下就行了。」

孩子們一聽，全都大笑起來，說老師妳真笨。妳怎麼會喜歡吃糖呢？

還把擁有糖當做最幸福的事？

　　這一下，年輕的老師完全愣住了，她不知道這些孩子為什麼會這樣反應。臉騰地紅了，手腳都不知道往哪兒放，好半天才反應過來，她就問：「那你們嚮往的幸福是什麼呢？」

　　這一問全班一下子都活躍起來，大家全都舉起手。其中一個 10 歲的男孩站起來說：「老師，我的幸福是星期六、星期天的早上可以躺在床上睡懶覺。」另一個女孩等不及了，搶著喊：「我的幸福是放長假，去海灘玩。」這時，大家的討論更熱烈了，孩子們渴望的幸福五花八門：買一大堆零嘴坐在床上吃；爸爸媽媽不要老是嘮叨；學校老師少出點功課；他們家買的彩券能得大獎；他的床放在百貨公司裡，一邊是貨架，一邊是游泳池……孩子們太渴望幸福了，但是這樣的幸福多少讓那個老師感到驚訝。

　　有位教育專家戲稱：「傻孩子」、「笨家長」、「苦老師」越來越多，似乎誰也不幸福。課業負擔的加重讓孩子提早失去應有的幸福時光，除了念書，孩子和父母的生活就沒有別的主題。於是最後，父母培養出的孩子可能會成為物質上的富翁、精神上的貧民、幸福指數上的乞丐、價值觀上的糊塗蟲。

　　如今社會財富迅速增加，但人們的幸福指數並未隨財富的增加而增加，反而降低許多。這現象在孩子身上尤其明顯，而憂鬱症等各種心理障礙患者年齡的降低，正說明了這個問題。認真分析，原因大概有以下幾個方面。

▸ **父母錯誤價值觀的引導**：傳統文化中，對享受的定義比較單純，認為有錢了，吃得好、穿得好、住得好就是享受，如果把這觀念加在孩子身上，會對孩子造成很大的負面影響。

▸ **社會不良風氣的影響**：如今，餐廳、服裝店、化妝品店生意火爆，相比之下，書店等地卻顯得冷冷清清，在學校很多孩子會相互比較，追求物質享受。而過多的物質追求會使孩子沉溺其中，失去前進的動

力。父母逼迫孩子讀書，並不是為提高孩子的文化素養和道德水準，只是功利性地為了獲得以後的物質回報。

▶ **不良的家庭氛圍使孩子形成虛榮、相互比較的心理**：一方面是一些家長無法營造輕鬆、和諧的家庭氛圍；另一方面是父母喜好虛榮，樂於比較，對孩子產生不良影響。

▶ **沒有給孩子真正想要的**：有的父母認為只要滿足孩子的物質需求，其他就無所謂了，以致不關心孩子的心理需求。父母的事必躬親封殺了孩子的成長空間，剝奪了孩子體驗成功的快樂與權利。

▶ **親子之間溝通不足或溝通方式不當**：有的家庭中，孩子不信任父母不信任，甚至有敵意，這就造成了孩子無法及時把自己的真實感受回饋給父母，而父母則無法掌握孩子的真實想法。

父母是孩子最親密的人，父母不應奪走孩子的幸福，不管是有意還是無意，父母都應尊重孩子的生活，把幸福還給孩子。有父母感嘆嘆，如何才能讓孩子幸福呢？其實，讓孩子幸福的方法很簡單，只要參照以上的建議，一點一滴去做就行了。

第二章
良好的家庭環境源於良好的親子關係

　　親子關係是一個人一生最早體驗到的人際關係，是建構良好家庭環境最重要的一環。假如這層關係發展良好，它將為孩子的健康成長奠定良好的基礎。為了形成家庭的良好氛圍，為了孩子將來的發展，父母必須認真對待孩子：讀懂孩子的感受，努力填平與孩子間的代溝，建立親子間的友誼……相反地，若父母漠視孩子，孩子就無法感受來自家庭的快樂，這就勢必造成親子關係的緊張，家庭氛圍更不可能「良好」。

努力填平代溝

代溝是指子女在走向社會的過程中，背棄父母原有的觀點，有了新的見解而造成與父母之間思想觀念、行為習慣上的差異。代溝往往是因為年齡或時代的差異而造成。孩子的世界與成人截然不同，如果家長的教育方式簡單粗暴，只會阻礙孩子的發展。要知道，年齡不同的人，生活圈不同，接觸的事物、人物各異，故此，思想方法和行為也有差別。如果這種差別不加以改善而讓它擴大，兩代人之間便會形成一堵無形的牆，誤會便容易產生。

當前，一邊是家長們認為現在的孩子太難管，不聽話；一邊是孩子們抱怨家長為何不理解我們，他們不也曾經是我們這個年紀嗎？由此可見，親子之間，代溝總是不可避免的。

在過去，代溝現象是出現在年齡相差十幾、二十多歲的族群之間，可是現在，代溝不僅存在上一代與下一代之間，就連年齡相隔十年、八年的人們之間，甚至大學的高年級與低年級之間，都有令人驚訝的明顯差異。

從某種意義上說，代溝是時代進步的象徵，但也是交流與溝通上的困擾，容易增加形成偏見和歧視的可能性，代溝兩側的人，輕則互不理解，重則抱持敵意，所以要透過種種途徑、做各種努力來跨越代溝、填平代溝。代溝是一種心理差異，良好的溝通方式可以讓代溝之間曾經斷裂的心理連繫接續起來，從而達到交流的順暢和相處的和諧。

某媒體有一次對 500 名中學生進行問卷調查，反映與父母有「代溝」的占 90％，可見「代溝」在現代家庭中的比例之大。至於「代溝」在父母與未成年子女間的表現，則主要集中在「衣著打扮」、「父母嘮叨」、「業餘嗜好」、「零用錢消費」、「課外讀物」、「交友」、「隱私」等方面的分歧。

要解決代溝問題，首先要明白為什麼會產生代溝。

有人認為產生代溝的責任在於父母：父母用他們過時的思想來引導孩

子，會使叛逆期的孩子反感。父母以長者自居，認為不論如何自己都有道理。因此未能好好和孩子溝通，與孩子之間產生代溝。孩子都希望自己能有理解自己的父母，希望能向他們吐露自己的煩惱。可是每當孩子表達這種差異時，父母要不是覺得自己的孩子受到了不良習氣的影響，就是覺得這樣的煩惱不足為奇。一次又一次，這樣的回應自然會使孩子覺得無法和父母溝通，加深了孩子與父母之間的代溝。

有人認為代溝的責任在於孩子：如今的社會紛繁複雜，網路、追星族、不良電影和小說滲透了未成年人的生活。出於保護孩子的心理，父母會用自己的想法來引導孩子成長。而有的孩子對此卻嗤之以鼻，認為父母的觀點很俗套，不適合現在的生活環境，因此也就不願向父母打開心房，拒絕深入交流。

在網路上，不同的網友對「代溝」有不同的理解：

▸ 代溝是當你在聊天室裡和網友聊得正起勁時，父母過來，看看因過於興奮而滿臉通紅的你，然後擔心地搖搖頭，嘀咕一句：「什麼東西！」

▸ 代溝是當你吵著要去看演唱會或去參加明星見面會時，父母就是板著臉不答應。

▸ 代溝是當你對父母講起班上的異性好友時，他們一臉緊張，嚴肅地問你和他（她）是不是談起戀愛。就算你解釋清楚，他們也會加句警告：「有什麼事不能瞞著大人哦！」

▸ 代溝是當你把抽屜上鎖後，父母有意無意地問你：「有什麼祕密啊，還要鎖抽屜？」

▸ 代溝是當你說要和同學一起出去玩時，父母一定要你報上同學的名字，並試圖弄清楚他（她）的性別、成績、性格等。

其實，我們不應把代溝的責任簡單地歸結於父母或孩子其中一方。俗話說，一個巴掌拍不響。代溝往往是因為父母與孩子之間缺乏溝通而產生。身為父母，身為孩子，到底應該如何化解彼此間的隔閡，從而推倒無

形的牆呢？答案只有一個，那就是溝通、溝通、再溝通。

曾經發生過這樣一個案件：

爸爸因為兒子不聽話，不好好念書，就把兒子活活打死。事情是這樣的：爸爸問兒子作業寫完了沒，兒子沒說實話，爸爸就把兒子的褲子脫到大腿處，一把按倒在床上，手持空心鐵管猛打孩子的屁股和大腿。越打越用力，一直打到次日凌晨，鐵管都打彎了。凌晨兩點多，家人發現孩子手腳冰涼，急忙將孩子送進醫院，醫生雖奮力搶救，但還是沒能挽回孩子的生命。當檢察官偵訊這名父親時，孩子的父親對於多年來毆打兒子的行為並不避諱。他說，無論怎樣說教，兒子都聽不進去，久而久之，自己只有採取暴力行為，只有打一頓，孩子才能稍微聽話。在庭審現場，這位父親哭得直不起腰，心中十分懊悔。

我們相信這位父親一定非常愛他的兒子，但是，他怎麼會把自己的兒子活活打死呢？是父母和孩子之間缺乏有效溝通，令人惋惜地造成這樁慘案的發生。

當親子間產生代溝後，做父母的就該主動將它填平，否則必定會影響雙方的感情。當家長的應該放下架子，以平等的姿態與孩子相處。如果父母把自己置於絕對權威的地位，孩子就會永遠處於被管束的地位。在這種情況下，當家長的往往會不自覺地藉著自己的權威，將自己的觀念或要求強加於子女身上。而孩子十分敏感，他們很容易會感受到壓力，並產生抗拒心理，這只會使代溝越來越深。所以，不要讓孩子覺得家長高高在上，要讓孩子把家長當成最關心他們的長輩、最親密的朋友，這樣，雙方的代溝就會減少甚至消失。

做孩子的天使

自古以來，社會就有「君君臣臣父父子子」的貴賤、高低等級之分。直到今天，古老社會的森嚴倫理觀念多少還在影響人們的生活，特別是在家庭中，家長與孩子往往是不平等的，普遍形成了家長說、孩子聽的慣

例，父母是至高無上的權威，孩子要無條件地服從。這實在是種迷思，如果家長不用平等的眼光看待孩子，那麼孩子永遠不可能形成獨立的人格。孩子心目中真正理想的父母，應該是以大朋友的平等身分來對待孩子，而不是以長輩的身分來壓制和教訓孩子。

有天，一個即將出生的孩子問上帝：「聽說祢明天就要把我送到人間了，我那麼弱小無助，在那裡怎麼生存呢？」上帝回答說：「我為你在眾多天使中挑了一位，她會照顧你的。」

「在天堂裡，我除了跳呀、笑呀，什麼也不會做……」

「你的天使會陪著你跳、陪著你笑，你會感到你的天使對你的愛，你會幸福的。」

孩子接著說：「如果我不懂人類的語言，別人對我說話時，我要怎麼聽懂呢？」

上帝說：「你的天使會對你說從未聽過的最美好、最悅耳的詞語，還會耐心地、仔細地教你說話。」

「聽說人間有壞人，那誰來保護我呢？」

「你的天使會保護你，即使那表示她要為此冒生命危險。」

此刻大堂一片寧靜，而已可聽見人間的說話聲。孩子匆匆地細聲問道：「上帝，我馬上就要離開了，請告訴我，我的天使叫什麼名字。」

上帝答道：「你的天使的名字並不難記，你的天使就叫媽媽。」

孩子是懷著無限的希望來到人間的，在睜眼的一瞬間，他便堅信媽媽是自己的天使。既然是天使，就應該給予孩子愛、鼓勵、保護……可惜的是，現實並不盡如上帝所願。

許多父母認為自己給了孩子生命，孩子就是自己的私有財產，他們總在無形中把自己置於孩子的上帝這個角色和位置上。這樣的父母，一旦遇到孩子胡鬧或成績不理想時，就會嚴厲地斥責，並認為自己有權利懲罰他們。有個男孩因為考試成績不好，在學校時已受了一番責備，內心受著折磨，非常難受。回到家後，父母不管三七二十一，對他又是一場暴風雨式

的指責，把孩子已有的傷口撕扯得更大。這時的孩子多麼難受，心靈的創傷和扭曲有多嚴重。可是，很多父母在遇到類似這種情況時，並不會換位思考，去真正體會到孩子的處境。

世上沒有不愛自己孩子的父母，但為什麼許多孩子的心中卻傷痕纍纍？是的，家長總有一堆理由證明自己這樣做是為了孩子好，但其實，真正的愛是平等的、沒有架子的。

「愛」是人類最熟悉的一個詞，也是人類的生命之源。愛孩子，就要尊重孩子，尊重孩子的自我選擇；愛孩子，就要理解孩子，理解孩子的痛苦和歡樂；愛孩子，就要懂得欣賞孩子的優點，並隨時發現孩子的各種能力和熱情，為孩子的每一點進步鼓掌；愛孩子，就不要以指責和挑剔的態度對孩子，更不要把自己的意志強加在孩子身上。要知道，愛所表現的是體諒、信任和理解。

有位小學老師在家長會上講了一件自己親身經歷的事：

去年，我班上有個男生，剛開學時各方面表現都不太理想，當時他父母既著急又失落，對他很不滿意。可是，有一次在國語課上全班只有他能將〈小蝌蚪找媽媽〉這個故事完整地複述出來。當時我很驚訝。原來平時看他在班上話不多，其實他認真、細心地記住了老師所教的內容和知識。那天以後，我和他的父母談過一次，達成了共識，就是每個孩子身上都有優點，只是家長有沒有注意、有沒有發現而已。家長平時要以健康的心態與孩子交流，更應以朋友的角色支持他們，只要做到這一切，孩子就一定能不斷地帶給大人驚喜。

父母是孩子的長輩，父母與孩子存在監護與被監護的關係。從傳統觀念上看，父母是教育者，子女是受教育者，但這種關係並非絕對，也不該固定不變。當我們把孩子當作平等的人看待時，就會發現父母和子女在人格上是平等的。誰是教育者，誰是受教育者，也在不斷變化，尤其在高科技迅速發展的今天，我們更該提倡父母向孩子學習，而不該以理所當然的教育者姿態自居。

　　總之，父母應放下架子，以平常心作孩子的天使，與孩子共同分享人生的樂趣。

　　首先，天使是美麗的，父母要作個美麗的使者。父母就像孩子的一面鏡子，你的一顰一笑、一言一行都會成為孩子模仿的對象。因此，對父母而言，美麗就意味著衣著簡潔大方、談吐有禮、舉止得體優雅。

　　其次，天使是快樂的，父母要做個快樂的使者。民國初年的幼教之父陳鶴琴先生在《活教育》一書中提到理想的父母形象，第一個標準就是和藹可親，說笑有禮。有位老師與學生互動時，發現很多學生不知如何作個快樂的人，遇到困難就愁眉不展，碰到挫折就自怨自艾，稍遇不公就大發雷霆。老師問：「你們的父母笑口常開嗎？」答案全是否定的。這位老師後來的結論是：「父母應做孩子樂觀的榜樣。」

　　最後，天使是純真的，父母要作個充滿童心的使者。在孩子的眼裡，萬物都有靈性，他們會向漂亮的花兒招手，會對著眨眼的星星講故事，會跟著蝴蝶翩翩起舞，會為找不著媽媽的小鴨流淚。每顆童心都蘊藏著一個美麗的童話，只有童心未泯的父母才能進入這「童話的世界」。父母要做孩子的天使，就不能不保有一顆童心。

讀懂自己的孩子

　　　　孩子哭鬧不止，父母以為是孩子任性發脾氣，不但不安慰，反而又打又罵……

　　　　孩子說長大後要開一家世界最大的玩具店，卻被父母斥責是異想天開……

　　　　孩子愛畫畫，卻陷入公式化，父母直搖頭，「這孩子怎麼這麼笨……」

　　類似這樣的場景時常發生在我們身邊，父母總是抱怨孩子不懂事、調皮搗蛋、沒天賦……但父母有沒有想過，孩子真的是這樣嗎？

　　有人把教育者比作園丁。在很大程度上說，父母希望孩子早日成才的

心情和農民希望莊稼快快成長的心情完全一樣，但有些父母的做法卻往往不同。

　　農民日思夜想的是莊稼需要什麼，怎樣滿足莊稼的需求。父母為教育孩子徹夜難眠，有沒有想到孩子心靈深處的需求是什麼？怎樣滿足孩子的精神需求呢？

　　莊稼長得不好時，農民從不埋怨莊稼，相反地，總是從自己身上找原因；孩子有缺點時，許多父母卻一味指責，很少想過自己的責任，很少在自己身上找原因。作為家長，是否真正關注過孩子的內心世界？是否真正與孩子一起成長？是否真正讀懂孩子的需求？

　　誠然，孩子需要父母的關愛，這種愛不僅是給孩子豐富的物質生活，還要求父母進入孩子的內心世界去了解他們，讓孩子接受父母。而父母要想被孩子接受，就要選擇合適的位置，傾聽孩子的心聲，了解他們的內心世界。如果父母動不動就居高臨下地審視孩子，或是沒頭沒腦地訓斥，孩子就會產生反感，從而排斥父母。試想，當孩子對父母有了這樣的成見，怎麼會聽父母的話呢？

　　有個國中的男孩說：「我一聽到爸媽責罵心裡就煩，恨不得把耳朵堵上，不得不聽時，我就在腦子裡想別的事，想些能讓我高興的事；有時候必須邊聽歌邊聽他們的『魔音』，不然就會控制不住自己，會有摔東西的欲望。」

　　還有個小男孩，總結出「對付」母親責罵的經驗：每次母親讓他站著，然後開始訓話時，他就用兩團棉花塞進耳朵，面對著牆，腦子裡開始神遊，一會遊到課堂上，一會遊到網路遊戲中。而當他想到開心的事時，甚至會不由自主地笑出來，母親的責罵他卻一句也沒聽進去。

　　這樣的教育自然只是徒勞。父母若無法和孩子進行有效的交流，沒有給孩子的心理足夠的「愛」，就不但不知道孩子的真實想法，反而會讓孩子與自己成為「敵人」。其實，只要父母多觀察、了解孩子的心理特點，就會明白：不是孩子不聽話，而是我們不懂孩子的心。

　　現實社會中，我們每個人都希望能與別人平等交流，能有人坐下來認真聽聽自己的心裡話。而我們的孩子同樣也有這種需求，也許我們認為孩子做的許多事不盡如人意，也許我們對孩子的某些想法不屑一顧，但請記住，不要對孩子過度挑剔指責，也不要露出不屑一顧的表情。否則，孩子就不會再和你說心裡話。

　　如果父母無法與孩子保持心靈上的溝通，那麼即使掌握再多教育孩子的知識和方法也沒有用；反之，父母如果能真正放下架子，走進孩子的內心世界，那麼，許多困擾父母的問題也就能迎刃而解了。

　　著名教育家陶行知說過：「我們必須要變成小孩子，才配做小孩子的先生。」他還說：「你不可輕視小孩子的情感！他給你一塊糖吃，是有汽車大王捐助一萬萬元的慷慨；他做了一個紙鳶飛不上去，是有齊柏林飛船造不成功一樣的躊躇；他失手打破了 —— 個泥娃娃，是有 —— 個寡婦死了獨生子那麼的悲哀；他沒有打著他所討厭的人，便好像是羅斯福討不著機會帶兵去打德國一般的嘔氣。他想你抱他一忽兒而你偏去抱了別的孩子，好比是一個愛人被奪去一般的傷心。」在此，陶行知所提倡的，也即是父母要走進孩子的內心世界，讀懂孩子的心。

　　那麼，父母應該如何走進孩子的內心世界，讀懂自己的孩子呢？

▶ **交流思想**：親子間加強思想上的交流，不僅可以讓父母了解孩子的真實想法與真正動機，也可使孩子體諒父母的難處，從而逐步學會為父母分憂解難，學會承擔一部分家庭責任。

▶ **學會觀察**：俗話說：眼睛是心靈之窗，言為心聲。孩子的語態、動作或多或少都可反映出一定的思想；同時，孩子的課本、作業本、筆記本上的塗鴉也是他們心靈的獨白，父母可以從中得到不少訊息。更重要的是，父母應該有意識地觀察孩子經常交往的朋友。

▶ **不擺架子**：成功的父母往往是因為他們懂得理解孩子內心的真實需求，他們懂得如何尊重孩子，懂得傾聽孩子說話的重要意義。父母對孩子說話時應該有正向的目的，例如提供知識資訊、解決疑難、分享

情感、表達自己的意見等。對話時，一定要注意語氣與態度，盡可能經常微笑，以歡愉、平和的聲音，顯示友善、冷靜的態度以達到溝通的效果。父母如果能表現友善，不以強者的權威壓制孩子，往往也會得到孩子相對的友善。

很多父母都發出如此感嘆：孩子越大越讓人看不懂了。這也難怪，孩子小的時候，父母處處以長者的身分教導孩子的一言一行，並不曾真正體會孩子的感受。這樣隨著孩子漸漸長大，父母和孩子就只能越走越遠，從而難以把正確的思想和經驗傳遞給孩子，導致教育的失敗。但如果父母從一開始就能伴隨孩子一起成長，那麼，父母會發現，在孩子慢慢讀懂這個世界的同時，自己也慢慢讀懂了孩子這本書，走進孩子的心靈世界。

讀懂自己的孩子並不難，只要你願意做個有心的家長！

理解孩子的感受

以下是母子之間的對話，讀來讓人唏噓不已。

場景一：

> 孩子：「媽媽，我累了。」
> 媽媽：「你剛睡過午覺，不可能累。」
> 孩子（大聲）：「我就是累了！」
> 媽媽：「你不累，就是有點犯睏，趕快換衣服吧！」
> 孩子（哭鬧）：「不，我累了！」

場景二：

> 孩子：「媽媽，這裡好熱。」
> 媽媽：「這裡冷，穿上毛衣。」
> 孩子：「不，我熱。」
> 媽媽：「我說過了，穿上毛衣！」
> 孩子：「不，我熱。」

場景三：

> 孩子：「這個電視節目真無聊。」
> 媽媽：「不會吧，多好看啊。」
> 孩子：「這個節目笨死了。」
> 媽媽：「不對，這多有教育意義。」
> 孩子：「這個節目真爛！」
> 媽媽：「不許你這麼說話！」

可以想見，這本來是普通得不能再普通的對話，可最後卻演變成一場又一場沒有硝煙的「戰爭」。這到底是為什麼呢？如果我們仔細分析，就會發現，媽媽不了解孩子的感受是引爆「戰爭」的導火線。

父母的理解對於孩子的健康成長十分重要，它是讓家庭教育步入正軌的重要前提。許多父母都有這種感覺：孩子越大，就越難跟他們溝通，甚至不知該怎樣交談。當家長抱怨孩子不了解自己時，試問，自己又何嘗了解孩子呢？

很多父母總是以長者自居，認為孩子小，不懂事，一切都得聽自己的。因此，和孩子溝通的時候，往往不考慮孩子的感受、不體恤孩子的心情，以命令口吻對孩子發號施令。比如：父母跟孩子反覆強調這件事要怎樣做，孩子似乎也聽得很認真，結果孩子還是沒弄懂父母的意圖，這下子，父母馬上認為孩子誤解了自己的意圖，或者沒有按照自己的意思去做，火氣一下子就來了，對著孩子就是一頓大罵。其實，即便是同一句話，父母和孩子理解的方式和角度都不會相同，這時，父母就要站在孩子的角度理解孩子，而不要一味主觀臆斷。比如：孩子做作業時拖拖拉拉，一點都不在乎，這有很多原因：缺乏自覺意識、自制能力差、作業太多太難等等。這時，父母要認真分析孩子做作業拖拖拉拉的原因，有目的地進行教育。又如：孩子不肯睡覺，孩子不肯起床，孩子不肯做某件事，孩子無視父母的提醒……這一切都可能讓父母氣急敗壞，失去理智，進而將一團怨氣發洩在孩子身上。其實，孩子要做某件事或者不肯做某件事都會有自認很充足的理由，儘管有時候他的理由在父母看來絲毫站不住腳，但

父母也要給予充分的理解。如果父母武斷地批評孩子，孩子就會反感，慢慢地孩子就不願再跟父母溝通了。

　　心理學研究證實：孩子與父母早年形成的親子關係，是其今後與他人建立人際關係的基礎。如果孩子在幼年期無法與父母形成親密和諧的關係，那麼孩子長大後就很難與他人建立融洽的關係，也就難免形成人格發展的障礙和社會適應困難。這樣的孩子在青少年期可能會表現出缺乏安全感、自卑、苛求自己和他人、對人缺少信任感、被動、退縮、依賴等人格特點，是憂鬱症、恐慌症和強迫症等心理障礙的高危險群。

　　每個父母都是愛孩子的，但為什麼孩子卻總是感受不到呢？究其原因，往往是因為父母與孩子相處時採用了不恰當的方式或方法。父母必須讓孩子知道，無論在什麼情況下，父母都是愛他、支持他的。不管孩子說了什麼或做了什麼，也許父母並不接納他的行為，但依然是愛他的。有時只要簡單的一句話，「很好」、「真是我的好孩子」或者「我也這樣想」，就能讓孩子感受到父母對他的理解。當孩子經常放學晚歸，試著將「放學後你就該立刻回家」換成「放學後如果不立刻回家，媽媽會很擔心你」這樣的說法，也許會看到孩子不小的變化。

　　成功的父母往往是因為他們懂得理解孩子內心的真實需求，他們懂得如何尊重孩子，懂得傾聽孩子說話的重要意義。

　　什麼是理解？理解就是無條件地接納別人的感受，理解不等於同意，理解也不等於同情，理解是設身處地、將心比心。

　　父母要經常了解孩子的內心需求，要經常傾聽孩子說話，而父母願意傾聽孩子的心聲、了解孩子的意見或幫孩子解決問題，事實上就是對孩子的尊重。如果父母在孩子面前只顧自己的感情需求，而不顧及孩子的心理需求，孩子就會覺得孤獨。

　　德國教育學家和哲學家史普蘭格（Eduard Spranger）說過：「人的一生中，再也沒有像青年時期那樣強烈渴望被理解的時期。沒有任何人會像青年那樣沉陷於孤獨中，渴望被人接近與理解；沒有任何人會像青年那樣

站在遙遠的地方呼喚。」如果說父母與孩子是站在不同的兩個地方遙遙相望的兩方，那麼，理解就是一座橋，理解之橋，是溝通父母與孩子心靈的橋，是化解父母與孩子之間許多隔閡、誤解、矛盾甚至仇恨的橋。假如沒有理解之橋，那麼，家庭必將出現許多遺憾和不幸；而有了這座橋，父母與孩子就會生活在和睦相處的美好家庭中。

與孩子商量問題

英國教育家史賓賽（Herbert Spencer）說過：「對孩子要少下命令，命令只有在其他方式不適用或失敗時才用。要像一個善良的立法者一樣，不因壓迫人而高興，而要因為用不著壓迫而高興。」

商量的魅力在於使自己學會從別人的角度思考問題。兩代人的溝通，最重要的是相互理解、相互尊重。而實現相互理解、相互尊重的方法就是學會商量。

人與人之間的相互商量非常重要。商量能夠讓人感覺受到尊重。根據馬斯洛的需求層次理論，受尊重的需求是人類較高層次的需求。一旦這種需求無法獲得滿足，人就會產生沮喪、失落等負面情緒。

孩子也是如此，他們也有受尊重的需求。如果家長喜歡與孩子商量，孩子就會非常樂意與家長交流，反之，孩子則會產生叛逆心理，封閉自我。

有兩個男生，分別叫龍躍軍和李海潮，他們的家長失業了，兩個家庭都陷入困境。面對同樣的境況，兩個孩子的表現卻截然不同。

李海潮依舊不改穿 NIKE、喬丹等名牌球鞋的習慣，最近還迷上了上網，到了廢寢忘食的地步，更別說按時上課了。「海兒是全家的希望，只要他成績好，將來有出息就行，沒想到他連課都不上。」李海潮的父親非常失望，「但我們還是覺得孩子應該擁有這個時代給他們的快樂，再苦再累也不能讓孩子覺得委屈，不能讓他來承受家長因工作失敗而帶來的酸

楚。所以，我們從不在孩子面前傾訴失業後的失落，更不會抱怨賺錢太辛苦和受到人多委屈，照常滿足他的要求，給他想要的零用錢，沒想到這孩子把我們對他的期望拋到了九霄雲外。」

而龍躍軍卻和李海潮大不相同，雖然有時上學也遲到，成績卻不斷進步。

原來，龍躍軍的家長失業後又重新創業，顧不了家裡。考慮再三，龍躍軍的家長還是將實情告訴了孩子，與孩子商量該怎麼辦。

「有句話不是說『窮人的孩子早當家』嗎？我們生活困難，孩子是家庭成員，也必須幫家裡早日脫離困境。」龍躍軍的父親是個性情爽朗的人，提起兒子就高興，「和孩子商量後，孩子也很樂意，主動提出照顧奶奶和好好讀書。我們有時回家累了，他還會幫我們捶捶背、按摩按摩。這孩子一歲多時就會幫我們拿拖鞋，我們不但鼓勵讚美他，也教他做能力範圍內能做的事。後來，我們遇到什麼困難也會跟他商量，請他幫助想辦法。我們常對孩子說的就是『我們都是這個家的一份子，要相親相愛，負起自己的責任』，兒子做到了，他關心每個家人，也把奶奶照顧得很好，解決了我們家的大問題。而且聽說他現在也沒耽誤成績，這真讓我們高興，也太難為孩子了。」

「孩子，這是個嚴重的問題，我們商量一下看看怎麼解決。」作為家長，在尊重孩子這方面，你是否做到這樣與他商量事情呢？

一個家庭，除了家長，還有孩子。可是，家長往往把孩子排除在家庭責任之外，尤其是決定一些重要的事情時。他們總是認為孩子太小，什麼也不懂。沒錯，生活中純粹的成年人事務可以暫時不讓孩子知道，可是還有很多事完全應該讓孩子也參與討論，尤其是大人要做某件關於孩子的決定時。不要以為孩子是你的，就可以隨便替他做決定。他年齡雖小，但也是個獨立的人，有權知道關於自己的事。事實上，只要是家庭成員，都有權參與家庭事件的討論與決策。它可以營造一種良好的家庭氛圍。哪怕是嬰幼兒，你們討論某件事的時候，也可以讓他待在一旁，就算只是個形式

也非常重要。對於已經具有一定思考能力的孩子,就更不可忽視他在家中的地位。

有位母親在日記中這樣記述自己的教子心得:

我從兒子的成長中體會到:商量,能使家庭關係變得和諧;商量,能使孩子得到大人的尊重,從而使孩子懂得尊重別人,並學會用商量的辦法去對待家長和他人。

從兒子幼兒時期直到高中,我一直用「商量」的辦法與他相處。「商量」增進了親子間的感情,避免了衝突和對抗;「商量」使兒子學會從別人的角度觀察事情、思考問題,學會了民主和平等、尊重和友誼。

尊重孩子的家長,也會受到孩子的尊重。時常被家長請去商量事情的孩子,到了他要做決定的時候,也會主動跟家長商量,而不是一意孤行。家長要隨時記得,孩子也是家庭重要成員,許多事情要和孩子商量。學會與孩子商量,是兩代人溝通的好方法。人和人之間,如果互相不溝通、不交流,是無法相互了解的。

當然了,商量,不是簡單的遷就,而是家長與孩子對話、溝通、相互了解,形成雙方可接受的意見或辦法;商量,不是家長發號施令,而是真正把孩子當做家庭重要成員,傾聽孩子的意見。

▶ **以協商的口吻處理親子衝突**:當親子關係出現衝突時,父母總是不願讓自己的父母權威受到挑戰,希望以父母的權威壓制孩子,使孩子改變主意。實際上,採用這種方式,孩子不僅不會聽從父母的意見,反而會產生叛逆心理,惡化親子關係。明智的父母在這種情況下要學會使用協商的口吻,讓孩子體驗到父母的尊重,體驗到人格的平等,這樣,孩子在接受父母的意見時就比較順利。發生衝突時,每個人都很注重自己的尊嚴,不希望被他人壓制,孩子也是如此。只有父母放下架子,把孩子當成平等的人來看待,與孩子進行協商來處理問題,孩子才會願意接受父母的建議,共同解決問題。

▶ **孩子的事情一定要與孩子商量**：隨著孩子不斷成長，孩子的事一定要放手讓孩子自己去選擇，父母不可替孩子包辦，即使父母有自己的想法，也要透過協商的方式，把自己的意見傳達給孩子，讓孩子權衡利弊後再做出選擇。每個孩子都會出現與父母意見不一致的情況，孩子都希望父母能尊重自己的意見，畢竟，許多事都需要孩子付出努力才能實現。如果父母忽視孩子的主觀能動性，一味地用父母的威嚴來壓制孩子，孩子就算口頭上同意，內心也無法產生努力的動力，在這種情況下，孩子的感覺已是幾近受罪，怎麼可能與父母和睦相處呢？因此，父母一定要把孩子的事交給孩子自己處理，父母的意見只能透過建議或協商的方式傳達給孩子，好讓孩子全面地了解問題。

▶ **和孩子約法三章**：對於孩子的問題，尤其是孩子的不良行為，父母一定要與孩子協商後制定規則，並約法三章，使孩子遵守。不過，父母千萬不可自作主張制定規則讓孩子遵守，這樣的規則對孩子來說沒有什麼約束意義。與孩子約法三章，僅是因為孩子缺乏自制力，規則是用來讓孩子約束自己，而不是懲罰孩子的，父母一定要意識到這個問題。因此，規則一定要得到孩子內心的認可，父母一定要與孩子協商後再制定規則，避免產生親子衝突。

與孩子一起分享

「一份快樂與人分享，就會變成兩份快樂；一份痛苦兩人分擔，痛苦就只有原來的一半。」父母要學會與孩子一起分享喜怒哀樂，在分享的過程中，父母與孩子的關係才會越來越親密，心與心才會貼得更緊。我們每個人都有這樣的心理體驗，自己的喜怒哀樂總想和人一起分享。我們成年人有和人分享的心理需求，同樣，孩子也需要有人與他分享生活中的喜怒哀樂。

讓我們就以下的場景作個比較：

場景一：

孩子在學校和同學鬧彆扭，心裡正煩著，回到家後沉默不語。

家長 A：「到底發生什麼事了？你快說呀！」

家長 B：「你不想說一定有原因，沒關係。不管你哪時候想告訴我，我都會為你分擔的。」

場景二：

孩子考了好成績，心裡很高興。

家長 A：「這種成績也能高興成這樣。快去複習，下次要考全班前五名。」

家長 B：「你真棒，有進步！」

場景三：

孩子抱怨說：「今天作業真多，老師是不是要累死我啊！」

家長 A：「這點作業算什麼。你太懶了！」

家長 B：「是嗎？你大概要多久可以完成呢？你能不能邊洗澡邊思考作業怎麼寫？這樣也許可以做得快一點。」

家庭應該是充滿理解信任、能讓孩子身心輕鬆的場所。父母是孩子的第一任老師，這樣孩子才會覺得家長是可信賴的朋友，樂於和家長交流商量，從而有利於孩子形成開朗、坦誠、堅韌等良好的心理特質。家長 A 總以大人自居，一點都不懂得體諒孩子的心情，而家長 B 則十分開明，時常站在孩子的角度與孩子一起思考問題，懂得與孩子一起分享喜怒哀樂。

日本作家森村誠一說過：「幸福越是與人分享，它的價值便越會增加。」所以說，「分」的人是幸福的，因為他實現了自己存在的價值；「享」的人是快樂的，因為他感受到了真愛和友誼。

分享是快樂的大門，學會分享，你就進入了快樂的城堡。

獨享是痛苦的大門，只會獨享，你就走進了痛苦的泥潭。

分享的回報在很多時候都是生活的驚喜，分享的習慣除了擁有朋友，

擁有關懷，還擁有不一樣的體驗和經歷。分享的時候我們感受到的更多的是純粹的快樂和回歸的質樸與真誠，與這個浮躁的社會相比，分享的過程讓大家的心裡充滿陽光。

其實，家庭教育的過程就是家長與孩子相互融合的過程，與孩子一起分享喜怒哀樂，意味著家長更該做的是展示，而不是灌輸；是引導，而不是強制；是平等的給予，而不是居高臨下的施捨。如果因為忙而忽略了與孩子分享情感的需求，也就等於剝奪了孩子健康成長的養份，阻礙了孩子全面發展的過程，還會讓孩子造成性格和心理的缺陷，這樣的家長不管有什麼樣的理由，都是不稱職的。

家長和孩子分享喜怒哀樂，對孩子來說，會感覺到家長對自己的愛，也會感受到家長對自己的尊重。這樣，孩子不但滿足了與人分享的心理需求，而且知道了自己在家長心目中的重要位置，他們會更懂得珍惜家長對自己的愛，同時會對家長的教育和引導產生積極情緒。家長和孩子分享喜怒哀樂，對家長而言，因為和孩子分享了一切，對孩子有了更多了解、更全面的認知，從而更能有效地因材施教，也就不會輕易批評與指責孩子，或武斷地下結論。因此，家長和孩子一起分享喜怒哀樂，無論對孩子還是家長，都非常有益而且重要。孩子在分享後會對家長更加敬重，家長在分享後學會了對孩子理解和寬容。有了分享，家長就能及時發現孩子的缺點與問題，並根據情況有效地引導與解決；有了分享，孩子對家長的牴觸情緒也會減少，沒了叛逆心理，便更容易接受家長的教育。

在孩子眼中，這個世界是如此新穎、神奇，而對大人來說，這個世界也許更多的是一些事物的機械式重複。和孩子在一起，父母還應做好「預習」，那就是要不斷擦亮自己日漸渾濁的眼睛、裝修自己日益倦怠的靈魂。

分享讓孩子不再孤單，分享帶給孩子愛的曙光，分享送給孩子前行的希望，分享能使孩子身心健康地成長。因此，父母要學會和孩子分享喜怒哀樂。

傾聽孩子的心聲

　　古時有個國王想考考他的大臣，就讓人打造了三個一模一樣的小金人，讓大臣分辨哪個最有價值。最後，一位老臣用一根稻草試出了三個小金人的價值。他把稻草依次插入三個小金人的耳朵，第一個小金人的稻草從另一邊耳朵裡出來，第二個小金人的稻草從嘴裡出來，只有第三個小金人，稻草放進耳朵後，什麼聲響也沒有，於是老臣認定第三個小金人最有價值。

　　同樣的三個小金人卻存在不同的價值，第三個小金人之所以被認為最有價值，是因為它善於傾聽。其實，人也一樣，最有價值的人不一定是能說會道的人；善於傾聽，消化在心，這才是個有價值的人應具有的最基本的素養。可是，如今有些家庭中，有些家長並沒有意識到傾聽對孩子心聲的重要性。

　　孩子一旦出現問題，家長總愛以成人的思維方式去評判孩子所做的一切，把自己的意願強加給孩子，不給孩子解釋的機會，輕則斥責，重則打罵。孩子因失去說話的權利或者自己的想法得不到家長的重視，只好將委屈和不滿埋藏在心裡，長此以往，做家長的就很難知道孩子的想法，這樣對孩子的教育就會無所適從。另外，孩子的話語權得不到家長的尊重，家長不讓孩子把話說完，一方面不利於孩子語言表達能力的進步，另一方面也使孩子產生自卑情緒。久而久之，孩子就會與家長產生對抗情緒，以致雙方相互不信任，產生溝通困難的問題，甚至還會造成孩子的不良心理。

　　外國有句諺語：「用十秒鐘的時間說，用十分鐘的時間聽。」善於傾聽，是說話成功的一個要訣。據美國俄亥俄州立大學一些學者的研究，成年人在一天當中，有7%的時間用於交流思想，而在這7%的時間裡，有30%用於說，45%的時間用於聽。這說明，傾聽在人們的交流中居於非常重要的地位。

　　同樣，對於家長而言，與其作個能說會道的家長，不如作個樂於傾聽孩子心聲的家長。

事實上，傾聽不僅是種簡單的行為，它也需要一定的技巧。尤其是家長傾聽孩子說話，更要注意掌握傾聽的方法：

▶ **向孩子顯示你正在聽他講話**：孩子向家長說話時，家長的關注表示家長對孩子的尊重和表示家長願意分享孩子的想法和感受。當孩子開口對家長說話時，家長應停下正在做的事，轉向孩子，與孩子保持目光接觸，並仔細聽孩子說話。同時還要透過點頭或不時地「嗯……是的……」等來顯示家長在注意聽他說話。當然，家長聽孩子說話的時候，不要對孩子進行無端的批評和責罵。因為受委屈的人很少會反省自己有什麼錯，而被感動的人則更容易自省，並因感動而增加內心的勇氣與自信，同時他的自制力也會增強。

▶ **告訴孩子你聽到什麼以及你的想法**：讓孩子發表他們的觀點，完整地聽他說話，如果你在某個重要原則上表示不同意他的看法，就該告訴他，你不贊同他的什麼觀點，並說出理由。在提出反對意見時不要過於武斷，不要輕易否定一切。

▶ **讓孩子投入談話中**：交談需要花些時間，同時，最好是在一種讓孩子與大人有同等機會參與的輕鬆氣氛中進行。談話應自由自在、任意發揮。不要有什麼儀式安排或預期達到什麼結果，嘗試著與孩子隨意交流觀點和看法。

▶ **接受孩子的所有感受**：孩子向家長說話時，家長應安靜、專心地傾聽，但不加評判。家長不必接受孩子的所有行為表現，只需要接受他的感受。例如，孩子告訴家長他有多氣某個朋友，這時家長要理解孩子的感受，可以安慰一下孩子，但也要教育孩子不可用嘲弄或打人來發洩負面情緒。

▶ **別打斷孩子的話**：我們常能看見孩子剛要說話，媽媽就在一旁打斷孩子，說起自己的話。比如，孩子剛說一句：「媽媽，我在學校跟小朋友玩『老鷹捉小雞』，真有意思……」媽媽立刻打斷孩子說：「玩『老鷹捉小雞』的遊戲了？媽媽也喜歡玩……」媽媽的打斷有可能會讓孩子忘記自己剛才想說什麼。

▶ **孩子說話的時候，不要讓孩子難堪**：有些家長因為不曾注意自己的傾聽習慣，難免讓孩子尷尬、難堪。

有一次，鳳珍從外面跑進來興奮地對媽媽說：「媽媽，我剛才去文具店，看到一種神奇的組合機器人。」

鳳珍的媽媽馬上認為孩子想要買那個機器人，趕緊打斷孩子說：「媽媽沒錢，妳該知道吧。」結果，孩子不高興了，她撅起嘴生氣地說：「我又沒有說我想買，妳每次都不聽完別人說什麼就發表意見，我討厭妳！」

頓時，鳳珍的媽媽也愣住了！

其實，即便孩子想買，家長也該等孩子把話說完，再提出自己合理的建議，用自己的理由說服孩子，而不是武斷地掐斷孩子的幻想，否則對孩子來說也是一種傷害。

建立親子間的友誼

在孩子面前，父母除了扮演長輩的角色外，還應努力扮演好朋友的角色。父母與孩子一旦成為無話不談的好友，對促進整個家庭的民主氣氛會有十分重要的影響。心理學家認為：追求他人的信任是一種積極的心態，是每個正常人的普遍心理，也是一個人奮發進取、積極向上、實現自我價值的內驅力。信任的心理機制對孩子良好心理素養的形成具有正向的鼓勵作用。

現在的孩子大多是獨生子女，他們的缺憾之一，就是在家庭中沒有年齡相仿的夥伴，基本上只能與父母相處。而父母往往還會限制孩子外出玩耍，這就在客觀上使獨生子女的父母增加了同齡夥伴的角色。孩子渴望父母能像兄弟姐妹或朋友一樣與他們相處，渴望得到理解和尊重。無論從本身的義務，還是教育的意義上來說，父母對孩子的關心，與孩子進行感情上的溝通都是必需的。可是，我們有太多父母往往忽略了這點，總是高高在上，我行我素，從不聽孩子的意見，不知道孩子心裡在想什麼，更不知

道孩子需要什麼。

有位父親說：「如果你不花點時間與你的孩子共度，那麼再怎樣強調要與孩子交流都是廢話。與孩子分享共同相處的快樂時光是你和孩子交流的最好機會。」有位母親說：「與孩子在一起非常重要，我們經常一起散步，一起洗碗，這樣就能有很長的時間交談。這是交談的好時機。就算你再忙，也一定能擠出這些時間，因為那也是很容易交談的一種場合。試想有人要你坐下來，然後說『我們談談吧』，這有多生硬啊。」

有位家長在一場育兒講座中說起自己的經歷：

很多年前，我的孩子還在二、三年級讀書時，我曾非常激動地準備了「怎樣才是好父母和好老師」的講演稿。但我開始發現，我缺乏實踐。最後，我決定休息一天，單獨和我的孩子到海灘去。我們玩球、玩海藻，做一切在海灘上能做的事。一天下來，我筋疲力盡，孩子也累了，但是非常快樂。在回家路上，他突然說：「我們玩得真開心，不是嗎？告訴你，從現在開始，只要你要求我做任何一件事，我都會去做。」

瞧，這就是這位家長與孩子一起遊戲的結果。與孩子相伴、做孩子的朋友對孩子來說很重要。在父母與孩子共同的活動中，兩代人可以形成平等交談、相互溝通的習慣，障礙自會排除，隔閡自能打破，此時最容易建立友好親密的感情。

父母如果不和孩子好好交流，不相互溝通，就很難發現孩子的內在潛力。想讓孩子成材，就應該了解他們、關心他們、愛護他們，做孩子最知心的朋友。這樣孩子才會有出息，才能成為社會上真正有用的人。

父母要想成為孩子的朋友，就要把自己和孩子置於平等的位置，敞開心扉，交流互動。要學會傾聽，鼓勵孩子和你交心，無論對錯都要接受、包容。同時要給孩子留有私人空間，不要凡事追根究柢，允許他有小祕密。這樣他才會找到被尊重、理解的感覺，同時還會拉近父母和孩子心靈的距離。當父母真正把孩子當作朋友相處時，你會發現，教子相長，這是培養孩子的基礎，只有讓他聽進你的話，才能達到家庭教育的目標。

實際上，父母走近孩子、成為孩子朋友的方式還有很多。創新工場創辦人李開復在這方面有如下建議：

▶ 和孩子打成一片，甚至和他一起「胡說八道」。不要擺起架子做個「高高在上」的長輩。我的孩子小時候每天都要聽我「胡謅」的故事後才願意睡覺。

▶ 對孩子說心裡話，不要把話悶在肚子裡，做個好的傾訴者。

▶ 讓孩子知道他對你有多重要，告訴他你有多麼愛他，慷慨地把你的時間分享給他，但是對物質上不要「有求必應」。

▶ 如果你要作孩子的朋友，那只有你學習他的語言，而不是要求他學習你的語言。如果你不學新知識，不接觸新的思想觀念，知識匱乏，思想陳舊，你就無法理解現在孩子的所思所想。父母應該盡量多接觸流行的東西，比如流行的思想、流行的服飾、流行的技術、流行的音樂，以縮小代溝，創造彼此信任溝通的管道。

▶ 對孩子寬嚴相濟。要做孩子的朋友，也要對孩子嚴格要求，善於從日常生活中發現問題，隨時給孩子引導和指引；又把孩子作為平等的夥伴，與孩子一起學習一起玩，尊重孩子的一切；還要給孩子確實的幫助，讓孩子心裡踏實，心理安全，健康長大。

事實上，幾乎所有父母感覺與孩子相處愉快和諧是因為他們肯花時間與孩子在一起遊戲、畫畫、運動、聽音樂、家務勞動、製作手工、旅行、聊天、討論問題等。只有與孩子親密接觸，方可了解孩子在不同年齡段的心理需求，而自己也容易被孩子接納。

總之，父母應該與孩子們建立起相互信任、相互平等、相互尊重的朋友關係。因為孩子不僅需要在生活中能撫養自己的父母，也需要年齡大、閱歷廣，願意傾聽，能給予忠告和幫助的「忘年交」。

如果父母還未與孩子建立起平等尊重的朋友關係，雙方不妨現在就坐到一起，開誠佈公、推心置腹地進行溝通和交流，把彼此的想法告訴對方，這樣才會更快消除隔閡，化解代溝。其實家長慢慢就能體會到，與孩子作朋友是件非常有趣也非常快樂的事情。

正確對待孩子的祕密

　　每個人都有自己的祕密。祕密是人們掩藏在內心的神祕的空間或想法。人們保護自己內心的想法，不想被別人知道，其實就是在某種程度上把自己和別人隔離開來。對於成人而言，祕密的意義大多意味著責任和負擔，而對孩子來說，祕密則意味著自我意識的成長。

　　「我已經整整兩天沒跟媽媽說話了。因為她偷看我的日記，我很生氣。」週末時，一位 15 歲的中學生跟老師聊天，非常生氣地說著自己的痛苦。

　　老師勸道：「媽媽是為了妳好，她並沒有惡意。」

　　她委屈地說：「我知道媽媽是為我好，可是日記裡面有我的祕密，我想我也要像班上同學一樣去買個有鎖的日記本。」

　　這個女生說，他們班上很多同學的家長都會偷看自家孩子的日記，有些家長偷看後甚至還理直氣壯，覺得打開自己孩子的日記或信件是天經地義的事。

　　家長偷看孩子的日記和信件，偷聽孩子的電話無非是關心孩子、怕孩子誤入歧途，希望孩子的行為都在自己的掌控之中。可是他們所謂的良苦用心，無意中卻會對孩子造成心靈的傷害。

　　其實，孩子有祕密很正常，並非不健康、不應該的事，它是孩子成長過程中的正常現象，大人應該允許孩子保有自己的祕密，尊重孩子的祕密。對於孩子來說，和家長分享自己的祕密不是義務，而是一種對家長的額外信任、一份特別的回報。孩子願意和家長分享祕密，家長固然可以欣慰，但千萬不要為了獲得孩子的祕密而失去孩子對自己的信任。其實，孩子擁有祕密是件值得大人高興的事，因為可以讓孩子有個體的存在感和價值感。可以說，祕密是孩子內心的一種珍貴體驗。同時，祕密可以幫助孩子走向獨立和成熟。孩子總有一天要走向獨立，而開始擁有個人祕密並能恰當處置是孩子走向獨立的必經階段。

　　下課了，甘老師剛從教室回到辦公室，同事就告訴她，校門口有家長

找她。甘老師連忙往校門口走去，原來是許麗的爸爸。見他焦急的樣子，甘老師忙問：「孩子出什麼事了嗎？」

他一臉憂鬱地說：「甘老師，許麗最近常從家裡拿錢，剛開始數目很少，可是今天竟然拿了一百塊錢。」

聽了許麗爸爸的話，甘老師幾乎不敢相信，許麗是個活潑開朗的小女孩，在學校表現非常好，成績很優秀，平時與同學相處融洽，還是小老師，怎麼會犯這種錯呢？甘老師忙安慰道：「你別著急，把事情的經過告訴我。」

「老師，讓我到班上好好教訓她一頓。」

他要到班上去，那不是讓全班同學都知道了嗎？不行！想到這，甘老師連忙說：「如果你相信我，這件事就交給我處理。我會盡力處理好這件事的。」

「老師，我當然相信你，但這孩子這次犯的錯太大了，你一定要好好教育！」

「放心吧！你再把這件事說得詳細點，我一定多教育她！」

透過進一步交流，甘老師知道了，原來許麗的父母開了家服裝店，平時喜歡把零錢隨手放在櫃檯上的盒子裡。孩子經常悄悄從裡面拿些錢，剛開始數目很小，父母就沒在意，直到這次拿了 100 元才感覺問題嚴重了。了解了事情的緣由後，甘老師讓許麗的爸爸先回家。

回到辦公室，甘老師想了想，決定採取談心的方法來幫許麗改掉缺點。於是，她來到教室說：「許麗，來辦公室幫老師拿個東西。」許麗一聽老師讓她幫忙，非常開心，跟著甘老師來到辦公室。

甘老師貼著她的耳朵說：「妳爸爸剛才來學校找妳，老師讓他回家了，妳知道他為什麼來嗎？」聽了這話，許麗的臉一下子紅了，趕緊低下頭來。甘老師笑著說：「小孩子都會犯錯，但只要勇於改正都還是好孩子。妳一直都是老師最喜歡的孩子，老師不會因為妳犯過錯而不喜歡妳哦！」

　　聽甘老師這麼說，許麗像下了很大決心似地輕聲說：「老師，對不起！因為我常常拿家裡的錢，所以爸爸才會來學校。老師，我已經知道這樣做不對了！」甘老師笑笑說：「妳敢承認錯誤，又明白這樣做不對，真是好孩子，老師更喜歡妳了。不過以後老師還會監督妳哦！」許麗聽後高興但又擔心地說：「老師，您會把這件事告訴別的同學嗎？」「當然不會，老師會為妳保守這個祕密的，相信我！」甘老師肯定地說。聽到甘老師肯定的語氣，許麗才放心地離開了。

　　以後的日子裡，甘老師常常與許麗交流談心，並加強與家長的聯繫，許麗也果真遵守承諾，再也不拿家裡的錢，而且比以前更刻苦學習。新年的時候，甘老師收到一張許麗寄來的賀卡，上面寫著：「甘老師，謝謝您為我保守祕密，這件事令我難忘。」

　　假如當初甘老師將許麗偷錢的事公之於眾，許麗也許就會懷恨在心，處處跟老師作對，不但不會改掉偷摸的惡習，還會變本加厲。但慶幸的是，甘老師為孩子的過失保守祕密，這實則也是在保護孩子的自尊心，孩子為此學會了自律。

　　其實，和成人一樣，孩子希望被他人承認自己是個獨立自主、有思想的個體，他也需要在自己的內心保留一塊空間。擁有祕密並非不健康，只要不涉及道德品格等原則問題，對於孩子的祕密不必探究。

　　祕密是一場「說」與「不說」的遊戲，當孩子發現自己有了祕密，意味著他內心誕生了新世界；當孩子考慮要不要把祕密說出來的時候，說明他已經具有追求獨立的願望；當孩子要求別人為自己保守祕密的時候，代表他已具備初步的責任感。作為父母，應站在孩子的一邊，為孩子保守祕密。

第三章
讓孩子在充滿讚美的家庭中成長

　　著名教育家蘇霍姆林斯基說：「每個人的心靈深處都有一種根深蒂固的需求，就是希望自己可以得到別人的讚賞與喜愛，而在兒童的精神世界裡，這種需求特別強烈。」的確，孩子在意每一個人對自己的看法，他們的最大願望就是得到他人的關心、讚美與喜愛。他們獲得的肯定與賞識越多，對自己的信心就越充足，就越容易覺得自己是個成功者。這種積極的心態能激發孩子的求知欲與上進心，使其表現得更加出色。因此，讓孩子在充滿讚美的家庭中成長，是每個家長義不容辭的責任。

每個孩子都渴望被賞識

科學家做過這樣一個實驗：

他們把跳蚤放在桌子上，每拍一下桌子，跳蚤起跳的高度均在其身高的 100 倍以上。接著，科學家在跳蚤的上方罩上一個玻璃罩，讓牠再跳，這次，跳蚤碰到了玻璃罩，於是調整了起跳高度，以免再次碰壁。之後，科學家逐漸降低玻璃罩的高度，每次跳蚤都在碰壁後主動調整高度。最後，玻璃罩低到接近桌面，幾次失敗後，跳蚤便放棄了再跳的努力。於是，科學家把玻璃罩打開，再拍桌子，但這隻可憐的跳蚤仍然不會跳，牠已經變成「爬蚤」了。

跳蚤變成爬蚤，並非因為失去跳躍能力，而是由於一次次的挫折讓牠學乖、習慣、麻木了。對於跳蚤來說，玻璃罩已經罩住牠意識中的世界，扼殺了牠的行動和欲望。科學家把這種現象叫做「自我設置」。很多孩子在成長過程中都有過類似的經歷。由於受到外界太多的批評、打擊和挫折，慢慢地，他們失去了自信，失去了學習的熱情，被外界的評價「自我設置」了。這種情形的出現從一定程度上說是教育的失敗。因此，要想孩子跳得更高，家長非但不該批評、打擊孩子，還應該給孩子充分的賞識與肯定。

每個孩子在成長過程中，心靈都是敏感而脆弱的，他們自我意識的產生完全依賴家長和老師對他們的評價。得到的鼓勵、喝采和掌聲越多，他們對自己的信心就越充足，表現出的能力就越強，就越能向良好的方向發展；相反地，成人給孩子的評價越低、批評越多，他們對自己的信心就越低，表現就越差 …… 正因如此，我們才說，成功家庭的教育是以賞識與肯定為主！家長的賞識與肯定，能對孩子的進步產生一種無形的推動力量，能增強孩子的自信心和激發他們的上進心。

許多年前，一個 10 歲的義大利男孩在拿波里的一所學校讀書。他一直想當歌星，但是，他的第一位老師卻說：「你五音不全，簡直就像風吹百葉窗，這樣是唱不了歌的。」

回到家裡，他很傷心，並向自己的母親 —— 一位貧窮的農婦哭訴這一切。母親摟著他輕聲說：「孩子，其實你很有音樂才能。聽聽，比起昨天，你今天的歌聲樂感好多了，媽媽相信你會成為出色的歌唱家的……」

聽了這些話，孩子的心情好多了。

後來，這個孩子成為那個時代著名的歌劇男高音。他名叫恩瑞哥‧卡羅素（Enrico Caruso）。當他回憶自己的成功之路時這樣說：「是母親那句肯定的話，讓我有了今天的成績。」

也許，卡羅素的母親從來都沒想過她兒子能成為一代名人，也許根本沒指望自己的三言兩語能改變兒子的一生。然而，事實上，正是她那句善意的肯定成就了那個時代最偉大的歌唱家。由此可見，讚賞和肯定對孩子成長的作用有多大。可以說，讚賞和肯定是孩子成長過程中的陽光、空氣和水，它能激發孩子的潛能，增強孩子的自信心，是孩子成長過程中最好的心靈營養品。

自然，要做到賞識孩子，家長首先應該對孩子具有真誠的愛。這種愛應該包含理解、尊重、鼓勵、包容與期望等積極情緒。具體的做法是：

▶ **尊重和信任孩子，相信孩子的能力**：尊重和信任孩子，可以幫助他們自立自強。在生活中，家長最容易犯的錯就是事先假定孩子什麼都不會，什麼都做不好，所以事事都會阻止他們自己動手，都要替他們做好。殊不知，這麼做的結果是使孩子慢慢對自己失去信心，失去自己努力去探索、去追求、去鍛鍊的自覺性。其實，鼓勵孩子的最好辦法就是信任孩子，相信孩子和大人一樣也能把事情做好，放手讓孩子自己嘗試，如收衣服、拖地、擦桌子等。在孩子嘗試做一件事情時，家長只需對孩子說「你可以的」、「你能做好」、「我相信你」之類的話，這能讓孩子在做的過程中得到自我滿足，增強自尊和成就感，從而不斷增強自信心。

▶ **家長應努力挖掘孩子的優點**：事實證明，能力再弱的孩子都有他的優點，在日常生活中，家長應注意觀察孩子的行為舉止，挖掘孩子的長處，從孩子的優點入手，及時給予肯定和鼓勵，不斷強化積極向上的認同心理。堅持每天讚美孩子，這能滿足孩子心靈深處最強烈的需求。

▶ **要善於發現孩子的點滴進步，並即時給予鼓勵**：比如孩子不會收拾玩具，爸媽要做的不是指責他，而是告訴他怎樣才能把玩具收好，當孩子有一點點進步時，家長應立即鼓勵他：「這次收拾得真好，又乾淨又整齊！」當孩子意識到自己好的舉止被父母注意到時，便會在內心調整行為取向，使好的行為得以鞏固。

▶ **寬容和理解孩子**：寬容和理解孩子，可以幫助他們重新振作。每個孩子在成長過程中，都可能遇到困難和挫折，都可能遭遇到人際上的困擾與競爭的失敗，都可能不小心做錯事。這時候，家長應該寬容和理解孩子，給予精神上的鼓勵與支持，讓孩子重新振作起來。

▶ **要真心讚美和鼓勵孩子**：真心讚美孩子，可以幫助他們揚長避短。鼓勵性的語言很多，應該多用、多創造。比如：「你真能幹！」「好小子，你真棒！」「不要洩氣，再努力一下就會成功。」「沒關係，失敗是成功之母。」「我真為你驕傲！」等。

在孩子的一生中最能幫孩子樹立信心、最能發揮激勵效果的，就是每個嘗試的第一次成功。哪怕是再小的成功，也能增強自信。學會一個字、得到一張獎狀、做對一道題、縫好一枚鈕扣、擦淨一次地板、洗淨一雙襪子時……孩子都有成功的喜悅，會期望自己下一次做得更好。在那種時候得到肯定與鼓勵，將使他對前景充滿信心，從而獲得自信。我們做父母的如能及時肯定孩子人生中的每一次成功，讓孩子品嘗到成功的喜悅，他將來一定是個成功者！

發現和讚賞孩子的優點

任何一個人，渴望被別人肯定的心理需求大大超過被別人否定的心理需求。這個規律大多數家長都懂，也都想多表揚孩子，但往往覺得找不到值得表揚的優點，這該怎麼辦呢？其實，方法很簡單，只要父母在日常生活中多留心，拿著放大鏡觀察，就總能發現孩子有進步的地方。

是的，只要父母用心觀察，就一定能夠發現孩子的優點。

從前，有個老員外，他的三個兒子都很笨，老員外很發愁，擔心家產會敗在他們手裡。於是，他決定請當地很有名的老秀才來教三個兒子。

老秀才說：「我得考考你的三個兒子，通過考試我才能收下他們。」老員外心裡暗暗叫苦。

第一個上場的是大兒子。考的是對對聯，老秀才出的上聯是：東邊一棵樹。大兒子急得頭上冒出了汗，也想不出該對個什麼下聯，嘴裡一個勁念叨：「東邊一棵樹，東邊一棵樹……」老員外在一旁直想發火。一會兒，老秀才說話了：「這孩子記性不錯，我只說了一句，他就記住了，可教也，我收下。」

第二個出場的是二兒子。老秀才出的還是那道題：東邊一棵樹。二兒子進考場之前已聽哥哥說過題目，張口就對：「西邊一棵樹。」氣得老員外目瞪口呆。老秀才說：「此子改了方向，以西對東，對得貼切，可教也，收了。」

最後是三兒子。老秀才仍是那道題：東邊一棵樹。三兒子想了半天，也沒想出好的下聯，不由得大哭起來。老員外覺得他太丟人了。誰知道老秀才說：「此子有羞恥心，可教也，收了。」

老秀才收下老員外的三個兒子，並最終把他們教育成有用之人。

這個故事告訴我們：任何一個孩子，不管天資再差，缺點再多，只要有那麼一點點優點，就是可教之才。作為父母，要善於發現並讚賞孩子的優點，讓孩子自信地成長。有時孩子犯了錯，父母難免會責備孩子，但責

備的方法很多，如果方法不當，很可能會影響孩子一生。而如果父母善於找到孩子錯誤中隱藏的優點，然後賞識孩子，不僅能讓孩子知道錯在哪裡，而且還會繼續保持這個優點，從而養成正確對待錯誤的好習慣。所以，面對「壞」孩子，父母更需要竭力找出他們的優點，哪怕是沙裡淘金，哪怕再微不足道，都需要出自真心地讚揚、鼓勵和引導。

那麼，父母應怎樣發現並放大孩子的優點呢？

▸ **用發展的眼光看待孩子**：不要把孩子看「死」了。只要細心觀察孩子，就會發現孩子有進步的地方。可能是看問題的眼光進步、分析問題的能力增強，可能某方面的科學或文化知識增加，可能某次作業進步或者考試進步，可能在勞動或公益活動方面表現較好，可能藝文、體育活動得到好成績，可能做了什麼小發明、小製作等等。關鍵的是要拿孩子的今天比昨天、比前天，而不是跟別的孩子的長處比，哪怕發現一點微小的進步，也應及時肯定，而不應該由於跟他人比或以高標準要求而覺得不起眼，認為不值一提，就漠視或忽略了孩子的點滴進步。應該想到「星星之火，可以燎原」，優點是要一步步發展和培養的。

▸ **適度誇張孩子的進步**：孩子即使沒有進步，父母也應該找機會鼓勵。如果孩子確實有進步，父母就更該及時誇獎「進步挺大」。通常這樣可以刺激孩子的積極心態，使孩子期望自己能進步更多，就有可能達到「事半功倍」的奇效。

把缺點轉化為優點

「金無足赤，人無完人。」在這個世界上，十全十美的東西是不會有的，再好的玉都有瑕疵，再好的人也會有缺點。問題就在於我們如何看待缺點與優點。對於缺點很多的孩子來說，教育他們認知到自己的缺點與不足，往往能促使他們進步；引導他們修正錯誤，恰恰能讓他們產生前進的動力。在一定的條件下，孩子的缺點也會轉變成為優點，關鍵就在於家長

如何「教」了！

「教」無定法，重在得法。對待孩子的缺點，以下兩種教育方式最不利於孩子成長。

第一種是：無視孩子的缺點，放縱不管。對孩子的缺點、錯誤，如果家長放縱不管，孩子就會覺得無所謂，而一旦養成習慣，再想糾正可就不那麼容易了。

放暑假了，三年級的小胖拿了成績單回家，爸爸接過一看，成績中上，馬馬虎虎，評語欄中，老師肯定了他的一些優點後指出：「平時作業潦草，不細心，希望家長督促，認真做好暑假作業，特別是要多練練字，盡量做到字跡工整。」

小胖的爸爸認為，學習是小胖自己的事，如果小胖自己不努力，說了也沒用。所以，他隨便說了小胖兩句就過去了。而小胖則始終沒有因為認知到「學習是自己的事情」而改變潦草的毛病。

第二種是：緊抓孩子的缺點不放，對孩子的缺點採取極端手段，非打即罵，想以高壓政策使孩子改正。

小楊拿著 93 分的數學考卷興沖沖地跑進家門，揚著手中的考卷得意地對媽媽說：「媽，你看，這次數學考試我考了 93 分！」媽媽接過考卷，把那些做錯的題目找出來，仔細看了看題，然後瞪著眼睛對孩子說：「又粗心了吧，考試前我跟你講，做完了一定要檢查，從頭到尾再看一遍，你就是不聽，要是認真檢查一下，怎麼會扣這幾分呢？」

小楊一聽這話，眼淚在眼眶裡打轉，他不明白，為什麼媽媽只看做錯的題目，卻看不到他的進步呢？為什麼媽媽一句稱讚的話都不說呢？於是，他搶過考卷，一轉身衝進自己的房間，鎖上房門，任媽媽怎麼叫都不出來！

媽媽這種企圖用批評和糾正的方法迫使孩子改正缺點的做法顯然很不明智。這樣做只會傷害孩子的自尊，讓孩子越來越沒信心。當他們對家長過於嚴厲的行為越來越反感時，叛逆心理就產生了。他們會故意不聽話，

用自暴自棄的方式惹父母生氣……

主觀地說，任何一位家長都希望把孩子教好，使他們成材，甚至能出人頭地。然而，錯誤的方法只會得到錯誤的結果，對於孩子的缺點，「放任自流「和「緊抓不放「都不甚高明。真正高明的家長，懂得用正確的方法，把孩子的缺點慢慢轉化為優點。

那麼，怎麼才能引導孩子變缺點為優點呢？大家不妨試試下面幾招：

第一，正確認知孩子的優缺點。當前，有許多父母溺愛孩子已經到了無以復加的地步，不論自己的孩子做什麼，他們統統都覺得可愛。

有個兩、三歲的孩子，在外面小朋友處學了罵人的繞口令：「媽媽好，爸爸壞，爸爸像個豬八戒。」媽媽一聽大為高興，抱起孩子親一口：「乖乖，真聰明！」

同樣，爸爸也不生氣，抱過孩子說：「乖乖，應該說『爸爸好，媽媽壞，媽媽像個豬八戒』。」孩子沒聽爸爸的，他還有另一套：「爸爸壞，媽媽好，媽媽是個大草包！」這下可把這夫婦倆樂壞了。

這種把孩子學罵人來的話也當優點來欣賞，其實非常不適合的。正確的做法是，告訴孩子不應該學這些罵人的話，並根據孩子喜歡學繞口令的特點，自編一些既有知識又有趣味的繞口令教給孩子。這樣不僅教育了孩子，而且可使孩子用優點代替缺點。

第二，因勢利導。大多數孩子都有撒謊的經歷。在某種程度上說，善於撒謊的孩子有頭腦、有思想、有獨立解決和處理事情的能力。看到這個優勢，家長就要根據孩子的撒謊頻率、事情的嚴重程度來正面引導孩子。

高丹這次月考的成績非常差，她怕爸媽責備自己，於是對爸媽說：「這次月考成績還不錯，我考了全班第三。」這個謊撒得就有點大了，因為，班導師已經打電話把實際情況告訴了高丹的媽媽，並建議她冷靜地與高丹談談最近成績退步的原因。

晚飯過後，媽媽來到高丹的房間與她談心，媽媽意味深長地說：「丹，妳想讓爸爸媽媽為你驕傲是對的，其實，爸媽一向都為妳驕傲，不

是因為妳的成績，而是因為妳實事求是。但是，妳這次為什麼不對媽媽說實話呢？」

高丹聽後，老實跟媽媽報告了自己的情況，並告訴媽媽，自己覺得課業壓力很大，雖然很努力，但成績就是沒進步，不知道該怎麼辦！

於是，媽媽耐心地引導高丹，告訴她讀書要用正確的方法、不能死記硬背等。

家長在批評孩子缺點的時候，應首先肯定好的部分。這樣，孩子就會意識到自己的錯誤，從而把好的部分發揚光大。

第三，對症下藥。所謂「對症下藥」，就是針對孩子缺點的類型，以相應的教育方式引導。

周凱的爸媽經常打發周凱到商店買東西，而周凱也很聽話，每次買完東西，他就順便為爸媽帶些好吃的東西回來，然後自己留一小部分錢。當然，自用的錢他都算在買東西的帳內，所以粗心的爸爸通常沒注意到這個細節。然而，周凱的媽媽發現了這種情況，她知道這不是好習慣，時間久了，會讓孩子產生不勞而獲的想法，而且也很難得到他人的信任，這對孩子的發展是很不利的！

這天，與往常一樣，周凱買完東西又虛報了價格。媽媽根據實際情況對症下藥。她和藹地對周凱說：「我們家小凱真是長大了，每次買東西都會想到爸爸媽媽，爸爸媽媽都很感動。但是，如果小凱能用自己賺的錢幫爸爸媽媽買東西，我們會更感動哦！只是，我覺得你買的東西都比實際價錢貴了點呢？」

周凱一聽這話，不好意思地承認了自己犯的錯，並承諾會改掉這個壞習慣。

第四，少批評，多表揚。「數子十過，不如獎子一長」，這個原則對於任何孩子都適用。對那些表現不太好的孩子尤其要多鼓勵，這樣有時候會產生奇效。

美國有個家庭，母親是俄羅斯人，她不懂英語，根本看不懂兒子的作

業，可是每次兒子把作業拿回來讓她看，她都說：「棒極了！」然後小心翼翼地掛在客廳的牆上。客人來了，她總會自豪地炫耀：「瞧，我兒子寫得多棒！我相信他會寫得更好！」其實兒子寫得並不好，但客人見主人這麼說，便連連點頭附和：「不錯，不錯，真是不錯！」

兒子受到鼓勵，心想：「我明天還要比今天寫得更好！」他的作業寫得一天比一天好，成績一天比一天進步，終於成為一名優秀學生，後來成為一個傑出人物。

這就是孩子「天真」的個性，你說他行，他就行；你說他不行，他就不行。你說他比別人強，他會給你一個又一個驚喜；你說他不如別人，他會用行動證明他真的很笨。基於此，家長一定要多給孩子表揚與鼓勵。

第五，教給孩子修正錯誤的方法。要想把孩子的缺點轉為優點，家長就該教孩子修正錯誤的方法。某個科學家曾談起他小時候發生的一件事：

有一次，他趁母親不在身邊，想自己試著從冰箱裡拿瓶牛奶。可是瓶子太滑了，他沒抓住。牛奶瓶掉在地上摔碎了，牛奶濺得滿地都是。

他母親聞聲跑到廚房。面對眼前一片狼藉，她相當沉著冷靜，絲毫沒有怒髮衝冠的樣子，更沒有狠狠教訓或懲罰他，而是故作驚訝地說：「哇！我從來沒看過這麼大一灘牛奶呢！哎，反正損失已經造成了，那我們把它打掃乾淨前，你想不想在牛奶裡玩幾分鐘呢？」

聽母親這麼一說，他真是高興極了，立即將大頭鞋踩在牛奶中。幾分鐘後，母親對他說：「無論什麼時候，當你製造了像今天這樣又髒又亂的場面，你都必須要把它打掃乾淨，並且要把每件東西物歸原處。懂了嗎？」

他抬起頭看著母親，眨了眨眼，似懂非懂地點點頭。

「啊，親愛的，那麼接下來你想跟我一起打掃乾淨嗎？我們可以用海綿、毛巾或者是拖把。你想用哪一種呢？」

他選了海綿。很快，母子倆就一起將滿地的牛奶打掃乾淨。

然後，他母親又說：「剛才，你摟用兩隻小手去拿大牛奶瓶子的嘗試

失敗了。那麼，你還想不想學會怎麼用你的小手拿大牛奶瓶呢？」

看著他好奇而渴望的眼神，母親繼續說：「那好，走，我們到後院去，把瓶子裝滿水，看看你有沒有辦法把它拿起來而不掉下去？」

在母親耐心指導下，他很快就學會了。他發現只要用雙手抓住瓶子頂部靠近瓶口邊緣處，瓶子就不會從手中滑掉。他真是高興極了。

說完上面的故事，這位著名的科學家繼續說：「從那時起，我知道我不必再害怕犯任何錯誤，因為錯誤往往是學習新知識的良機。科學實驗也是這樣，即使實驗失敗，但是我們還是可以從中學到很多有價值的東西。」可見，只要善於利用，錯誤也能成為學習與進步的良機。

當然，引導孩子變缺點為優點的方法，理論上有很多，但不是每一種方法都適合自己的孩子。因為人都有個性，每個孩子都有不同於別人的地方，真正高明的父母，不會硬搬別人的方法來教自己的孩子，他們往往根據自己孩子的特點，然後在眾多方法中選最適合自己孩子的方法，而達到事半功倍之效。

總之，孩子的缺點並不可怕，但把孩子的缺點轉化為優點也不是每位父母輕而易舉就能做到的。我們必須有充分的責任感，要善於正確看待和認知孩子的優缺點，還要掌握符合自己孩子特點的教育方法，這樣我們才能成為高明的父母，將孩子的缺點轉化為優點的心願才能達成。

間接賞識更有效

父母常識孩子的方式很多，可以當著孩子的面直接讚美，也可以透過協力廠商間接讚美。間接賞識分兩種情況，其一，父母不是當面稱讚，而是透過與第三者交談的方式讓孩子在「無意」中發現父母的溢美之詞。其二，由父母充當橋梁，讓孩子知道別人是如何為他鼓掌的。

真誠坦白地當面讚美孩子固然有效，但如果用詞不當，就可能使讚美之詞淪為孩子傷心的理由，在孩子心中留下「虛偽」的印象。比起直接讚

美,採取間接的讚美方式往往更保險。但要做到從容自如、得心應手地間接讚美孩子,就要巧妙設計場景。

一天,趙靜的爸爸請幾位朋友來家裡吃飯。

由於還有作業沒做完,趙靜匆匆吃完飯後就回房間了。

幾杯酒下肚,爸爸和朋友開始談起各自教育孩子的心得。

這時,趙靜的爸爸非常興奮地說:「我覺得我們家小靜很好,我這女兒既聰明又聽話,還特別關心別人。就說前幾天,我下班累了,她還幫我捶背呢,女兒的小手捶在我的肩膀上,別提有多舒服了!」

說這話的時候,趙靜爸爸的幾個朋友都用羨慕的眼神看著他,其中有個朋友說:「小靜真是個好孩子,我們真羨慕你!」

「其實你們的孩子也都很好,只是你們光挑他們的毛病,卻忽略了孩子的優點。」趙靜的爸爸對朋友們說。

趙靜在自己的房間裡聽到爸爸和朋友的談話,心裡高興極了,她決心以後要更努力,不辜負爸爸對自己的讚賞!

趙靜的爸爸十分精明,他明知道孩子就在房間,透過與朋友交談來讚美孩子,孩子一定能聽到。要讚美一個人,當面讚美固然能發揮作用,但往往背後讚美的效果更明顯,被讚美者往往容易接受並激起他做得更好的欲望。

當然,父母對孩子的賞識多半是主觀評價,往往無法在實際生活中印證,而別人對孩子的賞識卻大多來自與孩子的實際交往,他們沒有故意誇獎孩子的義務,因此他們的話比較客觀,孩子也就更在乎別人對自己的評價。

事例一:

> 陳燁的小阿姨是位事業有成的職業女性,陳燁很崇拜小阿姨。
> 有一次,從小阿姨家做客回來,媽媽無意間提了一句:「今天你小阿姨誇你有禮貌。」

「真的嗎？」陳燁的表情十分興奮。

「真的呀，她親口對我說的。」媽媽說。

從此之後，陳燁遇到熟人會打招呼、常問候老人、還常幫助他人 ……變得越來越懂禮貌。媽媽發現這神奇的效果後，每次從小阿姨家回來後，都會神祕地告訴陳燁：「你知道嗎，你小阿姨偷偷跟我說，陳燁會搶著做家事，是個懂事的大孩子。小阿姨還誇你認真讀書，說你將來一定能做一番事業。」

……

從此，陳燁每去小阿姨家做客，回來都會有很大的改變。

事例二：

　　一次家長會後，幾位老師都在對一個學生的家長說他的孩子不好好念書，不規則等種種過錯。家長很生氣，站在一旁的學生也很害怕。最後，有位年輕的老師卻對那個憤怒的家長說：「這孩子雖然調皮，可是很聰明，若能好好念書，將來一定會有出息。」聽了這話，家長的情緒緩和下來，那學生也鬆了口氣。從此，這個原來調皮的學生一下子像變了個人似的，遵守規則，努力念書，不但順利上了好高中，還以很高的分數考上知名大學。

　　後來，那位家長在路上遇到這位年輕老師，很感激地對他說：「真沒想到，您的一句話，讓我兒子從此像變了個人，還真的有出息了。」而那個學生上大學後，寫信給這位老師說：「是您的一句讚美，改變了我一生的命運，使我及時改掉懶惰、散漫的劣習；是您的一句讚美，使我看到自己的價值並對前途充滿信心。」

　　每個人都希望得到別人的讚賞，孩子也一樣，他們不僅希望得到父母和家人的讚賞，更希望得到老師、鄰居、玩伴等其他人的誇獎。當孩子如願獲知別人對自己的評價，特別是積極的評價後，往往會產生更大的動力。哪怕當時他們並沒有被誇的那麼優秀，但他們也會朝著那個目標努力。

　　是的，如果父母經常當著孩子的面讚美孩子，孩子聽多了就會習以為常，這時，可以換另一種方式 —— 透過與別人交談讓孩子知道父母的間

接賞識，這反而會得到意想不到的效果。另外，父母聽到別人讚賞自己孩子是件幸福的事，但別忘記及時把別人的讚賞轉達給孩子，讓孩子知道別人對他的評價，感覺到別人對他的讚賞，從而激勵他不斷努力和進步。

　　總之，在賞識教育中，父母不僅可以透過他人協力表達自己對孩子的讚賞，同時，也可以藉他人之口來表揚孩子，而這些，正是我們所說的間接賞識。有時，間接賞識會比直接賞識的效果更套顯。

讚美要真誠並恰如其分

　　據報導，一項對全國中小學生的調查中有這樣一個問題：如果你的爸媽能滿足你的要求，你最希望得到什麼？結果很有意思：有57%的孩子希望他們的爸媽看到他們的進步，肯定他們；有43%的孩子希望自己的爸媽別總拿他和別的孩子比，別總說別的孩子比他強。總之，孩子希望父母能聽到這樣的心聲：「爸爸媽媽，我不想在否定中長大！」

　　孩子的答案和呼聲讓我們看到，任何一個人希望被肯定的要求勝過了對物質的和娛樂的渴望。俗話說，孩子是誇大的。是啊，對孩子的表現應給予肯定、讚賞、鼓勵，這樣，才會增強孩子的信心，給孩子帶來積極的向上動力，激發孩子做事的主動性。可是，讚美孩子要遵守一定的規則，要適度，不然會使孩子養成愛吹噓、是非不分等壞習慣。

　　讚美孩子必須根據孩子的具體情況，是發自內心的、真誠的、由衷的讚美，這就需要父母有敏銳的洞察力，需要父母有顆善良公正的心，需要父母具有寬廣的胸懷和氣度。

　　小英10歲的時候，有一次她一個人在家把屋子打掃乾淨。媽媽回來後，忍不住讚嘆：「哇，是誰這麼勤勞，把屋子收拾得這麼乾淨！」小英從房間跑出來。媽媽說：「原來是我的寶貝女兒啊，妳真能幹！」媽媽發自內心的誇獎，從此讓小英愛上了做家事。

　　真誠的讚美和肯定，可以拉近孩子與父母心靈的距離，真正成為朋

友。這不僅吸引孩子向父母真心靠近，更自然地傾聽父母的教誨，接受父母的人生經驗，而且還讓父母每時每刻發揮潛移默化的作用，從積極樂觀的一面影響孩子的生活與成長。

真誠的讚美和欣賞，可以營造寬鬆、和諧、民主的氣氛。無數事實證明，只有在這樣的家庭氣氛中，才會長出自信、自律、坦誠、大度、勇於承擔責任和人格健全的新一代。這對孩子適應社會生活、保持心理平衡和維護心理健康有十分重要的意義。

父母唯有實事求是地讚美孩子，才能抓住孩子的心，激發孩子繼續向上的欲望。父母若是讚美不當，就如隔靴搔癢，不僅無法發揮好的作用，反而會讓孩子反感，認為父母太「虛偽」。

一位媽媽聽說「賞識教育」後，便決定改變以前的教育方式。

女兒每做一件事，無論做得怎麼樣，她都說：「女兒，太好了，妳太棒了！」

整整一天下來，女兒被媽媽誇得莫名其妙。

晚上臨睡前，女兒摸著媽媽的額頭問：「媽媽，妳沒事吧？」

可見，如果父母不分場合不分情況地一味讚美孩子，孩子往往會搞不清楚狀況，最終無法達到父母期待的效果。此外，有些父母認為鼓勵就是說好聽的，或是簡單地戴高帽。其實，這一切只會適得其反。

讚美是門藝術，是要講究技巧的。讚美孩子時要想達到真誠並恰如其分的效果，就應該這樣做：

▶ **不要對孩子抱有不切實際的期望**：面對當今日益激烈的社會競爭，許多父母都想讓自己的孩子無所不能、無所不精，各方面都力求高人一等。這種過高的期望會導致父母總帶著有色的眼鏡看待孩子。如此，父母就無法對孩子有正確、全面的認知，對孩子的讚賞自然就會有失公正，或根本就是敷衍。

▶ **讚美要事出有因**：讚美不能氾濫，要具體。只有實實在在的讚美，才最能感動人。很多父母在表揚孩子的過程中，往往會用「你真棒」一

句帶過，並不表揚孩子的具體行為。其實，這就不是一種正確有效的讚美方式。特別對一些年齡還小的孩子來說，父母更應特別強調孩子令人滿意的具體行為，表揚得越具體，孩子對哪些是正確的行為就越清楚。比如，兩個小女孩在一起玩，一個不小心摔倒了，另一個趕緊跑過去把她扶起來，幫她拍淨身上的土。這時，父母就應表揚得具體一些：「妳今天把小朋友扶起來，做得真好，媽媽很高興。以後和小朋友在一起玩，就要這樣互相關心互相幫助。」這種具體的表揚方法，既讚賞了孩子，又培養孩子關心別人助人為樂的良好行為。孩子以後再遇到相同的情況，也就更容易做出正確的選擇。

▸ **讚美要掌握時機**：孩子取得成績，渴望父母的讚賞，此時，父母應及時肯定，這樣，孩子要求進步的動機就會得到強化。否則，孩子就會低估自己的能力，原有正確的動機也會逐漸消失。

▸ **就事「讚」事**：讚美孩子不要直接針對人，而應該讚美孩子的具體行為。例如：當孩子畫了一幅不錯的畫時，千萬不能說：「真聰明！」而應說：「喲！這幅畫真不錯。」要知道，過分的讚美會給孩子播下愛慕虛榮的種子。

▸ **因人而異**：對年齡不同的孩子採用不同的表揚方式，對學齡前的孩子可多用表揚，入學後的孩子因逐漸懂事，不必事事表揚，表揚應更有分寸；對膽小怕事的孩子可多用表揚，以增強其勇氣，建立信心；對能力強的孩子要慎用。總之，要讓孩子知道不是每做一件事都要表揚，從小養成孩子樸實謙虛的作風。

一般情況下，讚美可以分為兩部分，一部分是家長讚美的話，另一部分是孩子的理解。因此，家長的話必須能清晰表達出我們是在讚賞孩子的努力、學習、成就、幫助、思考或創造等，同時要適當地處理，使孩子聽了我們的讚美後，能對自己的品格得出正確的結論。我們的話必須像一塊有魔力的畫布，讓孩子在這塊布上畫他自己的時候，沒辦法畫成別樣，只能畫出一個真實的自己。以下的一些例子可以說明這個道理：

家長的讚美：媽媽非常感謝你今天替我洗碗。

孩子的演繹：我很有用。

家長的讚美：你告訴媽媽多給了你錢，媽媽很感謝你。

孩子的演繹：我很誠實。

家長的讚美：你的作文給了我許多新的想法。

孩子的演繹：我能夠寫作。

家長的讚美：謝謝你幫爸爸洗車。這樣一來我的車子就像新的一樣。

孩子的演繹：我做得很好。我的工作得到讚美。

家長的讚美：媽媽喜歡你的這張賀卡。這張卡片很漂亮，寫的話也很有意思。

孩子的演繹：我的欣賞能力不錯。我可以憑我的欣賞能力來選擇。

家長的讚美：你做的書架很好看。

孩子的演繹：我能做事。

家長的讚美：你的信帶給我很多快樂。

孩子的演繹：我能讓父母快樂。

家長的讚美：你的小詩說中了媽媽的心。

孩子的演繹：我很高興我會寫詩。

像這類正確的讚美方式和孩子得出的正確結論，是培養孩子心理健康的基石。孩子從這些話裡得出的結論，以後會默默縈繞在心裡。真實而正確的意念在孩子內心重複的結果，又會使他對於自己固有的良好形象得以強化，從而進一步形成更健全的心理。

採取多種方式獎勵孩子

家長要經常獎勵孩子，特別是對於那些性格內向的孩子，因為獎勵對孩子而言，是一股溫暖的春風，可以融化他們內心封存已久的冰塊。

在獎勵孩子時，家長需要顧及孩子的年齡和興趣。只有讓孩子有新奇感，並因花費精力而感到愉快的勞動，才能使孩子感受得到獎勵的可貴。

獎勵孩子的方法很多，而每個孩子的特點又千差萬別，家長只有根據

自己孩子的實際狀況，靈活運用各種獎賞和激勵孩子的方法，才能真正達到促使孩子進步和成長的目的。

不久前，老師告訴高英英，說她女兒在班上不愛讀書，也不積極舉手回答問題。一天晚飯後，高英英把女兒叫到跟前，問她為什麼會這樣。女兒說，她不好意思當著全班同學的面回答問題或者大聲朗讀，她怕答錯或讀錯了被別人笑。

為了鼓勵女兒克服心理障礙，高英英為她特製了一張日曆表，如果她當天在課堂上大聲朗讀或主動回答老師的問題，就可以得到一顆星。如果一星期她能得到三顆星，就可以在週末時得到獎勵，去買她喜歡的文具或玩具。如果一星期得了五顆星，她就可以得到最高獎勵，在週末選擇自己喜歡的活動，如看電影、上餐館、去遊樂園，全家人都得服從。此外，她還可以晚半個小時上床睡覺，多看一會兒漫畫書。

事實證明，這樣的獎勵很有效，幾星期後，女兒變得自信多了。

無疑，高英英對女兒的獎勵方法很正確，她採用多種形式的獎勵：精神獎勵 —— 頒發進步小星星；物質獎勵 —— 買女兒喜歡的文具或玩具；活動獎勵 —— 去遊樂園、多看半小時書 …… 隨著獎勵不斷升級，孩子也在不斷進步。

家長在教育孩子的過程中，要充分認知到，喜歡獵奇是孩子的一大特點。當孩子對某一事物或說法接觸多次後，就會喪失新鮮感，逐漸失去興趣。對於家長給予的獎勵也是一樣，當家長經常用同樣的方法獎勵孩子時，會逐漸喪失效力。因此，家長獎勵孩子，可採用多種不同的方法，但無論如何，要符合孩子的年齡和他們的個性特點。

根據不同孩子的特點，家長可以採取以下不同方式給予獎勵：

▸ **贈送禮物**：進行獎勵的重要方式之一是贈送禮物。但是只有在特殊場合才採用這個方式，不然孩子由於自私自利的動機才聽話，會產生引導不當的後果。一般送給孩子的禮物應是玩具、書以及其他可供欣賞的東西。

▶ **讓孩子做家事作為獎勵**：讓孩子做家事勞動作為獎勵，這能給孩子良好而深刻的印象。許多孩子都渴望能像家長那樣做家事。家長可以選擇一些簡單的勞動作為獎勵，例如，洗手帕、幫媽媽為客人擺桌準備吃飯、幫爸爸修理腳踏車和無線電、檢查地板打蠟機是否正常等。參與大人所做的事，對孩子來說是極大的快樂。

當然，在獎勵孩子的過程中，家長還要掌握技巧，不然的話，即使獎勵方式再正確，但因缺乏技巧，獎勵還是不會達到效果：

▶ **獎在不經意處**：不經意處，就是自己也沒注意或沒想到的地方。有時，可以對孩子漸漸形成的、自己也沒注意到的優點或偶爾的一次良好表現給予特別獎勵，以進一步強化這種優點和表現。比如孩子平時騎車後從來不擦車，這次不知為什麼很自覺地在擦，而且還擦得很乾淨，那麼，不妨給予一定的獎勵，給他一個驚喜。又比如，孩子班上一個同學出了車禍，住在醫院裡，孩子自作主張，用自己的零用錢買了點禮品去看望同學。家長得知後，也不妨給予獎勵，表示充分肯定這種行為。

▶ **給孩子分配任務**：獎勵孩子時，可以使用這樣的方式：像上級委託下屬執行重要而光榮的任務那樣吩咐孩子。不斷地委託新任務，讓孩子負起責任，這樣孩子就會產生責任感。孩子知道擔任上級指派的角色是不尋常的，在孩子看來這是光榮的、有榮譽感的事。這個方式對那些不願勞動及不聽話的孩子特別有效。

▶ **預先獎勵**：有時，孩子還未開始行動家長就給予獎勵，也能收到良好效果。因為這樣做會使孩子感覺被信賴而充滿信心去行動。「不該等大人提醒才去好好地做，要知道你已經是個懂事的大孩子了！」「你是個認真、用心的孩子，這件事一定會做得讓我們滿意。」這種獎勵方式要建立在暗示、激發孩子自強自愛的基礎上。

▶ **避免獎勵過於頻繁**：獎勵應該是點綴式的，偶爾來一次，不能什麼都獎勵。今天作業做得清楚，獎；明天考試考得好，獎；星期天做了些家事，獎；等等，獎勵過多過於頻繁，很容易產生負面效應，容易使

孩子產生這樣一種心理：你不獎我就不做，我做了，你就應該獎勵，把獲取獎勵當作自己的目標。凡是孩子應該做到的，比如作業寫清楚、完成簡單的日常家事等都不應該獎，需要獎勵的應該是那些比較難做到、表現突出的、進步明顯的行為。

▸ **獎勵不能失信於孩子**：說好要獎的就必須獎，說好獎多少就獎多少，不能把自己的承諾當玩笑，也不能對獎品打折扣。有些家長，開始時信誓旦旦，你做到怎麼樣，我一定怎麼樣，可當孩子真的做到，又反悔了。這是很不好的，會對孩子造成很大的傷害，反過來對家長自己的威望也會產生極大的損害。

▸ **辯證地對待獎勵**：優點的背後往往是缺點，缺點的背後也往往是優點，對孩子不能只賞不罰，也不能只罰不賞。要賞罰分明，不能因為賞而看不到孩子的缺點，也不能因為罰而看不到優點。

賞識的同時更應該激勵

在生活中，有很多家長以為賞識等於激勵，以為賞識孩子就是促進孩子展步。事實上，激勵孩子遠遠不是一句「你真棒」那麼簡單。光有簡單的認同與主觀的欣賞，卻沒有催人向上的激勵與客觀的評價，對孩子來說，作用還是相當有限。

讓我們先來看這麼一個故事：

繼芳的媽媽自從上了「家長班」，意識到「賞識」的種種好處以後，就經常對繼芳施行「賞識」教育。比如，有一次，繼芳國文考了79分，要是以前，繼芳的媽媽早就鬧翻天了。可是因為孩子需要「賞識」，所以，她強忍怒氣，微笑地對女兒說：「繼芳真棒，繼芳要繼續努力哦！」

繼芳一聽媽媽的話，忐忑的心一下子放了下來，她輕鬆地回答：「好的，我會繼續努力。」至於怎麼努力，繼芳心裡其實也沒譜。

無獨有偶，同學華鳳的媽媽同樣也上過「家長班」，她意識到，光賞識卻沒有激勵的教育往往缺乏動力。因此，在華鳳考試回來以後，母女倆

有這麼一番對話：

華鳳：「媽媽，我今天國文考了 92 分，全班第 7 名。」

媽媽高興地摸摸華鳳的腦袋：「華鳳真棒，這一次成績都在前 10 名了，真是出乎媽媽意料，我覺得妳下次努力考到全班前 5 名應該沒什麼問題！」

華鳳聽了媽媽的話，很受激勵，她自信滿滿地對媽媽說：「媽媽，妳放心，有妳這句話，妳女兒說什麼也會再接再厲的！」

你瞧，以上的兩位媽媽，用心是一樣的，但她們對孩子「賞識」的方式卻迥然不同。前者對孩子只誇獎、不激勵，只看到孩子的成績，看不到孩子的不足，不對孩子的差距和不足做出提醒和激勵。這樣的做法實際上只會讓孩子誤會家長的意圖，以為家長對自己的成績並沒有不滿，從而放棄了繼續努力和積極進取的想法。而後者不但讓孩子感受到成功的欣喜，更有了明確的努力方向。兩種做法的結果大相逕庭。

事實上，賞識孩子，不僅表現在對孩子成績的肯定和誇獎，更表現在對孩子熱情地鼓勵和適度提醒上。對孩子成績的讚揚可以讓他感到溫暖和欣慰，讓他感覺到自己的努力沒有白費，至少獲得家長的認同；而對孩子的提醒和鼓勵則可以給他繼續努力的動力和信心，讓他們感覺到自己還有差距，還有繼續進步的潛力。

所以，家長不僅要對孩子的成績肯定和賞識，更要在賞識的基礎上，提出建議和鼓勵，讓孩子在欣慰的同時，感覺到家長的殷切希望。正如美國一位著名教育家所說：「沒有激勵就沒有教育。」有激勵的教育才是真正的「賞識」教育。

佳佳是一位國三女生，她的媽媽很會激勵她。

當佳佳的成績有起色時，媽媽說：「妳看，努力是不是就有收穫？妳多聰明啊，只要一努力就有成績了，媽媽真高興。」

當佳佳告訴媽媽，自己受到表揚時，媽媽說：「這是真的嗎？佳佳的成績這麼優秀，我怎麼有這麼聰明的女兒！我真是太幸福了。來，媽媽

幫妳慶祝，為我有這麼聰明可愛的女兒乾杯！」

當佳佳幫媽媽做家事，媽媽說：「媽媽真幸福，有個這麼讓人驕傲的好孩子，又懂事又關心人，又尊敬老人，又有禮貌。」

當佳佳開始學寫日記，媽媽說：「現在班上哪有會主動寫日記的小朋友，我的女兒就是不一樣，什麼都會，多聰明啊！」

當佳佳講故事講得不怎麼流暢的時候，媽媽說：「這個故事實在太生動了，妳如果能講慢一點，條理清楚一點，媽媽會聽得更明白哦！」

當佳佳考出好成績，媽媽說：「媽媽真幸福，女兒愛跳舞、愛唱歌、愛做事、愛讀書，又聰明懂禮貌，還喜歡畫畫……妳有這麼多優點，媽媽怎能不愛妳呢？」

當佳佳犯錯時，媽媽說：「沒關係，爸媽也有犯錯的時候，知道錯了改正就行，我相信妳以後不會再犯類似的錯了，妳說呢？」

當佳佳遇到困難與失敗時，媽媽說：「我們一起檢討一下失敗的原因，然後對症下藥，媽媽相信妳自己一定會想出辦法來解決的！」

正是在這位聰明媽媽妙語如珠的讚賞與激勵之下，這位叫佳佳的女生變得越來越開朗、自信，充滿上進心。因為努力，加上自身的天資，她在各種比賽中屢屢得獎。當別人問起她成功的祕訣時，佳佳自豪地說：「這是因為我有個非常棒的媽媽！」

事實上，這位媽媽什麼都沒做，她只是在賞識自己孩子的基礎上，給孩子更多的激勵罷了！因此，如果你希望自己的孩子有更多前進的動力，就不只要肯定你的孩子，更應該激勵他們，指出努力的方向，讓他們自己尋求更大的成功。

別在別人面前批評孩子

很多父母不知該如何掌握表揚與批評孩子的分寸，他們很困惑，是表揚多一些好呢，還是批評多一些好呢？兒童心理專家告訴我們：對孩子

要多讚揚、多鼓勵，少批評、少責罵。因為，每個孩子都有自尊心，作為父母，應該清楚地認知到這點。尤其在別人面前，孩子的自尊心更加強烈，當著別人的面批評和訓斥孩子，將會大大傷害孩子的自尊。而當著別人的面讚揚孩子，卻能使孩子產生成功感和榮譽感，從而增強他們求知和做事的信心。

英國哲學家洛克說過：「父母不宣揚孩子的過錯，則孩子對自己的名譽就越看重。他們覺得自己是有名譽的人，因而更會小心維護別人對自己的好評。若是當眾宣布他們的過失，使其無地自容，他們越是覺得自己的名譽已經受到打擊，設法維護別人好評的心理也就越淡薄。」

可見，當著別人的面批評教育孩子的方法不足取。最好的方法應是經常對孩子讚揚、鼓勵，尤其是在別人面前讚揚孩子。

然而，在現實生活中，我們經常看到這樣的情況，當別人誇自己的孩子時，父母可能會謙虛地說：「哪裡，這孩子一點都不勤奮，老讓人操心。」或許，父母這麼說是希望孩子勇敢一點、改正任性的毛病，但是這種「謙虛的美德」卻無形中傷害了孩子。

有一天，楊信學帶著女兒出去散步，在路上遇到好友韋凌宇和他的女兒，故友重逢，難免一番客套。一陣寒暄後，他們都將話題轉移到彼此的孩子身上。

楊信學問韋凌宇的女兒：「小朋友，妳幾歲了？」韋凌宇的女兒性格比較外向，一點也不怕生，她很高興地回答：「叔叔，我今年 6 歲。」楊信學又問：「上學了沒？」她回答說：「上了，在實驗小學一年級一班。」楊信學繼續問：「老師今天教什麼呀？」韋凌宇的女兒回答說：「教音。」「能讀給叔叔聽一下嗎？」「當然可以！」說著小女孩張大嘴巴，發了一個「a」的音。儘管發音不是很準，但楊信學還是誇讚說：「嗯，讀得真好！小朋友真棒！」

隨後，韋凌宇也親切地問楊信學女兒問題。楊信學女兒正好也上一年級，與韋凌宇女兒學的是同樣的內容。韋凌宇讓楊信學女兒讀「o」，楊信

學女兒很認真地發了個「o」的音，儘管女兒讀的音很到位，但出於客套，楊信學還是很謙虛地說讀得不太好。

接下來，韋凌宇又問了楊信學女兒其他幾個問題，誰知楊信學女兒一反常態，將臉扭到一邊，冷冰冰地回答說：「不知道！」韋凌宇自覺沒趣，楊信學也覺得很沒面子，就圓場說：「還是你女兒乖巧能幹，什麼都會，要是我女兒有你女兒一半就好了。」說著楊信學無可奈何地嘆了口氣。韋凌宇安慰說：「孩子還小，不用著急，一切慢慢來。」

聊了一會兒，天色漸晚，他們各自帶著孩子往回走。臨別時，韋凌宇的女兒很有禮貌地對楊信學和他女兒說：「叔叔再見，姐姐再見。」楊信學輕輕拍了女兒一下，示意她跟別人說再見，可女兒毫不理會，一個人氣沖沖地往前面走去了。楊信學無奈之下，尷尬地跟韋凌宇笑笑，並替女兒跟他們說再見。

楊信學追上女兒，嚴厲地教訓她說：「妳看人家妹妹多有禮貌，哪像妳，連招呼都不打就跑了，真是太不像話。人家比妳還小，但什麼都比妳做得好，妳得好好跟人家學習。」女兒不服氣地說：「那些問題我都會，只是我不想回答而已。你為什麼說話老是偏向別人，一點都不像是我爸爸。」說完，女兒低垂著頭，委屈地哭了。

楊信學這才知道，原來因為客套，在韋凌宇面前貶低了自己的女兒，使女兒的自尊心受到很深的傷害。從那以後，楊信學再也不拿女兒跟別的孩子比較了。

不要以為孩子不在意父母說自己的短處，就任意當著別人的面說自己孩子的不足。殊不知，這會嚴重傷害孩子的自尊心，給孩子內心留下陰影。故事中家長的心情值得理解，但做法卻不太明智。父母要知道，教育孩子的最終目的是讓孩子知錯並改正錯誤，如果在教育過程中方法不當，就會讓孩子的自尊心受傷，那是得不償失的事。所以，父母應做到以下幾點：

▶ **默認別人對孩子的讚賞**：很多父母喜歡誇別人家的孩子，特別是當眾誇獎。當你的孩子被人誇讚時，如果你不認同，也沒必要糾正，更沒

必要連帶孩子的缺點全部說出來；如果你認同，那就附和對方的讚賞，再給孩子幾句誇獎吧，這會讓孩子非常高興。比如，別人當著你的面說：「你們家的孩子真靈巧，做事俐落得很！」你接話說：「是啊，孩子確實挺靈巧的。」孩子聽了這些話，感覺一定很好。當然，他也會比以往表現得更好。

▶ **以平常心看待孩子的缺點**：每個人身上都有缺點，孩子自然也少不了。如果過分在意孩子的缺點，那麼孩子的一丁點毛病都會被視為大問題，這樣看到孩子的缺點就容易忍不住指責；如果用平常心看待孩子的缺點，那麼對孩子的缺點就不會那麼在意。這樣就會抱著理解的心態去讓孩子改正缺點，而不是無緣無故地在眾人面前揭孩子的短。

▶ **私下指出孩子的缺點**：發現孩子的毛病或缺點，父母不指出來是不負責任的，但要注意場合。如果有其他人在場，即使孩子的缺點再明顯，也不可大張旗鼓地指出來。你可以給孩子一個善意的暗示，然後回家和孩子好好說。這樣做給孩子的感覺就是「父母照顧了我的感受」，那麼孩子就容易虛心地改正錯誤。

▶ **指出孩子缺點時語氣要平和**：有些父母發現孩子的缺點後就容易生氣，然後批評、責罵孩子，希望孩子改正缺點。結果卻使孩子自尊心受傷，孩子會因為自己的缺點感到羞恥和自卑。例如，有個孩子天生高度近視，東西要放到鼻子前才能看得清。爸爸見了又氣又急，經常罵道：「什麼東西都要拿到鼻子底下去聞，瞎子！」孩子視力不好本就已經很痛苦，結果爸爸還經常當著別人的面喊他瞎子，心中更是痛苦和自卑，因而常一個人躲在外面痛哭。這樣，對孩子身心的發展有很大的壞處。所以說，父母指出孩子的缺點時，方法和語氣很重要。

其實，孩子比成人更愛面子。他們對於讚揚極其敏感，他們覺得，自己能被別人看得起，尤其是被父母看得起並當眾誇獎，是種莫大的快樂。所以，當跟別人提起自己的孩子時，父母要懷著賞識和尊重的心態去談論他們。

嘲諷是賞識教育的大敵

蘇聯教育家馬卡連柯（Anton Makarenko）說過：「嘲諷，如諷刺挖苦一樣，會使人失去自尊，沒有自信。孩子正處於培養自尊和自信的關鍵時期，家長在任何時候，都切忌嘲諷自己的孩子。」嘲諷，會讓大人感覺沒有受到尊重，但大人有調整自己思想情緒的能力，即使聽到嘲笑的聲音很不舒服，但只要認為自己做的事是對的，也就都會堅持下去。而嘲諷對於孩子來說，帶來的負面影響要嚴重得多。不管是何種類型的嘲諷，如果孩子意識到大人是在取笑自己，就會手足無措，失去堅持下去的勇氣，甚至出現畏縮倒退的心理，以致影響其健康成長。

有些父母對孩子抱有極大的期望，他們望子成龍、望女成鳳的心情十分迫切，每當孩子達不到他們要求的時候，往往恨鐵不成鋼，對孩子一味指責、謾罵，甚至嘲諷。父母以為，這樣可以激發孩子向上的信心。其實不然，嘲諷只會使孩子的上進心、自尊心受到傷害，對孩子的精神健康造成無法挽回的嚴重損失。並且，家長的嘲諷往往會使孩子變得感情冷漠，對家庭充滿厭惡與反感，進而引發孩子的反抗和報復心理，造成孩子和父母之間的感情壁壘。

有位長期受到嘲諷的孩子給母親寫了一封家書：

媽媽，請妳尊重我，不要諷刺挖苦我了，我實在忍受不了了，我也是愛面子的，有尊嚴的人。

一次，我考試錯了一道題，妳當著同學的面劈頭就罵我笨，諷刺我沒出息，將來只能賣苦力。一次，我的數學得了 100 分，我以為妳會高興地表揚我，可是妳板著面孔，嘲諷我是抄來的。當時我心裡好難過啊。有天，我跟一個女同學一起回家，妳看到我跟女同學一起走，跑過來，像凶神惡煞一樣，把我拉到一邊，罵我不要臉，毛還沒長出來呢，就想談戀愛了。當時我的尊嚴完全沒有了，氣得肺都要炸了。一次，同學到家裡來找我玩，妳像「黑社會老大」一樣訓斥我，諷刺我懶散，沒有毅力，膽子小，沒出息，害我在同學中沒面子，抬不起頭來。一天，開家長會，妳當

著老師的面批評我懶惰，沒毅力，不衛生，我難過了好幾天。

　　這段時間，妳變了，變的不是我媽了，每天視我為仇人，批評我的話特別難聽，句句如同尖刀一樣，讓我的心流血。我看見妳就害怕、恐慌，心裡難受。媽媽，我真的希望妳溫柔一些，不要再數落我、嘲諷我、挖苦我、打擊我了。我真的受不了了。

　　是的，孩子都有著自己的尊嚴，他們渴望受到重視和尊敬。同時，孩子在成長過程中難免犯錯，需要家長適時、適當的教育。挖苦、諷刺這種強烈的刺激，超越了孩子的理智能接受的範圍，是對孩子人格的羞辱，會刺傷孩子的自尊心。家長採取這樣的方式對孩子進行教育，往往適得其反。經常挖苦、諷刺孩子，會使孩子變得對存在的問題不以為恥、習以為常，無形中強化了不良行為，助長孩子任性的毛病。

　　尖刻的挖苦還會增添家庭教育中的障礙，使孩子喪失對生活的欲望。

　　有位父親對孩子要求非常嚴格，每次考試都要求考到 95 分以上。一天，他的孩子放學回家，把考卷交給他看。他看到卷子上是 76 分，頓時火冒三丈，用極其苛刻的語言，諷刺挖苦孩子，使孩子的心靈受到極大的傷害，心理壓力爆發，最後實在忍不住這種精神虐待，從 12 層高的樓上跳了下去。父親看到摔死的兒子，精神失常了，母親回家看到兒子的屍體，當時就昏厥過去。一個家庭就這麼毀滅了。

　　由此可見，嘲諷實在是賞識教育的天敵。不管孩子的表現如何，父母在教育時，都應少些嘲諷，多些賞識。哪怕孩子真的很「壞」，所有人都看不起他，父母都應該真誠地欣賞、讚揚、信任和鼓勵他，努力挖掘孩子身上的優點。賞識對於成長中的孩子來說至關重要。真心讚揚孩子，可以幫助他們揚長避短；及時激勵孩子，可以幫助他們建立信心；尊重和信任孩子，可以幫助他們自立自強；寬容和理解孩子，可以幫助他們從挫折打擊中重新振作。

　　父母如何才能避免走入嘲諷孩子的歧途呢？

▶ **遵循孩子的成長規律，提出合理要求**：要使教育獲得成功，就要全面
了解孩子身心發展的實際水準，遵循孩子生理和心理的發展規律。無
論是讓孩子學做家事，還是讓孩子學習文化知識，都要從孩子實際身
心發展情況出發，遵循從易到難的順序，忽視了這一點就難以獲得應
有的效果。

▶ **父母要控制情緒，平衡心態**：當孩子犯了錯誤或做出一些令父母難以
接受的行為時，有些父母一時過於激動，控制不了自己的情緒，不聽
孩子的解釋，就對孩子進行訓斥、嘲諷。所以，父母應學會抑制自己
的不良情緒。

第四章
用濃厚的書香薰陶孩子的心靈

　　家庭是孩子的第一個學習場所，家長是孩子的啟蒙老師，家庭教育是早期開發孩子智力的關鍵因素。因此，家長要努力建立學習型家庭，這對孩子的成長、智力的發展都有特別重要的意義。同時，建立學習型家庭，不僅是權宜之計，更是百年大計……家長要帶頭學習，養成良好的學習習慣，成為模範，以助好學家風的形成。好學家風是無價之寶，有了好學家風，好學之人、有學之才就會從這樣的家庭中源源不斷地湧現。

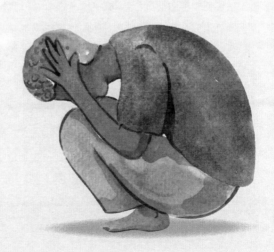

營造適合的求知環境

　　家庭是孩子的第一所學校，是孩子學習生活的第一環境，且將影響一生。如何為孩子創造良好的求知環境，營造容易激發孩子學習興趣的氛圍，是家長必須重視的問題。

　　要營造良好的家庭求知氛圍，家長不僅要為孩子提供良好的物質條件，還必須為孩子創造良好的家庭教育環境。所謂良好的教育環境，主要是指孩子生活和學習的良好精神環境。

　　國家的未來靠的是青年一代，家庭的未來指望的是孩子。我們國家未來命運怎麼樣，的確要看今天孩子受教育的效果如何。同樣，從小的方面來說，未來個人家庭情況怎麼樣，也要看今天孩子的學習、掌握知識程度的情況。

　　在學習型家庭裡，家長的學習態度和學習精神不僅決定能否成為優秀的家長，而且影響孩子是否好學、能否成為學習型的人。為此，家長要帶頭學習，養成好學習慣，成為模範，以助好學家風的形成。學習型家庭提倡家長和孩子一起學習，相互學習。特別是在網路時代，家長與孩子都處於同一起跑線上。

　　同時，一個求知氣氛濃厚的家庭，每位成員都會確立終身學習的理念，都會懂得終身學習的意義，始終明白每個人在任何生命階段均需不斷學習。學習不再是孩子特有的活動，而是人生永恆的主題。學習成為生活中不可缺少的部分，每個人只有透過學習才能有良好的適應性以跟上社會的變遷與時代潮流，真正獲得生存與發展的空間。

　　家長為孩子創造一個良好的求知環境應從以下幾方面做起：

良好的家庭氛圍應該充滿「愛」

　　愛不僅是家庭教育的一個部分，而且是家庭教育的前提。家庭教育必須要在愛的基礎上建立，少了愛就無法實施教育。

良好的家庭氛圍應該有高尚的精神情趣

要想給孩子良好的家庭教育氛圍，家長就應該追求高尚的精神情趣，帶頭讓家庭的精神生活充實、高雅、豐富，防止精神污染。

家庭要為孩子營造良好的讀書環境

家庭的環境對孩子有潛移默化的作用，為了讓孩子受到良好的「薰陶」，家長可以在家中找出一個專門讓孩子看書的地方，分門別類將書籍擺放整齊，易於取閱。家長還要和孩子一起讀書。最好家人有共同的時間一起看書，讓孩子感受濃郁的讀書氣氛。家長與孩子一起閱讀時，孩子能在此過程中從家長身上獲得許多認知上的改良、語言上的進步，還可以增進親子感情。天長日久，孩子便會形成良好的閱讀習慣。此外，要善於利用圖書資源。家長和孩子可以經常到圖書館、書店借閱或購買一些書籍，增加閱讀書籍的種類，培養孩子買書、愛護書籍的習慣。家長可以提供孩子每年訂閱報刊的合理建議，讓孩子自己選擇訂閱。還要充分利用DVD、電腦等現代工具觀看或閱讀知識性影碟、有聲書、電子書等。

堅持學習互動與學習互助相結合

家庭是一個共同體，不只是家長的，也是孩子的，每個家庭成員都希望在這裡得到自己所需的照顧和心靈的支持，所以「家」需要大家共同來維持。因此建立家庭遊戲規則，包括學習習慣，不僅可以養成家人良好的生活習慣，而且可以讓家庭生活步調更有節奏，家庭氣氛更加快樂。家長要主動承擔指導工作，同時刺激和發揮孩子的積極心態，不斷實現孩子與家長之間的雙向互動，進而發揮示範效應，成為家中的學習榜樣。家長還要積極促成家庭成員之間的互助，以分享資源的互動活動方式，進行學習的滲透，交流學習中的得失體會，取長補短，以達成與孩子共同探討、共同進步。

▋ 家長要不斷反思自己對孩子的教育與影響

　　家長在教育孩子熱愛學習的時候，一定要不斷地審視自己，反思自己營造的家庭氛圍對孩子會有怎樣的影響。現在大多數家長認為自己對孩子擁有無上的權利，孩子的一切都被他們設計好了，而不管這樣的設計是否正確。孩子沒有任何選擇的餘地，只能被迫接受。他們認為自己創造了孩子，就得唯我是從，接受「我」的安排。在這樣的情況下，很難理解並感悟那顆幼小、脆弱的心。

▋ 良好的家庭氛圍不應過於嚴厲

　　家長對孩子的期望，能使孩子感受到家長的關心和愛，是激發孩子積極向上的動力。但脫離孩子實際水準的過高期望，會造成家庭教育對孩子的一種高壓狀態，一旦孩子達不到家長的要求，家長便失望、埋怨甚至打罵，而影響家庭和諧的心理氛圍。因此家長應實事求是地調整對孩子的期望，讓孩子快樂幸福地成長。

　　總之，為孩子提供良好的家庭求知環境是家長的努力方向，也是義不容辭的責任。

鼓勵孩子與書交友

　　李偉是個活潑好動的男孩，他喜歡看卡通，在看卡通的時候，他一會兒哈哈大笑，一會兒皺眉嘆息，甚是投入。可是，一提起讀書他就犯睏。媽媽把他從電視機前趕走，讓他回到自己房間去看書。媽媽到他房間時，卻發現李偉斜靠在床上，書掉在一邊，人已經睡著了……

　　李偉的媽媽很無奈。她多希望自己的兒子讀書像看電視一樣著迷。

　　事實上，迷戀電視、喜歡看卡通而不喜歡看書並不是李偉特有的情況。現今，大多數孩子一提起卡通就特別興奮，可以不吃飯、不睡覺。對他們來說，那些色彩鮮豔的畫面，那些生動、幽默的故事情節是對他們最大的誘惑。加上我們生活的這個時代，繽紛複雜，什麼顏色都有，什麼聲

音都有，衝擊著孩子的視覺與聽覺，使其無法靜下心來讀書，領略不到書的魅力。

因此，要想讓孩子像看卡通一樣愛讀書，作為家長，有責任把書的魅力展示出來，讓孩子與書交上朋友。

要想讓孩子與書交上朋友，家長可以採取以下的辦法：

利用孩子的好奇心引導孩子與書交朋友

6 歲的華強好奇心很強，對什麼都有興趣，無論走到哪裡，他都喜歡看看這兒、摸摸那兒，然後問別人「這是什麼」、「為什麼會這樣呢」……他一天有一千個為什麼！

一天，媽媽帶他到動物園去玩，他同樣這裡看看、那裡摸摸，一雙好奇的大眼忙個不停。

「獅子吃蛇嗎？」

「企鵝為什麼生長在寒冷的地方？」

「大熊貓為什麼是國寶呢？」

華強的媽媽微笑著告訴他：「你問的這些問題書上都有，等我們回家以後到書上去查一查好不好？」

回到家後，華強迫不及待地要媽媽拿書給他看。媽媽拿出有關動物的書給他看，他高興極了：「哇！裡面有這麼多動物呀！」書上的動物圖片使華強看得入了迷，他邊看邊要媽媽讀書上的文字，華強就這樣開始讀書識字。以後，他只要在外面看到什麼、聽到什麼，就要媽媽為他找有關的書。不知不覺中，華強讀書的興趣越來越濃了。

孩子好奇地提問是一種藉助成人力量對周圍環境進行認知探究的行為，是孩子求知的萌芽。這個時候，家長可以抓住孩子好奇的契機，讓孩子去讀書，透過讀書尋找答案。慢慢地，孩子的讀書興趣培養起來了，其探索的興趣亦會更加濃厚。一個喜歡探索與求知的孩子，怎麼可能不愛讀書呢？

利用孩子愛聽故事的特點培養孩子閱讀的興趣

　　每個孩子都喜歡聽故事，特別是童話故事，因此媽媽可以利用故事來提起孩子的閱讀興趣。對孩子來說，故事無論多長，永遠沒有結果，總希望媽媽永遠講下去。他們會經常問媽媽：「後來怎樣了？」「白雪公主現在哪裡？」這時，媽媽可以針對孩子的心理，暫停講故事，在孩子急欲知道故事結局時，藉機把書給他看。未知的故事吸引著孩子，促使他迫不及待地想著看書。

　　為了讓孩子始終保持閱讀的熱情，家長千萬不能急功近利。要盡量滿足孩子的閱讀要求，不要讓自己的世俗想法扼殺了孩子的讀書興趣。

　　另外，家長不能把讀書、學習看成是得到某種榮譽的途徑和工具，而應把它作為生活的一部分、生命的一部分。這樣，才能用正確的心態教育孩子去閱讀。

讓書籍成為孩子生活的一部分

　　讓孩子的生活離不開書，是培養孩子讀書興趣的有效途徑。

▸ **讓孩子及早接觸文字**：平時不妨將食品包裝上的文字指給孩子看，然後大聲念給孩子聽，讓孩子逐漸了解這些文字符號有一定的意義。除此之外，將報紙上的標題念給孩子聽，或者上街時將招牌內容指給孩子看，這些都是讓孩子及早熟悉文字的好方法。

▸ **每天念書給孩子聽**：不論孩子多大，他都可以和家長一起享受讀書的樂趣。幾個月大的孩子雖然還聽不懂家長念的是什麼，可是他能從家長柔和的讀書聲裡體會到讀書帶來的安慰。除了父母之外，家裡的親友和孩子的保姆也都可以念書給孩子聽。孩子上小學後，雖然可以自己讀書了，但如果每天仍能有一段時間和父母一起讀書，這種溫馨的體驗將使孩子難以忘卻。

教孩子把閱讀作為消遣活動

在輕鬆的氛圍下，家長可以跟孩子一起看些有趣的漫畫書，談論書上的內容，也可在外出時，帶上一、兩本書，在公園裡，在郊外，在河邊，在清新的空氣下、鳥語花香的環境裡，與孩子一起讀上幾段。

不要讓看電視取代了孩子的閱讀

如果孩子一回家就坐在電視機前，不僅會浪費很多時間，而且對孩子的眼睛非常不利。電視的輻射是造成孩子近視的重要原因之一，孩子的眼睛處於發育階段，如果發育受到影響，孩子的大腦也會變得只能被動接受變化快速的影像，缺乏思考和創造力。不僅如此，電視還有許多不適合孩子看的節目，會給孩子的價值觀念和生活態度帶來諸多不良影響。所以，家長一定要提防，千萬別讓看電視取代孩子的閱讀。

讓孩子自由地閱讀

許多年輕父母往往是孩子喜歡什麼就買什麼，沒有目的和計畫，錢花了不少卻收效甚微。如果把錢花在孩子的閱讀上，購買適於孩子閱讀的知識智力型報刊、書籍，使其廣泛涉獵新知識，這種投資潛在價值很大，能發揮事半功倍的效果，是啟迪孩子智慧的好辦法。

閱讀其實是件孩子與大人共同參與的事。孩子很小的時候，他們所謂的閱讀，主要是聽大人們講。大人把書買來，看著書，把故事講給他們聽，他們感動、快樂、也受到教育……

孩子學會閱讀的過程首先是從認識具體事物開始，其次是將聲音與具體事物相連繫，接著是認識圖形，最後才將抽象的文字與具體事物及其聲音、意義連繫起來。

孩子兩、三個月大時，視覺發育尚未成熟，只能看到圖像模糊的影子或外形。到了一歲左右，才能看清圖畫書上的圖像。之後，透過旁邊的人

告訴他這是什麼，圖像和聲音便產生聯結，進而判斷圖像是什麼，是貓、狗等。最後，孩子語言發展逐漸成熟後，知道事物的聲音、意義，並且能將詞彙組成句子，進一步懂得字句語法。

經過這樣的發展後，孩子逐漸能懂得文字的含意，能自主閱讀。

孩子 3 歲以前是讓其建立閱讀興趣、閱讀習慣的關鍵期，專家也建議孩子閱讀要及早開始。如果此階段的孩子有充分閱讀的機會，日後語文及認知能力的發展都會明顯比沒有閱讀習慣的孩子高，且能培養專注力，有助於日後穩定其個性。

雖然孩子閱讀的培養越早開始越好，然而，孩子的理解從具體到抽象，有一定的過程，只是早晚不同而已。這個過程很重要，父母不要心急，不要逼迫孩子，而應讓他自然發展。

一些父母對孩子讀書寄予過高的期望，期望孩子透過閱讀能迅速提高思考水準、提高學業成績、提高修養等。所以，不少父母在讀書的問題上特別容易與孩子發生衝突。比如，孩子總喜歡看輕鬆的漫畫書，而父母則希望他們看有教育意義的書。談到讀書，父母大多關注的是「教育功能」，往往對一本書的作用期望過高，從而排斥其他媒介。現在的孩子生活在一個多元化的資訊開放時代，他們面臨著比我們當年多得多的媒介選擇。除了書，他們可以看電視，玩電腦，聽 CD 或 MP3，可以透過網路獲得書本上沒有的資訊。所以，我們要做的第一件事，就是理性看待閱讀書本的功用。

讀書是孩子的一種娛樂，或者說，讀書首先帶來的是娛樂功能。娛樂是孩子成長的需求，沒有娛樂活動，孩子就無法得到很好的發展。尤其是現代的孩子，面臨較大的競爭壓力，特別需要這種娛樂媒介。一項全國城市兒童調查說明，孩子接觸各種媒體是為了滿足娛樂需求，而不是為了接著「上課」。在大多數情況下，書籍是孩子的娛樂工具之一，孩子不會單純為了學習而去看書。父母如果硬將其發展為一種單純的教育工具，那麼，孩子對它的態度就會像對待課本一樣了。

書籍中的文學作品是種藝術，孩子成長需要體驗藝術。所以，當孩子閱讀文學作品時，父母應注重的是藝術方面的教育。

從媒介中學習是一種伴隨性質的學習，即在滿足娛樂需求的過程中，無意中學到一些東西，即傳統的寓教於樂。雖然無意中學到的東西對孩子很重要，但並不會因為重要就改變了閱讀的性質。孩子閱讀的意義既然是娛樂、是體驗藝術，在這個過程中，當然會發生伴隨性質的學習，即接受思想、知識方面的教育。

閱讀，除了可以令人快樂、獲得知識與資訊外，還可以啟發孩子們的想像力及創造力，培養他們的形象思維能力和文學再創作力。而這種能力對於一個經常看書的人來說，幾乎是必不可少的。

在電視、電腦出現前，人們如果看到一本小說，就會在腦中將書中人物的形象和情節，透過自己的想像在小說的基礎上再創作出來。一千個人就有一千種不同的再創作，就像電視劇會有一千個不同的版本一樣。而自從有了電視、電腦一類的媒體後，人們的形象思維就受到了不同程度的限制。比如，一提到曹操、諸葛亮，頭腦中很可能是電視劇中的形象。

因此，對孩子而言，閱讀不但促進其形象思維和再創作力的發展，更是一種學習的媒介之一，不僅能學習到自己穿衣服、吃飯等生活自理能力，還可以學習關懷周圍的人和事物、擴展生活經驗。比如，童話故事中發揮正義感、善有善報的情節，也有助於孩子培養正確的人生觀。

正確引導孩子閱讀

不同年齡層的孩子有不同的識字能力和理解能力，因此父母要根據孩子的閱讀能力來選擇書籍。如果孩子特別喜歡閱讀，可選擇稍微高於孩子實際水準的書籍。反之，如果孩子不喜歡閱讀，則可以選擇略低於孩子實際水準的書籍。

父母要為孩子選擇他們喜歡的書籍，那麼什麼是孩子喜歡的書籍呢？

可以根據孩子的下列表現來判斷：

▶ 當孩子走近書櫃時，是否直接走向某個特定的書架？

▶ 他是否懂得到哪裡去找科學書籍、小說或詩歌？

▶ 他有沒有跟在一、兩個孩子後面，按別人的選擇來選書？

▶ 如果孩子閱讀時，看看孩子是否迅速進入閱讀狀態，他實際閱讀的時間有多長，是否經常談論與書有關的內容等。

如果孩子能自己直接找到一本書，不看其他的書，閱讀時迅速進入情境，閱讀時間又較長，經常與同伴談論書中的內容，或做有關的遊戲，那就說明他對這類圖書感興趣。

父母要培養孩子良好的讀書習慣。這些習慣包括：

▶ 愛惜書。保持圖書整潔，不撕書，不折頁，鼓勵孩子保存看過的書。

▶ 鼓勵孩子自己選擇讀物，和孩子討論哪些是適合他們的讀物，哪些是他們自己特別感興趣的讀物，並以此為標準推薦讀物。給孩子一定的選擇讀物的權力。如果為孩子訂閱報刊，請孩子自己選擇。

▶ 合理安排時間，父母可以為孩子安排專門用於閱讀的時間。

▶ 定期買書或借書。教孩子利用圖書館，如圖書館是怎麼對圖書分類的，怎麼能找到他最想看的書等。最好能參觀一下孩子常去的圖書館，替孩子申請借書證，從而幫助孩子適應圖書館。教孩子買書的技能。在孩子小的時候，每次買書都帶著孩子，商量好買什麼書後，把錢交給他，讓他自己從店員手裡親自接過書，完成模仿父母買書的過程，這樣做比父母從街上帶回一本書更能讓孩子滿足。

▶ 鼓勵孩子記筆記。一開始孩子隨便寫什麼都可以，寫個簡單的書名也好。這樣可以培養孩子從閱讀中獲取資訊的習慣。

▶ 創造好的閱讀環境。在家裡可以為孩子提供一個小書架，請孩子盡量有序排好自己的書。孩子閱讀時，盡量保持安靜。

父母應經常與孩子交流。與年齡較小的孩子一起閱讀和創作（如編故事等），與年齡較大的孩子一起討論和交流。如果孩子在閱讀中提出問

題，應盡量回答孩子的問題；同時，在家裡，最好常備一些少年兒童百科全書類的書籍。當孩子提出問題時，引導孩子從書中尋找答案。啟發孩子討論思想、藝術以及科學等方面的內容，盡量讓孩子發表自己的見解。

　　父母應鼓勵孩子正確運用讀物。許多介紹社會知識和科普知識的書籍都具有極強的使用價值，父母要鼓勵孩子在生活中合理利用這些書籍中的有益資訊。比如，某出版社出版的《兒童百科全書》，在講解什麼是機器的時候，介紹了家裡的鬧鐘、電動刮鬍刀、腳踏車等，也介紹了一種令人開心的「傻瓜機器」。這是一種滑稽設計，整個機器運轉的目的是為了叫醒一條酣睡的狗。作者在解釋了機器的運轉過程後，也請小朋友自己設計一種更簡單的叫醒狗的機器。父母應該鼓勵孩子進行類似的設計或創造，即使是非常不成熟的設計或創造都可以。又如：孩子讀了地理讀物後，在旅遊時，可以讓孩子來設計旅行路線等。這種知識的利用不僅能增加孩子的閱讀興趣，還能增強孩子的自信心、培養健康的世界觀。

　　父母對各類讀物的喜好也說明了他們對各類讀物重要性的某種看法，由於父母往往是讀物的實際選購者，因此，父母的這種喜好直接影響到孩子的閱讀狀況，也由此會逐漸影響孩子對各類讀物的喜好。父母的看法與孩子的喜好雖然未必都相同，但這種密切相關的影響力不容忽視。教育界人士提醒父母，應注意避免將自己的看法和興趣強加於孩子身上。書對孩子來說不只是書，更是玩具、朋友、與大人溝通的橋梁。選擇圖書時首先要以孩子為本，掌握適齡適讀的原則。

培養孩子的文學鑑賞能力

　　文學作品用生動、精粹的語言，創造了典型的人物和事件，生動地刻劃了自然、社會生活中的各個場景以及人生百態。讀一本好書猶如和一個高尚的人對話。一本好書可以讓孩子獲得豐富的知識，給孩子帶來美的享受、美的薰陶，從而提高他們的思想境界；一本壞書則可以使孩子誤入歧途，是非不明。因此，家長應從小培養孩子的文學鑑賞能力，引導孩子分

清美與醜、善與惡。

對於孩子來說，家長是他們文學道路上的引路人。安徒生就是在父親的引領下，一步步接近文學殿堂的 ——

安徒生的父親是個鞋匠，他從小愛讀書，他渴望到當地一所小學學拉丁文。有一次，幾個有錢人談起此事，很慷慨地許諾共同湊錢為他支付伙食費和學費，提供他一個學習的機會，但那些話從來沒有兌現。可憐的父親永遠忘不了這件事。

有一次，那所小學的一個學生來到鞋匠家做一雙新靴子，在量尺寸時把他的書給鞋匠父子看，並為他們講解書中的知識。

那個學生走了以後，鞋匠心神不寧地久久在屋子裡來回踱步。有好幾次，他拿起該幹的工作，但隨即又生氣地把它扔回工作臺上。

「漢斯‧克利斯蒂安，你聽著」，他走到兒子跟前說：「你長大以後，要有毅力，有志氣，窮不可怕，要排除萬難，直奔一個目標：念書！」

「人念了書有什麼用呢？」兒子興致勃勃地問。

「人念了書就可以過好日子！」父親滿懷信心地答道：「你想想，有學問的人能賺多少錢！有了錢，可以隨你買好多好多有趣的書，每天晚上去看戲，然後到遠方旅行。」

「好了，別給孩子滿腦子灌上這些沒用的東西了！」母親走過來干涉，「好像沒學問就過不成好日子似的，學會一門手藝，有吃有穿，走遍天下都不怕，還想怎麼著？」

「你說的都是實情，瑪麗亞。」鞋匠若有所思地提出不同見解，「但是，僅僅滿足於吃飽穿暖是不夠的，人的心靈也還有自己的要求啊。」說完，他聳聳雙肩，默默地抓起了錘子。

自此，鞋匠除了坐在小凳上工作以外，一有空閒，他就拿起心愛的作品讀起來。他的工作臺上方掛著個小書架，上面有《天方夜譚》，有丹麥詩人、喜劇作家荷爾堡（Ludwig Holberg）的劇本以及譯成丹麥文的莎士比亞劇本，另外還有歌本。自從安徒生懂事起，父親就讀書給他聽，也只有

在這樣的時刻，才會看到鞋匠由衷的高興。有時候孩子在外面玩，受了欺侮，他就推開手邊的活計，對兒子說：「好，我來給你講個故事吧。」於是，遙遠地方的國王啦，大沙漠裡的尋寶人啦，奇異的名勝風光啦……一個接著一個，講得娓娓動聽，在孩子的頭腦裡構建出一幅幅瑰麗的畫面。小安徒生手托下巴，睜大眼睛，靜靜地聽著，顯得那麼入迷。

更叫孩子高興的是，父親興致來時，便把他帶到野外的樹林裡。那兒遍地有蝴蝶飛舞，蜜蜂在唱歌，小安徒生叫著笑著，十分快活。父親看見長腿的鶴，就打開了話匣子，說鶴是從老遠的埃及來的，那兒有高大的金字塔，有炎熱的太陽。

「為什麼到埃及那麼遠的地方去過冬呢？就在咱們這兒過好了。我給牠們做窩，給牠們弄吃的，就在咱們家的頂樓上面！」聽了兒子認真而又稚氣的話，鞋匠笑了：「那你要學會講埃及話，不然怎麼邀請牠們來呢？」

由於父親的影響，安徒生從小就愛想像，對演戲、唱歌更是入迷。

父親去世後，他立志當演員。帶著少年的七彩幻想，14 歲的安徒生隻身闖蕩哥本哈根，開始投入文藝女神的懷抱。1834 年創作長篇小說，1835年起，他抱定「爭取未來一代」的目標，從事童話創作，每年貢獻一本童話作品，終於摘取了童話王國的桂冠。1955 年，他被世界和平理事會列為「世界文化名人」。

安徒生成長的故事告訴我們，要培養孩子的文學鑑賞能力，應從家長自身做起。具體地說，家長可以從以下幾個方面培養孩子的文學鑑賞能力：

▶ **滿足孩子閱讀的需求，為其其選擇優秀的文學作品**：年少時，孩子對文學作品的需求十分強烈，但由於年紀小，往往拿到什麼就看什麼，這樣不一定能產生應有的作用，甚至可能讀到無益身心健康的書而誤入歧途。家長應幫助孩子選擇通俗易懂、體裁活潑、思想健康的書籍。

▶ **家長可以教孩子讀詩詞或童話，體會意境**：任何文學作品，無論大小，都應該是個完整的世界、一個充滿活力和生機的世界。有的作品可能涉及的面向非常廣，涉及的內容比較複雜，而孩子的知識畢竟有限，從一個側面可能難於理解。如果家長能幫助孩子換個角度閱讀、理解、體會，孩子對文學作品的印象可能就會更加深刻。

▶ **鼓勵孩子朗誦和背誦作品，使其能夠領悟作品的美**：多數文學作品，單純靠「看」是無法體會到其中美妙的。因此，家長要鼓勵孩子有聲有色地朗讀作品。這樣做，不但能說明孩子培養語言能力，更能提高孩子對文學的鑑賞能力。

▶ **讓孩子從一些報紙雜誌上提高文學修養**：對於小學高年級的孩子來說，家長可以讓他閱讀寓言、兒童小說、兒童紀實文學、科幻小說、冒險故事等。豐富的文學作品是孩子的精神養分，若能多讀一些優秀的作品，必能提高孩子對文學的理解與欣賞能力。

點燃孩子的學習熱情

每個人體內都有非凡的潛力，都有一座奔湧澎湃的火山，這座火山一旦噴發，人生將會因此更加絢爛多姿。這一非凡潛力的激發需要的正是熱情。

熱情是成功的發動機，潛能的觸發器。孩子學業成績的好壞，往往取決於孩子對學習的熱情程度，一個擁有學習熱情的孩子能廢寢忘食，即使在嘈雜混亂的環境中，也可以全身心專注於自己的學業，從而最大程度地提高學習效率，取得更好的成績。在熱情的支配下，孩子會主動糾正自己不利於實現目標的各種不良習慣，以積極心態面對未來，以不屈的努力克服各種困難，以頑強的意志將奮鬥堅持到底，直到目標實現為止。在有學習熱情的孩子面前，永遠有一個看得見的靶子。

在生活中，有很多孩子對學習缺乏熱情，對他們而言，學習就像吃藥，苦不堪言，只要一提到念書，他們就情不自禁地皺起眉頭。在學習

時，這些缺乏熱情的孩子很難將注意力集中在所學的內容上，正因如此，他們的成績比較差。孩子有這種不思進取的個性，可能有先天的因素，但更多的是由後天環境的影響造成。歸納起來，使孩子缺乏學習熱情的原因有以下幾點：

▸ **願望太容易得到滿足**：現在的孩子生活條件優越，想要什麼很容易就能得到，因此很多孩子對什麼都不在乎，對課業成績不放在心上，對競選班級幹部沒興趣，比賽得不到名次也無所謂。

▸ **缺乏學習的動力**：缺乏目標的孩子沒有學習動力，缺乏學習熱情，把學習看成苦差事。在學習中沒有目標，得過且過，其學習行為完全只是被動應付。表現在學習方法上，必然會死記硬背、投機取巧、沒有計畫。一個喪失學習動機的孩子，在學習上一定表現得無精打采。

▸ **缺乏積極上進的家庭教育氛圍**：爸媽本身就缺乏上進心，工作不思進取，生活庸庸碌碌，更忽視孩子情感與智力方面的需求，對孩子沒有明確的行為指導和要求，平時極少和孩子談話、遊戲、講故事，壓抑了孩子的上進心。

美國教育學家布盧姆（Benjamin Bloom）說過：「一個帶著積極的情感學習課程的孩子，會比那些缺乏熱情、樂趣和興趣的孩子，或者比那些對學習材素感到焦慮和恐懼的孩子，學起來更加輕鬆、更加迅速。」作為家長，我們有責任讓孩子熱愛學習，並終身維持學習熱情。針對每個孩子個性與特點的不同，家長應因材施教，以最大程度地發揮孩子的能量。

教育學家經過長期的分析、觀察獲悉，一個優秀的家長同時也是優秀的導師，他必能在家長與師長之間巧妙地互換角色，從而在不知不覺中激勵孩子不斷進步。具體來說，一個優秀的家長在激發孩子的學習熱情、催促孩子上進時，應該做到以下幾點：

▸ **和孩子討論將來，激發孩子學習的熱情**：每個孩子都會對自己的未來充滿憧憬。因此，父母不妨讓孩子充分發表他們對將來的希望，不管是多麼不切實際的想法。父母和孩子一起討論為了實現自己的理想需

要具備哪些知識，讓孩子了解，為了自己的將來，目前辛苦讀書是必要的，從而激發孩子學習的積極性。沒有哪個孩子白甘落後和不求上進，幾乎所有的孩子都希望自己在學業上出類拔萃，只是因為種種原因造成他們暫時落後。一旦找到對症的方法，每個孩子的學習欲被強烈激發之後，他的進步也許會出人意料。

▶ **正面引導，提出目標，激發孩子的學習熱情，強化孩子的進取心**：孩子的進取心大多是由外在的要求進而轉化為自己的願望，因此，目標教育非常有必要。目標可以建立孩子的雄心，雄心可以引導孩子去追求，拿破崙有句名言，「不想當元帥的士兵不是好士兵」，實際上是有激勵作用的。應該注意的是：短期目標應按照孩子的能力來定，長遠目標是明天的，短期目標則是今天的。目標定得太高實現不了時，會挫傷孩子的積極性，從而也影響其上進心。最適合的短期目標是稍微高於孩子的能力，讓孩子經過努力能夠達到的目標。例如，孩子過去一直考 15 到 20 名，那麼短期目標就可定在考到 10 到 15 名之間。

▶ **做孩子的榜樣，父母自身積極進取**：人們常說：「孩子把父母當做一面鏡子，對父母的一言一行、一舉一動都會有意無意地模仿。」因此，家長要培養孩子的求知欲，自己必須先做出樣子，這是教育孩子的一條捷徑。

▶ **對孩子進行危機、挫折教育**：日本非常重視對孩子進行危機感教育，讓孩子從小就知道，日本地少人多，資源缺乏，只有靠人、靠高素質的人才能救國，否則就無法生存。對孩子也是這樣，沒有危機感，躺在安樂窩中是難以激發出強烈的上進心的。

讓孩子主動學習

一位母親從市場上買回一個鳳梨，好奇的孩子被這從未見過的東西吸引住了。這位母親可能會用兩種方式對待好奇的孩子。

一種方式是：母親告訴孩子：「這是鳳梨，是可以吃的，它的外面是

又很硬又尖的刺，不能去摸！它很重，你提不動，但它是圓的，你可以用滾的。你聞一聞，它是不是很香啊？現在我們把它拿到廚房去切開，切好後用鹽水泡一泡，吃起來就會又香又甜了。」

另一種方式是：母親告訴孩子「這是鳳梨」，然後就把鳳梨放在孩子面前的地板上，自己先去處理買回來的其他東西。好奇的孩子一定會對這個鳳梨「採取行動」，比如他可能伸手摸了一下鳳梨，趕緊又把手縮回來，並對著媽媽喊：

「媽媽，這個鳳梨很刺手，我被刺了一下。」

媽媽回應說：「是的，鳳梨會刺手，不要緊的。」

於是，孩子又嘗試抓起鳳梨的葉子，把它拎起來，可是鳳梨很重，孩子很快就把它放下：「媽媽，這個鳳梨很重，我拎不動。」

「是的，鳳梨很重。」

孩子可能又試著滾動鳳梨，結果真的把它滾動了，他高興極了：「媽媽，我把鳳梨滾動了。」

媽媽也很高興：「你真能幹！」

「媽媽，我聞到一股香香的氣味，鳳梨是不是可以吃的？」

「對，孩子，鳳梨是種水果，是可以吃的。」

「怎樣吃呀？」

「把皮削掉，一片一片切開，用鹽水泡一泡，就可以吃了。」

「讓我試一試……真好吃啊！」

這兩種方式，你主張採取哪一種？你常用的是哪一種？它們有什麼區別，會產生不同的效果嗎？

我們不妨分析一下：第一種方式，孩子很快就學會了：鳳梨是多刺的，是很重的，是可以滾動的，是很香的，要泡了鹽水才能吃。這是媽媽直接告訴他的，不是孩子自己發現的。將來媽媽又帶回來一件新奇的東西，孩子也可能會像這次一樣等著媽媽告訴他關於這個東西的知識。

　　第二種方式，孩子最後也明白了，鳳梨是多刺的，會刺手，鳳梨是很重的，鳳梨可以滾動，因為它是圓的，它聞起來很香，切開來是金黃色，沾上鹽水再吃，又香又甜。這一切都是孩子透過自己的嘗試發現的。孩子不僅懂得了鳳梨的特性，他還學到了解鳳梨的方法，你可以摸它，可以拎它、滾動它、聞它，切開它，嘗它。

　　兩種方法的結果很不一樣：第一種方式，孩子很快學到了知識，可是他是被動接受的；第二種方式，孩子也學到了知識，速度比較慢，但孩子又同時學到了解事物的方法，還學到要根據事物的不同性質選擇不同了解方法的思維方式。更重要的是，他體會到主動學習、主動探索的樂趣和成就感，久而久之，孩子就養成了主動學習的習慣。

　　大部分父母可能都在不自覺中採用第一種方式對待孩子，這其實剝奪了孩子自己主動學習的許多機會，對孩子的成長作用不大。在我們每天的生活中，其實經常會有這種可以讓孩子主動學習的機會，關鍵在於我們是否善於把握。

　　比如三、四歲的孩子，非常喜歡在吃飯的時候幫忙分發筷子。開始的時候他可能一雙一雙地拿：這雙是給爸爸的，再拿一雙給媽媽，最後拿一雙給自己。心急的母親可能會對他說：「傻孩子，你一次多拿一點，一共拿三雙，不就不用多跑幾趟了？」其實，等待孩子自己去總結，才能讓他有機會動腦筋思考問題。

　　他可能要這樣來回跑了幾個月後才想到，每次都做一樣的事，是不是可以合起來做呢？於是，他開始嘗試多拿一些，但不是多拿了，就是少拿了，這樣又過了幾個星期，最後才真正弄明白，每次要拿六根筷子才剛剛好。在這個過程中，孩子學會了自己思考、自己總結、自己解決問題，並且體驗到了思考的樂趣。花點時間等待一下孩子，其實很值得。

　　要幫助孩子建立主動學習的習慣。不要按照你的意願把孩子的時間安排得很滿，要多留一些時間讓孩子自己安排，如果他還小，想不出可以自己安排什麼活動，你可以多提幾個建議讓他自己選擇。父母要多鼓勵孩子

主動探索，不要提出太多不必要的「不准」。孩子專心做一件事的時候，盡可能不要催他，不要干擾他，更不要跟在身邊不斷提醒他「不可以這樣」、「不可以那樣」。在孩子解決問題遇到困難時，父母不要急於把結果告訴孩子，要給孩子充分的時間自己去發現。不要替孩子做檢查作業、收拾書包的工作，也不要養成整天看著孩子做功課的習慣，要讓孩子自己去做這些事情。

讓孩子專心學習

　　學習專注是所有學者的共同特徵。每個孩子的頭腦裡都有著專注的成分，只不過由於引導上的差異才導致這方面的後天差距。

　　比爾蓋茲從小就表現出驚人的專注力，加之家庭的引導和培養，使其長大後能長期癡迷於電腦事業。孩子好奇心強，可能對許多事物都有興趣，但往往很難專注於某件事，淺嘗即止，結果一事無成。很多父母也存在浮躁心理，喜歡比較，見別人的孩子學什麼，也要讓自己的孩子學，恨不得把天下所有的知識都讓孩子知道，所有的技能、特長都讓孩子掌握。這只會造成孩子看起來什麼都會，卻無一技之長。更嚴重的是，孩子在這樣學習的過程中，專注心會被削弱。其實，培養孩子的專注力十分重要，父母在孩子小時候就應該激發孩子的專注力。當孩子做某件事時，應要求他在規定的時間內完成並幫他排除外界的干擾；讓孩子對感興趣的問題不斷尋根問柢，深入思考：讓孩子在興趣廣泛的基礎上，選擇最著迷的對象深入下去，父母應有意識地強化孩子這方面的興趣。

　　孩子可能對許多事都有興趣，但往往很難專注於某事 —— 未能夠全身心地投入進去，往往只在目標周邊徘徊，很難達到高成就。

　　法國大作家巴爾札克某天次寫作時朋友來訪，他過了很久都沒發現。中午僕人送來午餐，客人以為是送給自己的，就把午餐吃了，後來客人發現巴爾札克還是那麼忙就走了。天黑了，巴爾札克覺得該吃午餐了，就來端餐盤。看到已被吃光，他便責備自己：「真是個飯桶，吃完還要吃！」

　　法國昆蟲學家法布爾為了解螞蟻的生活習慣，曾連續幾小時趴在潮溼、骯髒的地面，用放大鏡觀察螞蟻搬運死蒼蠅的活動，當時周圍有許多人圍觀議論，他竟毫不理會。大文學家羅曼‧羅蘭有一次去會見著名雕塑家羅丹並參觀他的工作室，欣賞他剛完成的作品。可是來到塑像前，羅丹突然發現還有幾處地方不滿意，於是拿起鑿子就修改起來，口中念念有詞，彷彿那座雕像是他的朋友。兩小時後修改完畢，羅丹滿意地瞧了自己的作品一會兒，然後大搖大擺地離去，差點把他的朋友鎖在屋裡。

　　事實證明，專心可以集中精力，用整個大腦神經系統來解決問題，高效率地完成任務。而分心則會降低學習效率，甚至對本來可以弄懂的問題感到迷茫。

　　只有聚精會神，孩子才能成功。而孩子能否集中精力則與父母的教育態度和方法分不開。要想培養和開發孩子的智力，重要的一步就是培養和鍛鍊他們的注意力，養成專心一志的習慣。否則，其他的訓練只會是事倍功半，甚至徒勞無功。

　　專注力對任何一種勞動，尤其是腦力勞動有很大的意義。能做到專注力集中的兒童，不但作業完成得比較快，而且完成得比較好。那些作業馬虎、粗枝大葉的孩子主要是因為專注力不夠集中，沒能仔細看清楚習題的要求和提供的條件。而且，善於集中注意力的孩子學習時比較省力，效果比較好，也因此有更多時間來休息和從事娛樂活動。在小學階段，低年級的孩子學習知識並不是最重要的，重要的是養成良好的學習習慣，而穩定持久的專注力是學習習慣中最重要的一環。老師總要求一年級的孩子坐姿端正，目的就是訓練他們集中專注力，那些坐姿懶散、東倒西歪的孩子顯然不可能專心一志地聽課。

　　孩子學習的最大「敵人「就是專注力渙散。有的孩子在做作業時，腦海裡想到的是電視機正在播放他們最感興趣的卡通；有的孩子做作業時，無意識地東張西望，心猿意馬，擺擺這，動動那；有的甚至邊看電視邊做作業。很多父母向老師反映，孩子只需 10 分鐘完成的作業卻兩個小時還做不完。

孩子的書桌上除了文具和書籍外，不應擺放其他物品，以免分散專注力，抽屜櫃子最好上鎖，免得他們隨時可能打開，在沒做完作業的情況下去清理抽屜，書桌前方除了張貼與學習有關的如地圖、公式、拼音表格等資料外，不應張貼其他吸引孩子注意力的東西。女孩的書桌上也不應放置鏡子，這會使她有時間顧影「自美」或「自憐」。當然，更不能允許孩子邊看電視邊做作業。

父母應要求孩子在規定的時間內完成作業。如果作業太多，可以分段完成。有的父母因為孩子的專注力不夠集中而在旁邊「站崗」，這不是長久的辦法，因為長期這樣會使孩子產生依賴心理。此外，孩子的專注力跟孩子的情緒有很大關係。因此，父母應該創造一個平和、安寧、溫馨的學習環境。聲音嘈雜的環境，雜亂無草的屋子，不正常的家庭生活，所有這一切都會嚴重影響孩子的專注力。同時，父母應該了解，能否集中注意力也與孩子的年齡有關。研究顯示，注意力穩定的時間分別為：5 到 10 歲孩子是 20 分鐘，11 到 12 歲孩子是 25 分鐘，12 歲以上孩子是 30 分鐘。因此，如果想讓 10 歲的孩子連續 60 分鐘坐在那裡專注地完成作業幾乎是不可能的。

有些父母說：「我的孩子做事效率低，做作業動作慢，邊寫邊玩。」為此，父母要注意培養孩子在某段時間內做好一件事的能力。對於完成家庭作業的進度，父母要幫他們安排一下，做完一樣功課一定要讓他們休息一會兒，不要讓孩子太疲勞。有些父母覺得孩子動作慢，不允許孩子休息，還嘮叨不休，使他們產生牴觸心理，效果反而不好。

有些父母對孩子不放心，一件事總要反覆講好幾遍，這樣孩子就習慣一件事在反覆聽好幾遍後才開始動手。在學校，當老師只講一遍時，他似乎沒聽見或沒聽清楚，這樣漫不經心的聽課常使孩子無法好好理解老師講的內容，無法遵守老師的要求，自然也就談不上得到好的學習效果。因此，父母對孩子交代事情應該只講一遍，也是培養孩子專注力的一種方法。

「聽」是人們獲得資訊、豐富知識的重要來源。會聽講對學生來說相

當重要，因為老師多半是以講解的形式向學生傳授知識。父母可以透過聆聽來訓練孩子的專注力，比如父母可以讓孩子聽音樂、聽小說，鼓勵孩子用自己的話來描述聽到的內容，從而培養專心聽講的好習慣。

研究顯示，開始學習的頭幾分鐘，通常效率較低，隨後上升，15 分鐘後達到頂點。根據這一規律，可建議孩子先做些較容易的作業，在孩子注意力集中的時候再做較複雜的作業。

讓孩子獨立思考

在現實生活中，許多家長在教育孩子的時候，常常會出現這樣一種情況：一方面要求孩子對待學習和生活中的問題要自己想辦法解決；另一方面卻對孩子沒有信心，當孩子遇到問題的時候，總是怕孩子沒有經驗、自己不能解決問題，因而就想方設法幫助孩子解決。家長這種不信任孩子的做法，不僅容易讓孩子形成心理上的惰性，更妨礙了孩子思維水準的提高。

「刀不磨要生鏽，腦不用要遲鈍。」要想孩子具有更強的思維能力，家長應該鼓勵孩子積極主動地思考與探索新知，多管道、多角度地尋求解決問題的方法。一個勤動腦、肯思考的孩子，懂得舉一反三、融會貫通，這樣他就能理解和掌握更多的知識，擁有更加優秀的學習能力。正因為如此，我們要教育孩子以積極主動的態度學習，在學習時善於開動腦筋、思考問題，學習時要多動腦筋、多提問題，這樣學習的效率才會提高，學習的能力才能加強。那麼，家長應該怎樣培養孩子勤於動腦、獨立思考的習慣呢？

允許孩子探索

每個孩子都有追根究柢的天性，不止會問大人問題，有時還會把不知道原理的器具拿來親手試驗一下。

啟發孩子自己去找答案

低年級的孩子總有問不完的問題，而且喜歡打破沙鍋問到底。有些家長為了省事，會直接把答案告訴孩子。這樣的確能馬上「打發」他們，但從長遠來說，對發展孩子的智力沒有好處。如果家長經常這樣做，孩子必然會依賴家長的答案，而不會自己去找答案，不可能養成獨立思考的習慣。因此，當孩子提出問題時，應該啟發孩子，提醒他們運用學過的知識、看過的書、查到的資料等去找答案。當孩子自己得出答案後，他們會充滿成就感，也會更願意自己獨立思考。

讓孩子經常處在問題情境中

家長不但要學會耐心回答孩子的提問，還要主動、積極地「創造」一些問題去問孩子，引導孩子觀察事物、發現問題，激發他的質疑興趣和欲望。向孩子提出問題時，要符合他的年齡特點和知識範圍，如果問題過難或過易，都會挫傷孩子思考的積極性。當孩子圓滿地回答了家長提出的一個個問題後，他會感受到獲得成功的喜悅。此外，家長還可放下架子向孩子「請教」一些問題，還可以把在家中遇到的一些疑難問題提出來和孩子商量。這些做法，可以促使孩子主動思考。

參與到孩子的「思考」中

要培養孩子勤於動腦、獨立思考的習慣，家長還要善於發現孩子遇到的問題。在孩子遇到問題並表達給家長時，家長要積極參與。

如果你陪孩子去參觀一個攝影展，你可以發現他對展出作品的興趣何在，可以一起討論、評論，更可以問他一些問題，「為什麼認為這個作品好，你的理解是什麼」、「別人的理解是什麼，有何不同」等等。

如果你陪孩子參觀一個科技展，他的問題也許會更多：「這是什麼材料？」「這個設備的功能是什麼？」「為什麼一定是這樣？」等等，對於這些問題，可以鼓勵他多問問展場的工作人員。當你碰到孩子提的問題

一時難以解答時，千萬不要厭煩或簡單化處理，最好是告訴孩子：「這個問題還真難，我也不太清楚。等我查書或問其他朋友後告訴你。」注意，一定要說到做到。當然，現在有網路，可以和孩子一起查一查感興趣的問題。

平時，家長要利用一切機會與孩子交談，透過交流來激發孩子的思考。但是，要注意的是，討論問題時，要盡量談些有利於孩子獨立思考的問題，而不是代替孩子思考。無論是當孩子碰到問題時，還是為他們提出具體的建議時，家長要引導孩子獨立地進行創造性思考，用自己掌握的知識和經驗，針對要解決的問題，發現新的具有創造意義的方法。

5 歲的晨晨是個愛問問題的孩子。有一次，他從幼稚園回來，神祕地問媽媽：「媽媽，你知道口水是什麼味道嗎？」

「不知道。」晨晨的媽媽坦白地說。

「口水是臭的！」孩子肯定地告訴媽媽。

「你怎麼知道的？」媽媽好奇地問道。

「我把口水舔在手心上，一聞，真臭！」說著，他還做了個示範。

晨晨的媽媽煞有介事地聞一聞，皺著眉頭說：「果然很臭，這是一個重要發現！口水在我嘴裡待了這麼多年，我怎麼都不知道呢？可能是『久聞不知其臭』吧！」

晨晨聽媽媽這麼說，非常得意。

「可是，為什麼口水會這麼臭呢？」媽媽不解地問晨晨，「媽媽也不知道，你說該怎麼辦？」

晨晨歪著腦袋想了想說：「那我們上網查一查吧！」於是，母子倆忙開了……

一個成功的家長，總是善於引導孩子去動腦、去思考。晨晨的媽媽無疑就是這麼一位成功的家長！她在參與的過程中，充分引起孩子「思考」與「發現」的積極性，讓孩子從思想上獨立起來。

讓孩子自己去思考、去判斷

在生活中，家長應該提供一些機會給孩子，讓孩子自己去思考、去判斷：什麼是對，什麼是錯，什麼應該做，什麼不應該做。能不能全面而深入地思考問題，決定了一個人的思維深度和廣度，也決定了結論的正確性。

美國物理學家雷恩沃特（Leo Rainwater）小時候非常善於思考，他能夠從其他人視若無睹的事物中想到一些更深的問題。

雷恩沃特上小學時，在一次英文課上，老師問道：「同學們，你們說1加1等於多少？」

「等於2。」同學們異口同聲地回答。

只有雷恩沃特若有所思地看著老師，沒有回答。

老師有點疑惑，就問他：「雷恩沃特，你怎麼不回答？難道你不知道這個問題的答案嗎？」

雷恩沃特想了想，對老師說：「老師，我不是不知道1加1等於2，可是，您為什麼要問我們這樣一個簡單的數學題呢？您是不是還有其他的答案？」

聽了雷恩沃特的話，老師非常高興。因為，老師提這個問題確實另有目的！老師微笑著對大家說：「同學們，雷恩沃特說得沒錯。從數學的角度來說，1加1等於2。但是，從其他角度來說，1加1未必等於2。就像我們今天要學的這篇文章裡所說的，兩個人互相幫助，兩人的力量就大於他們單人力量的總和。所以，我們要互相幫忙、互相關心，做個樂於助人的人。」

在鼓勵孩子獨立思考方面，家長有很多事情可做，最簡單的就是傾聽孩子敘述自己的想法。儘管孩子的想法有時天真、幼稚甚至可笑，但家長這時一定要按捺糾正他的衝動，而應抓住他談話中有趣的、有道理的論點，鼓勵他深入「闡述」，讓他嘗到思考的樂趣，增強自我探索的信心。

跟孩子一起收集動腦筋的故事和資料

動腦筋的故事和資料很多，家長和孩子共同收集，整理好放在家裡。空閒時，大家可以翻閱這些資料，互相討論感興趣的問題。

第七，做家庭智力競賽。智力競賽最好在假日進行，家長和孩子輪流主持，給一些小獎品或其他獎勵。為了增加氣氛，還可以請親友或其他玩伴參加，這樣既能讓家庭充滿溫馨，也可以讓孩子在遊戲中體會到勤於動腦、獨立思考的樂趣。

總之，為了培養孩子勤於動腦、獨立思考的習慣，家長要經常創造動腦的氛圍，鼓勵孩子多想、多問、多實踐，這樣，才更能開發孩子的智力。

培養孩子勤於動腦、獨立思考的習慣時，家長還應注意到以下三個方面：

不要有問必答

孩子向家長提出的問題，我們不一定要一一作答。有的問題只要孩子動動腦或查閱書籍就可自己找到答案，家長應教孩子解疑的方法。例如，當孩子寫作文或看書時，遇到不會寫、不認識的字或不懂的詞語時，家長應該告訴孩子：「你去查字典吧，它會告訴你的。」當孩子自己動手解決這個問題後，家長一定要給予肯定：「你看，自己解決了吧，而且得到了新知識，以後遇到類似的問題，會解決嗎？」孩子一定會自豪而肯定地回答：「會。」這樣既教會孩子解惑的方法，又提高了他解決問題的自信心。

自己不會時，不要敷衍孩子

對於孩子提出的問題，當家長一時無法給孩子正確答案時，千萬不要為了敷衍孩子而給他模糊甚至錯誤的答案。家長應該告訴孩子：「你提的問題真好，但是這個問題我也不懂，等我查完書後再回答你，好嗎？」家長知道正確答案後，要及時給孩子答覆，以滿足孩子的好奇心。

不要輕易說「不知道」

如果孩子提出的問題比較深奧，我們也不能打擊孩子探索的積極性。不可敷衍了事，而應與孩子一起討論、研究，或是查閱有關書籍材料，或是虛心請教他人，共同努力找到答案。魯迅先生老年得子，對兒子周海嬰非常疼愛，同時也很注重教育的藝術。他尊重孩子，對孩子由於好奇而提出的問題，總是耐心解答。有一次，周海嬰問魯迅：「最早的時候，人是從哪兒來的？」魯迅思考後，告訴孩子：「等你長大以後，多讀書，書會告訴你的。」魯迅的解釋滿足了孩子的好奇心，同時又引導孩子懂得書是知識的源泉。

讓孩子養成累積的習慣

孫華錢是國三的學生。這孩子從小就讀過不少書，談起什麼來也都略知一二。但是，令人遺憾的是，他的國文成績不如父母希望的那麼理想。為此，孫華錢的父母大惑不解。

事實上，孫華錢的父母忽略了一點：孫華錢雖然愛看書，但他看書只是追求書的故事情節，而沒有去用心體會、理解與累積。因此，他雖然讀書很多，但理解能力還是沒有得到鍛鍊和進步。而知識的累積更是停留在表面上。

孫華錢面臨的問題正是當今社會大多數孩子普遍存在的問題，讀書多但不善累積，所以收穫有限，所得的知識也很淺陋。其實，讓孩子閱讀的目的在於激發孩子閱讀的興趣，拓寬他們的視野，增長他們的知識，提高他們的素養，但如果沒有養成讀書累積的習慣，對孩子的幫助並不是很大。因此，想要孩子讀書有所收穫，家長必須讓孩子做個有心的讀書人，學會累積，養成邊讀書邊累積的好習慣。只有這樣，孩子才能思想開闊、知識淵博。

大凡知識淵博、卓有成就的人，都注重讀書與累積的。

對於孩子來說，讀書累積是促使他們學習進步、擴大知識面、取得事業巨大成就的重要途徑。要想孩子靈活地運用自己學過的知識，在用的時候信手拈來，運用自如，就應該養成隨時累積的習慣。

那麼，家長應如何引導孩子學會累積呢？下面介紹幾種累積的方法：

▶ **卡片法**：讓孩子到資料室、圖書館的時候，書包裡、口袋裡裝上卡片。每當看到有價值的資料，隨時記錄下來。一段時間以後，可以把這些卡片分門別類地集中在一起，歸檔到卡片盒中。同類資料歸在一起，做個索引卡備用。需要用資料的時候，到卡片盒先查一下，就能達到事半功倍的效果。

▶ **記錄法**：正所謂「好記性不如爛筆頭」，家長可以讓孩子準備一本筆記本，把平時讀書、看報、聽廣播、看電視、看電影以及與人交談等活動時發現的有用資料隨時記錄下來，然後分類整理，加上標題，並在開頭編上目錄。這樣，不但便於查閱，而且有利於培養發現問題和分析問題的能力，有利於提高寫作水準。

▶ **摘抄法**：讓孩子準備一本「詞彙摘抄本」，從平常國文課和課外閱讀時，將那些生動、真實具體、鮮明準確的詞彙分類記在詞語本裡。例如，把表達心情愉快的詞彙放在一起，把描寫天氣的詞彙放在一起，把描寫景物的詞彙放在一起 …… 這樣做，能讓孩子累積語言素材，獲得語感，進而形成語言能力。當孩子用起來時，也就「下筆如有神」了。

▶ **剪貼法**：引導孩子把一些報刊上的文章、素材剪下，分門別類貼在剪貼本上，並註明這些文章、素材的作者和出處。當孩子用起來的時候，便可得心應手了。

▶ **背誦法**：大量閱讀與背誦也是一種很好的累積方法。作為家長，應鼓勵孩子在空閒的時候多讀書，好的書籍或文章不僅要讀，更應該背下來。這樣不僅能培養孩子的語感、豐富知識，還能陶冶孩子的性情、提高孩子的語文素養。

▶ **做讀書筆記、寫讀後感**：經常鼓勵孩子寫讀書筆記，讓孩子把讀書過程中產生的問題和讀後感用文字記錄下來。對於提高孩子的能力來說是很好的辦法。但值得注意的是，家長不能硬性規定一定要寫讀書筆記，否則孩子會因為怕麻煩而放棄閱讀。其實，寫不寫讀書筆記有時並不是很重要，重要的是家長要注意引導孩子讀有所悟、思有所用。

總之，知識的儲備是個長期過程，無法一蹴而就。而在累積知識的過程中還需要孩子有恆心、耐心，要堅持不懈，善於動腦動手。此外，家長還可引導孩子根據自己的嗜好、志向來確定累積知識的主攻目標，努力使孩子獲得豐富、新穎、實用的知識。

正確對待孩子的成績

著名教育家陶行知說：「小心你的教鞭下有瓦特，小心你的冷眼裡有牛頓，小心你的譏笑裡有愛迪生。」這也就是說，在面對孩子的成績與榮譽時，特別是孩子的成績不如意時，家長一定要有耐心，要正確處理。如果少些責罵、少些埋怨，說不定將來孩子就會像瓦特、牛頓等名人一樣創造出很多造福人類的新發現、新發明來。

其實，孩子的成績只在一定程度上反映孩子掌握知識的狀況，而無法完全反映孩子的智力水準，家長更不能以分數高低來衡量孩子的優劣。孩子的年級越低，學習內容相對較簡單，考試分數也較高一些。隨著年級升高，學習科目增多，內容加深，考高分就不容易了，而且分數還與題目難易程度、範圍、孩子的心理狀態等多種因素有關。因此，父母不能只看分數多少，硬性規定目標，不然會壓抑孩子的學習積極心態，使孩子產生厭學、畏懼心理，還會造成孩子撒謊、考試作弊等不良行為。

心理學家指出，人的能力，除智力外，還有語言能力、交際能力、操作能力和運動能力。我們有什麼理由看到孩子的某次分數不高而失望呢？父母應幫助孩子認真分析考卷，檢討學習情況，肯定其進步和優點，指出不足，並耐心啟發孩子。

　　然而，有些父母無法理性對待孩子的考試成績。當孩子的考試成績不理想時，他們往往會對孩子生出強烈的反感。在現實生活中，這樣的父母還真不少，他們「望子成龍」的心理過於迫切，一旦孩子達不到目標，就恨鐵不成鋼，對孩子橫加指責，嚴厲處罰，肆意打罵，嚴重阻礙了孩子身心健康的發展。與此相反的是，有些父母乾脆不管孩子的課業，從不過問孩子的考試情況。這樣的結果是導致孩子不努力學習，考試成績退步。父母這些不正確的處理方式不僅對孩子成長毫無幫助，甚至還可能會產生相反的作用。

　　那麼，父母應怎樣對待孩子的考試成績呢？

▸ **擇善讚賞**：如果孩子有幾科不及格，不要發怒，也不要憂慮，應平心靜氣，在孩子的成績單內「發掘」一些可以稱讚的「成就」，及時給予讚賞和鼓勵，同時指出不足，不使孩子喪失信心，以激發孩子努力學習的熱情。

▸ **探查原因**：父母應與孩子一起探查某些科目成績欠佳的原因，可以向孩子提出一些問題。例如，「你能否解釋某一科目成績低落的原因」、「是否經常完成老師指定的作業」或「學習該科目是不是有困難」等。在探查原因的過程中，父母始終要態度和藹，使孩子敢說真話，不作搪塞的回答。一方面，父母要堅持深入地探究分析，直至能和孩子共同總結出失利的原因和改正的措施為止；另一方面，父母不要發怒，不要責備孩子。

▸ **合理解釋**：父母在查問原因的過程中，不要接受孩子類似「我不知道」的這種回答，要讓孩子作出合理的解釋。所謂「合理的解釋」，就是幫孩子總結出導致成績低落的真正原因。當然，在這些原因中，既包括正面的，也包括反面的。比如功課太艱深是屬於正面的；而自己懶散和上課時注意力不集中等，則是反面的。當孩子作出合理的解釋後，父母一方面要和孩子共同提出改進的方法和今後應採取的行動；另一方面要讓孩子提出所需協助的要求，父母應該想辦法切實地滿足。

　　孩子成績欠佳，父母盡量不要懲罰，而要多用鼓勵和理解的態度，以激發孩子建立信心、努力學習、迎頭趕上。萬不得已要採取某種懲罰手段時，也要防止孩子產生牴觸情緒，避免孩子失去自覺改進的動機。

第五章
從小培養孩子的藝術細胞

　　培養藝術細胞對於孩子的全面發展具有至關重要的作用。家長透過早期藝術教育，可以充分挖掘孩子大腦的潛能，使直覺與抽象、情感與理智、感性與理性得到平衡，奠定完整的人格基礎。在未來，表現和創造能力將是人們必備的素養，它顯示了人作為主體的一面。所以，家長應充分挖掘孩子的藝術和審美潛能，給孩子提供自由寬鬆的家庭環境，為他們的全面發展奠定良好的基礎。

對孩子進行藝術教育

目前，許多家長過分強調孩子在語言、數學方面的發展，認為只要多識字、會計算、能做題就是聰明的好學生。其實不然，幼兒教育是一個全面的、系統的教育。眾多的成功教育經驗告訴我們：藝術教育是孩子全面發展的重要部分。

的確如此，幼兒期是一個人藝術才能萌芽的時期，在這段時期對孩子進行藝術教育，讓孩子親身進行藝術創作，會對孩子一生的健康成長產生積極的影響。

藝術創作是培養孩子手、眼、腦協調活動的操作教育

蘇聯教育家列符贊科夫（Leonid Vladimirovich Zankov）認為，現在社會需要「手腦並用」的人，即所謂的「全腦思維」。藝術創作是一個手、眼、腦並用的過程，需要孩子用多種感官去感知審美對象 —— 用腦去想像、理解、加工審美意象，用語言去表達自己的審美感受，用手操作工具和材料去表現自己的審美感受、思想情感和所見所聞。比如，孩子在進行美術創作時，透過心理操作和實際操作，把自身對美的感受轉達給他人。像執筆、畫線、塗色、捏泥、折紙、剪貼等，這種手、眼、腦並用的心理操作和實際操作，能夠促使其手部小肌肉群逐漸發育成熟，使手、眼、腦逐漸協調一致。

孩子在從事藝術創作時發展出的直覺能力和空間想像力，可以對抽象、邏輯思維產生互補作用，有助於智力發展

在此過程中，孩子透過各種感官去感知事物的形狀、比例、色彩等，觀察力便能得到鍛鍊和培養。同時，藝術創作能有效催生孩子的想像力，激發他們種種美妙的聯想。創作活動是自由的，不受客觀自然規律的限制，能使人超越時間和空間、有生命與無生命、現實和幻想的種種限制，從而為想像和創造提供可以自由馳騁的廣闊天地，用一種現實化、形象

化、具體到可見可聞的形式，使孩子的想像和創造能夠借助藝術媒介表達出來。

藝術教育有助於孩子大腦潛能的開發

美國科學家史培里博士（Roger Wolcott Sperry）研究發現，人的大腦兩半球的功能是高度專門化的，分工明確，每一半球的功能獨立、完整、又相互配合。而以形象思維為主的藝術活動主要是由大腦右半球主宰，對孩子進行藝術教育有助於他們大腦的健康、協調發展及大腦右半球潛能的開發。早期右腦得到充分發展，可與日後邏輯思維加工的學習任務大量增加、刺激左腦功能迅速發展之間發揮平衡和協調的作用，也為入學後右腦功能獲得持續發展打下良好基礎。幼兒時期是大腦發育最快的時期，如果這一時期只注重教孩子識字、計算，而不注意對他們視覺空間能力的培養，便會阻礙他們大腦右半球的發育。而如果適當地多讓孩子參加藝術創作活動，則對其大腦的健全發育會起促進作用。

在幼兒期，大腦正處於發育中，此時，既需要新穎鮮明的資訊刺激以開發智力，又要防止和避免疲勞，藝術創作兼有二者之長，它對孩子的發育成長有著特別的意義。藝術教育的功能是整體的，它雖主要作用於右腦，卻又不局限於右腦，它所培養的空間知覺能力和直覺思維能力不僅為智慧健全的人所必需，而且對左腦語言功能也有促進作用。因此藝術教育的特別意義還在於它有利於大腦潛能的全面開發。

藝術教育有利於孩子學習其他學科和適應將來的工作

美國心理學家吉爾福特（Joy Paul Guilford）曾報告，透過藝術創作活動培養出的能力有八種，即感受性、流暢性、整體性、獨創性，再決定與再構成的能力、分析及抽象能力、綜合與接合能力、組織之一慣性等。而這些能力不僅是藝術家必須具備，其他行業從事創作的人也必須具有這類能力。故他曾追蹤研究而證實了這種創造性學習遷移的可能性。社會經濟和自然科學的各個領域都離不開一定的藝術基本知識與技能，這些領域中

的人都需要有一定的藝術修養。

總之，藝術教育對於孩子的全面發展具有至關重要的作用。透過早期藝術教育可以充分挖掘孩子大腦的潛能，使直覺與抽象、情感與理智、感性與理性得以平衡，奠定完整的人格基礎。在未來，表現和創造能力將是每個人必備的素養，它顯示了人作為主體的一面。所以，家長應充分挖掘孩子的藝術和審美潛能，為他們提供自由寬鬆的家庭環境，為他們的全面發展奠定良好的基礎。

努力挖掘孩子的藝術潛能

著名作家冰心說過，「透過藝術培養，可提高孩子對自然美、社會生活美和藝術美的感受、鑑賞、評價、創造的能力；可培養健康的審美情趣和敏銳的審美感知能力；可豐富孩子的情感，使孩子從小熱愛生活、熱愛藝術、熱愛一切美好的事物。一個愛孩子的家長，不要忽視對孩子的藝術細胞的挖掘。」誠然，藝術潛能就是特殊才能，而特殊才能不等於天才，後天的環境與後天的教育有著重要的決定作用。

因此，家長有必要為孩子創造充滿藝術氣息的家庭環境，努力挖掘孩子的藝術潛能。

▶ **為孩子準備充足的藝術素材**：為孩子準備各種各樣的顏料，讓他自由地探索各種顏色帶來的快樂，或許不久後你就會發現，孩子創作出一幅「印象派」畫作。比如，孩子一歲時就可以握筆「塗鴉」了，家長不妨將筆和紙交給孩子，特別是把顏色鮮豔的筆交給孩子。再者，為孩子準備各種小樂器，讓他自由彈奏、敲擊或吹奏，或許不久後，你會發現孩子創作出一首令人情緒激昂的「進行曲」。所有這些，不僅使孩子創作的要求得到滿足，也能刺激孩子視覺、聽覺的發育，使其手指、手臂得到鍛鍊，促進小肌群的成長。

▶ **與孩子一起創作詩歌**：3歲前孩子語言的發展非常迅速。你從來沒跟孩子講過的話，他突然有一天自己就會說了。如果你經常與孩子一起

唱兒歌、讀詩歌，潛移默化中，孩子的語言能力就會很快提升，孩子的創作能力也會相應地有很大進步。

▶ **與孩子一起做音樂遊戲**：在孩子最喜歡的活動方式 —— 遊戲中，讓他體驗音樂的樂趣。音樂與遊戲的結合可以讓孩子在遊戲中自由地進行創作和表演，更直觀地感受到音樂的抑揚頓挫。

▶ **用身體動作來感受藝術**：3 歲前孩子的思維特點是動作性思維占主要地位，因此，在培育孩子的藝術能力時，要注意讓孩子用具體的身體活動來體驗和感受藝術。

▶ **重視藝術感知與體驗**：藝術感知與體驗是藝術創作與表現的前提，並為創作與表現提供素材。因此，家長不能只注重孩子創作了什麼，而應該注重孩子創作進行中以及創作之間的體驗過程。

藝術的巨大潛能在於它的不確定性和無限表達空間，一方面培育的方式千變萬化；另一方面每個孩子的具體情況也不一樣，關鍵是家長有沒有從觀念上重視孩子藝術能力的發揮。如果你重視，孩子的創造力一定會讓你大為吃驚。

▶ **關心孩子的各種興趣**：孩子對事物感興趣時，也是最有指導效果的時候，錯過這一時機，將給孩子帶來終生缺憾。日本幼稚教育家井深大先生指出：人的腦細胞網路是由出生後受到刺激逐步發展並完善的，人生下來就具有各種細胞，其功能起初是潛在的，如果不給予適度刺激，它們便無法分裂增殖，甚至很可能在發揮作用前就告終結，而興趣則可對這些細胞給予有效刺激。如果這種刺激持續且強烈，興趣就會使細胞增加。也就是說，要讓孩子自發地對藝術產生興趣。父母想培養孩子某方面的藝術才能，不要過於性急，急於訓練孩子反而會打亂孩子興趣嗜好的臨界期，使孩子永遠失去發展某種能力的可能。父母急於求成的結果是使孩子逃避超負荷的訓練，因為繁重的、強迫的刺激會使孩子產生厭惡情緒。

▶ **讓孩子體會到進步的樂趣，切忌嘲笑孩子的努力**：在培養孩子的藝術細胞時，隨時保護孩子的積極性，對孩子哪怕是一點微小的進步，也

要給予讚賞，即使孩子提出大人不屑一顧的問題，父母也要表示關心，承認孩子付出的努力。

▶ **要堅持不懈**：對孩子的教育忽冷忽熱，要求水準忽高忽低，沒有細緻的教育方案，沒有長遠的打算 …… 這些都無法使孩子藝術活動的能力得到明顯提升。家長應該抓住機會，堅持不懈，掌握時機以正確方法指導孩子。

總之，在培養孩子藝術才能的過程中，家長的作用十分重要，關鍵在於理解與尊重孩子，站在孩子的立場上發現、啟發、引導、挖掘孩子的藝術潛能，不要埋怨自己的孩子不如別人，也不要自暴自棄，重要的是從自己身上尋找不足之處，擔負起教育的責任。

審美能力有助於孩子的藝術創造

挖掘藝術潛能、培養藝術細胞離不開對孩子審美能力的培養。只有懂得「美」的孩子，才能在藝術的道路上越走越遠、有所作為。

羅曼・羅蘭說：「美是到處都有的，對於我們的眼睛來說，不是缺少美，而是缺少發現。」事實正是如此，身為家長，要想自己的孩子不成為「美盲」，就應該從小對孩子進行審美的教育與訓練，提高孩子的審美能力。

對於孩子來說，從小訓練他們的審美能力和審美情趣還有很重要的意義：有助於培養他們的高尚情操，使他們始終保持精神的愉悅。同時，透過審美能力的培養，還能啟迪孩子的智慧，美化他們的心靈。更重要的是，當孩子具備一定的審美能力時，他們將會透過審美的新角度、新視野，去發現自己、開墾自己、超越自己，同時去發現生活、開墾生活、創造生活。因此，從小培養孩子的審美能力意義重大。

那麼，家長應如何培養孩子的審美能力呢？專家建議，要培養孩子認識美的能力，應該從他們思維的特點出發，從一花一木、一山一水入手，採取由外及內、由淺入深的方法引導。

創造優美的家庭環境

家庭環境不僅包括物質環境，還包括精神環境。帶領孩子打掃衛生，進行居家布置，使孩子在美化環境的同時也美化自己。經濟條件好的家庭還可以用書畫、花草裝點居室，給孩子清新美麗的生活環境。但是，要有個美的家庭環境最重要的是家庭和睦、展現父母的儀表和言行之美。這就需要父母本身有一定的審美情趣和修養。

讓孩子認識自然界外部的特徵美

拿顏色美來說，自然界的色彩可謂五光十色。紅玫瑰、黃菊花、粉杜鵑、白水仙……爭奇鬥妍，媚態百生。不同種類的動物也以特有的色彩裝扮自己，金龜子金光閃爍，紅蜻蜓通透鮮紅，大熊貓黑白分明，孔雀開屏更是燦爛奪目……假日帶孩子到公園或郊外去玩，就能以自然界提供的天然色彩為教材，為孩子講解顏色的種類特點、相互的關係以及各種顏色構成的自然畫面，從而給孩子美的享受，提高孩子感受自然美的能力。自然界形態美也極其豐富：巍峨的山峰、挺拔的青松等給人不同的造型美；奔騰的江河、咆哮的大海等以銳不可當的力量表現出磅礴的氣勢美……面對自然界各處獨具一格的形態美，引導得法，孩子必能從中汲取「美」的養份。

運用知識提高孩子的審美能力

建築藝術歷來被稱為「凝固的音樂」，那些造型精巧、風格多樣的古今中外建築，以其巧奪天工而被世人讚嘆。在遼闊的大地上，有數不勝數的宮殿、寺院、石碑、橋、塔、亭、台、樓、閣、軒、廊，像明珠一樣燦爛奪目。平時，家長只要有機會就可進行審美教育，在觀賞時，先讓孩子看到建築物的全貌，然後講解建築物的布局、功能、結構、色彩、造型上的特點，使孩子真正感受到古代建築宏偉、有氣勢的美。有的古代建築和風景勝地還有動人的神話傳說，讓孩子了解這些故事和傳說，既可增長知識，又能激發孩子的想像力，使審美更有一定的廣度和深度。總之，家長

應積極創造條件，用知識啟迪孩子發現美、感受美、欣賞美，全面提高孩子的審美能力。

教會孩子去發現美

在任何有美好事物的地方，父母都應及時指出，引起孩子的注意。如讓孩子看看：天上雲彩的變化美嗎，那兩個在樹蔭下認真讀書的孩子美嗎，跳高運動員凌空的動作美嗎，在這種長期的指點下，孩子對美的感覺也會更敏銳。他們逐漸知道：原來不只是盛開的鮮花美，襯托它們的綠葉也很美；不只是電視裡的英雄人物美，生活中的許多平常人也是美的；不只藝術是美的，運動也是美的。

從小培養孩子正確的愛美觀

家長要告訴孩子美不僅表現在外表上，更重要的是心靈美。要教他們什麼是美、如何表現美。打扮時髦、講究名牌不是美，隨地吐痰不講公德也不是美，打扮樸素、整潔、大方、精神飽滿、自自然然才是最美。對孩子要穿名牌、與同學比較、打扮得成年人的傾向，父母要耐心對他們講清楚，這不是真正的美。父母不僅要引導孩子端正對外在美的認知，還要抓住孩子愛美、要美的心理，塑造孩子美的心靈，告訴他們文明、禮貌是美的，尊老愛幼、扶困濟貧是美的，愛護樹木、關注環保是美的……力求使孩子做到儀表美、心靈美、語言美、行為美。要想讓孩子知道什麼是美，就要提高孩子對美的感受力。審美感知並不是天生就有的，而是在有意無意的審美活動中發展起來的。

提高孩子的審美素養

審美素養包括認識美、評價美、感覺美、鑑賞美、享受美、表達美、創造美等意識和能力。這些都可以在孩子的日常生活中加以培養，一般可以透過以下五個階段來進行：

- ▶ **輸入各種美的資訊**：家長可以簡單傳授一些審美的知識、理論以及自己審美、欣賞美的經驗等，再在這些知識的指導下，引導孩子接觸自然美、社會美、藝術美，初步培養認識美的能力，使他能對各種美的資訊加以關注。

- ▶ **進入審美狀態**：多讓孩子欣賞大自然的美好，比如聽一首樂曲、接觸一些美的行為。在這樣的審美過程中，一方面孩子體驗著審美的愉悅感，培養感受美的能力；另一方面享受著美好事物和自己的想像、情感和理解的和諧融合，培養鑑賞美的能力。

- ▶ **昇華為審美意識**：經常以審美的角度去看、去聽、去想，長期耳濡目染、潛移默化，在孩子的審美經驗中就會留下深深的印跡，從而不斷提高評價美的能力，而後向高層次昇華，追求更為豐富、高雅的審美對象並激發更高層次的審美需求。

- ▶ **完善審美心理結構**：完善審美心理結構，是指審美素養的全面提高，表現為審美能力和創造美的能力全面增強這兩方面。審美能力包括審美的感知、想像、情感、理解等多種心理因素，其中，審美鑑賞能力形成的前提是建立高尚的審美理想、掌握正確的審美標準、具有高度的審美修養；創造美的能力是指「按照美的規律」創造美的物質和精神產物的能力。

- ▶ **提高全面素養，形成完善人格**：提高智慧素養、品德素養、審美素養和身體素養是美育的延伸階段，也是完美人格塑造的最後階段。

總之，孩子的審美能力是可以透過後天的教育與訓練培養出來的。只要方法得當，每個孩子都能成為審美大師。而一旦孩子擁有對「美」的正確認知，其藝術特長就能獲得長足發展。

家長要賞識孩子的塗鴉

孩子漸漸長大以後，開始喜歡塗鴉，他們常常拿著蠟筆或粉筆在紙上、地上、牆上隨意地畫著各種圖案。可是，在有的家長看來，孩子塗鴉

似乎沒有任何價值，也不明白他們所要表達的是什麼。有些家長甚至很煩孩子亂塗亂畫，總是搶下孩子手中的筆，並斥責孩子：「你怎麼這麼不懂事，不要再搗亂了，弄髒了可不得了。」

面對孩子的塗鴉，家長不應阻撓，反而應該大力鼓勵。孩子透過塗鴉感受這個世界，表達自己的內心。如果家長一味反對、干涉孩子塗鴉，會扼殺孩子對繪畫的興趣。

兒童時期，是對一切充滿好奇、求知欲和想像力最活躍、最大膽、最率真的時期。孩子的畫裡充滿童心、童趣和成人難以企及的率真。孩子塗鴉是天性使然，需要家長按照孩子的興趣引導，塗鴉對兒童的感知力、創造力的啟蒙，對孩子的表現力和自信心的培養具有特殊優勢。

這一天，6歲的軍夏在爸爸的帶領下，參加以「夢想樂園」為主題的幼兒原創畫大賽及展覽。對於參加這樣的活動，軍夏特別有興趣，也信心十足。從工作人員手中領到五顏六色的油畫棒和大白紙後，軍夏開始了她的創作。先是娃娃躍然紙上，接著是一艘小船，一個多小時後，〈我的奧運夢想〉這幅作品便呈現在人們面前。那種想像力，那種充滿夢幻色彩的童真，讓朝夕相處的爸爸大吃一驚，當得知女兒獲獎的消息後，全家人欣喜不已。

軍夏能得到這樣的小成就是有根源的。軍夏從一歲多起便喜歡奪過大人手中的筆，在紙上亂塗亂畫，到了3歲時，這種現象更加強烈，有時軍夏找不到紙，甚至會在牆壁、桌子上塗抹，因此挨過不少打罵。歪歪扭扭的線條、沒有規則的介面、微笑的鈕釦、長了翅膀的火車等都會出乎意料地出現在塗鴉作品上。這些在成年人看似胡來、不講章法的畫作，她卻畫得津津有味，也樂於欣賞，並很想得到家人的讚賞。後來，在幼稚園老師的建議下，軍夏在幼稚園附近報名了繪畫班，走進這裡，她彷彿走進天堂，每週都會將兩幅色彩大膽濃烈、創意奇特的畫作帶回家讓大家欣賞。「看到孩子拿筆表達，千萬不要打擊，要鼓勵她、指導她，只有這樣她的想像力、創造力才會激發出來。」指導老師對軍夏爸爸說。

從那時開始，爸爸開始注意女兒塗鴉，也看到她不少得意的畫作，並主動帶她參加不少幼兒的原創畫比賽，〈我的家〉、〈我是一名太空人〉等作品都在各級幼兒畫展中得了獎。

如今，軍夏是班上最異想天開的孩子，她的想像力和創造力都超乎尋常，同時她又是個專心聽講、積極發言、敢於表現自己的孩子。

塗鴉看似隨意，卻是孩子對身邊事物產生興趣、想表達認知程度的一種行為。塗鴉在客觀上對增強孩子手、眼、腦的協調配合能力和增強腦、眼對手的指揮能力有著巨大的促進作用。這種作用，是其他活動所不能替代的。同時，透過塗鴉，可以激發幼兒的繪畫潛能，讓孩子自己動手，留下童年點點滴滴的回憶，自然地培養孩子的藝術細胞及審美觀。另外，塗鴉還是家長與孩子溝通的橋梁，牙牙學語的寶寶，往往無法清楚表達自己的需求，繪畫可以幫助家長了解孩子，增進親子關係，有助於孩子性情的穩定發展以及勇於表達自我的能力的逐漸增長。塗鴉還能幫助幼兒宣洩不良情緒，順應幼兒在動作上的自然發展，培養幼兒的獨立性，提高孩子學習的信心，增強孩子發表、創造、審美與欣賞的能力。

要讓孩子自在地塗鴉，家長應怎樣做呢？在此，給家長幾點建議：

▶ **設計情境引導孩子發散思維**：孩子塗鴉，家長喜歡用大人的思維來衡量孩子的作品，線畫得不直啦，形狀畫得不像啦，甚至對孩子一些創造性的發揮，一句「沒道理」就否定了，不僅打擊了孩子創作的積極性，而且會扼殺他的創造性思維，這兩方面是孩子作畫最寶貴的東西。

▶ **鼓勵孩子發現不同、尋找自我**：每個家長都覺得自己的孩子是最好的，卻往往沒有留意到他的獨特之處。男孩愛畫車、坦克、高樓，女孩則愛畫花草樹木、小草；有的孩子落筆大膽，有的孩子則非常細膩。在觀察過程中，家長要大力讚賞孩子的不同之處。

▶ **正確面對孩子的「失敗」作品**：塗鴉是孩子的「另一種童言」，也是承接、釋放孩子情感的載體。當孩子塗畫出一幅幅「作品」時，面對

他的傑作，家長說什麼、怎麼說甚至家長的眼神、動作都會對他產生影響，令他信心百倍或讓他深感失落。因此，面對塗鴉中的孩子，必須正確面對他的「失敗」。

塗鴉最能展現孩子的「真我」、本能和個性，所以，家長應善待孩子的塗鴉行為，讓孩子快樂健康地成長。

讓孩子學會欣賞音樂

教育學家認為：「音樂是思維源泉，沒有音樂教育就不可能有合乎要求的智力發展。」更有不少科學家、藝術家都把音樂作為提高修養、啟迪靈感和創造力的重要手段。

對於孩子來說，音樂具有特殊的力量，它能激發孩子性格中的積極因素，改變和克服性格中的消極因素。歡騰的舞曲，能使他們手舞足蹈；安詳的搖籃曲，能讓他們酣然入夢；激昂的音樂，能使他們克服懦弱膽怯，變得勇敢；平緩的音樂，能令急躁的孩子變得文靜……

因此，家長應從小對孩子進行音樂教育，培養孩子欣賞音樂的能力，提高孩子的音樂素養。可是，當前有許多家長花很大工夫培養孩子對音樂的興趣，甚至夢想著讓孩子成為貝多芬或莫札特，原本以為孩子喜歡音樂是順理成章的事，可實際「操作」後，發現問題接踵而至，許多孩子遲遲未表現出對音樂的熱情，甚至還會對揠苗助長的教育出現反抗情緒。因此，「怎樣才能讓孩子喜歡音樂、懂得欣賞音樂」的問題讓家長們很是困惑。

其實，只要家長採取正確的教育方法，讓孩子喜歡音樂、懂得欣賞音樂並不難。

▶ **創建和睦、愉快、輕鬆、活潑的家庭氣氛**：對於孩子來說，愉快、活潑的家庭氛圍是培養其音樂欣賞的一大要素。如果孩子的爸爸媽媽都幽默、樂觀，熱愛音樂，對孩子就能帶來巨大的的潛移默化。

▶ **為孩子設計一個良好的音樂環境**：在日常生活中，讓音樂伴隨著孩子的活動。如起床時，播放一些活潑、有力的樂曲；吃飯時，播放一些優美、舒緩的樂曲；臨睡前，播放一些輕鬆、安靜的樂曲。在遊戲時，可以讓孩子跟隨音樂的節拍有節奏地做動作（律動），如打拍子、踏步、跳舞等，這可以訓練孩子的節奏感和對音樂形象的感受能力。給孩子講故事時，也可選擇和諧的樂曲做伴奏，增強對情節和人物情感的渲染。

▶ **維護孩子的音樂興趣**：孩子對音樂有著自發的興趣，但如果成人對孩子強制影響太多，孩子反而會對音樂產生反感。比如，孩子學彈琴，更多的是當做一種有趣的遊戲。被強迫長時間地玩一種遊戲，就連大人也會乏味，更何況是孩子。因此，家長要維護孩子的音樂興趣。

▶ **對孩子進行音樂教育培養**：經濟條件好的家庭可以讓孩子學一件樂器，如鋼琴、小提琴、二胡等，或進行一些舞蹈、唱歌方面的指導，這是一種有目的、有計畫的音樂教育，對於孩子接受藝術薰陶是很有意義的。當然，在這之前首先要培養孩子學習的興趣，如果不顧及孩子本人的興趣，強制他們去學，就違背了音樂教育的初衷。

▶ **讓孩子多聽優秀的音樂作品**：欣賞音樂的首要步驟是多聽好音樂。父母要為孩子選擇思想內容健康、形式活潑、優美明快的音樂作品，如〈我們的田野〉、〈牧童短笛〉等歌曲。這些少年兒童歌曲，都是詞曲作者為表現少年兒童生活情趣或專門為提高少年兒童音樂美感而創作的，很容易為孩子接受。另外，還有其他許多作品，如〈在希望的田野上〉、〈亞洲雄風〉、〈黃河大合唱〉、〈藍色多瑙河〉、〈天鵝湖〉、〈英雄交響曲〉等中外著名的音樂作品，都有鮮明的藝術特色，對少年兒童有巨大的感染力。

▶ **讓孩子學習樂理知識**：在各種藝術形式中，音樂似乎最抽象的，只能靠聽覺感受和想像，因此要真正懂得音樂並非易事。為此，父母要為孩子介紹一些樂理常識，即理解音樂的特性。音樂是作曲家根據音樂的基本規律用樂音所創造的曲子。樂音中最主要的是旋律，它是按照

樂音的高低、長短和強弱關係組成的音的線條，是塑造音樂形象的重要手段，是樂曲中的靈魂。

▶ **讓孩子了解音樂內容和形式的關係**：音樂內容是指人對於特定事物在音樂中的情感反映。音樂的形式是表現這種情感反應的聲音手段。音樂形式像建築物的外觀，容易引起聽者的興趣，而其構造則往往不被人重視。因此，父母要讓孩子了解音樂的內容，使孩子能充分地從中感受美和陶冶美的情操。

當然，如果你發現自己的孩子有音樂天賦，那麼就可以重點培養。從打基礎的角度說，首先要提高他的欣賞水準。家長可以自己來，也可以請專職音樂老師指導。日本著名教育家鈴木強調：持之以恆地發揮孩子在聲樂方面的能力，孩子其他方面的才能也將得到充分提高。的確，音樂教育不僅對培養孩子的情操起著一種潛移默化的作用，而且還有利於增強兒童的智力開發和語言表達能力。

培養孩子的舞蹈興趣

舞蹈是藝術表現的一種手段，而兒童舞蹈則是舞蹈的有機組成部分，是一幅色彩斑斕的畫、是一首天真無邪的詩，是童心的展示、是童趣的描摹。兒童舞蹈內容的形式十分多元，其中包括律動、歌曲表演、團體舞、音樂遊戲等幾大類型。幼兒期是孩子骨骼發展最重要的階段，在這階段有效地對孩子進行舞蹈訓練，對其身心的健康、情操的陶冶、智力的開發都有著重要影響。

為了使孩子能透過舞蹈的方式充分表現自己，提高孩子學習舞蹈的興趣是非常重要的。愛因斯坦說：「興趣是最好的老師。」興趣是人們從事任何活動強而有力的動力之一，在各種活動中都有極其重要的意義，尤其對孩子，興趣可以吸引他們參加各種活動、思考各種問題，從而發展各種能力。只要孩子對舞蹈有了興趣，他們就能充分發揮主動性，使自己集中

精力，在愉快、緊張的心理狀態下會得到積極的效果。

為了培養孩子對舞蹈的興趣，家長不妨從以下幾方面做起：

▌引導孩子多看

透過欣賞舞蹈，可薰陶、培養和激發孩子對舞蹈的愛好和興趣。現在家庭中，最普及、最直接的欣賞舞蹈的途徑是看電視，電視裡播放的各類舞蹈，特別是幼兒歌舞節目，一定要引導孩子多看。另外，要多帶孩子去看演出，專業藝文團體的歌舞晚會、芭蕾舞劇、幼稚園文藝表演等。如果有機會的話，還可看各種類型和水準較高的舞蹈作品和歌舞的影片，比如讓孩子看較容易接受的〈賣火柴的小女孩〉、〈睡美人〉等經典作品，但一定要邊看邊加以講解。這樣可以擴大孩子的眼界，豐富舞蹈知識，提高孩子的舞蹈審美能力。

▌引導孩子多聽

透過聽歌曲、聽音樂，有意識地啟發、培養孩子的形象思維。音樂是舞蹈的靈魂。一般來說，樂感好的孩子舞蹈天分也相對比較好，家長可選擇一些孩子熟悉、喜愛的歌曲或旋律優美的兒童歌曲，讓孩子邊聽邊展開想像的翅膀。孩子聽完音樂讓他講講自己所想到和感受到的，也可讓孩子邊聽音樂邊按音樂的節奏拍手，以培養節奏感和對音樂的感知能力。接著，可進一步選擇有音樂形象、有情緒變化的音樂作品讓孩子聽，如〈彼得和狼〉等。再接下來，就要慢慢擴展到讓孩子欣賞各種民族舞曲、交響樂和歌舞劇音樂片段。一位家長曾致電某廣播節目，說自己的女兒特別喜歡跳舞，幾乎一聽到音樂，馬上就開始手舞足蹈。現在，女兒已經 6 歲了，他想了解一下，應該如何從小培養孩子的舞蹈表演能力。是的，身為家長，只要稍微細心一點就能發現，或許你的孩子在看電視時總是喜歡模仿舞蹈家的動作，或許你的孩子聽到音樂時不自覺地手舞足蹈，或許你的孩子走、跑、跳躍等動作富有節奏且靈活自如 …… 這正顯示，你的孩子有學習舞蹈的天賦。

引導孩子多實踐

孩子把在幼稚園學習的舞蹈或從電視中模仿的或自己編的舞蹈動作表演給家長看時，家長要用最大的熱情和耐心來觀看，不論好壞，都要以表揚鼓勵為主，給予肯定，以喚起孩子的熱情，培養孩子的模仿力。同時，家長要多參與孩子的活動，鼓勵指導孩子自編舞蹈。剛開始時，家長可以選擇一些音樂風格各不相同、音樂節奏快慢不一的樂曲給孩子，讓孩子聽音樂，按自己的理解即興舞蹈，自由表達自己的思想感情。然後可以讓孩子做些單一形象的模仿動作練習，如小兔跳、青蛙蹦、狗熊爬、雪花飄⋯⋯要注意選擇的形象應該是孩子生活中熟悉的，特徵要突出，選擇的音樂也要吻合這些形象的特點。繼而家長就可根據音樂出題目，規定舞蹈內容，啟發孩子自編舞蹈動作，先讓孩子編成故事講述出來，然後再用動作把故事內容和情節表現出來，充分練習。這樣，孩子的舞蹈創造力和表現力在不知不覺中就有了進步。

在孩子表現出對舞蹈的興趣後，家長要及時把孩子送到舞蹈班，進行試聽或者直接上課。同時，在學習過程中，也應不斷維持孩子的舞蹈興趣，讓孩子的舞蹈學習得以持續下來。因為孩子的興趣很多變，一個即便對舞蹈有濃厚興趣的孩子，學了一段時間後，也可能產生厭倦的心理。這時候，對孩子舞蹈興趣的培養就顯得格外重要，否則只會前功盡棄。當然，適當的壓力也有必要，只是切忌用填鴨的方法強迫孩子學習舞蹈，這樣做只會適得其反。

陪孩子一起看電影

電影在我們的生活中占有重要的一席之地，它向我們展現了原本不了解的世界與生活方式，同時，它為我們提供了賞心悅目的觀看與感受方式。一部電影往往會把我們帶進一段旅程，提供觸動我們心智與情感的特殊體驗。

其實，電影原本就是被設計來影響觀眾的。在 19 世紀晚期，電影成

為一種大眾娛樂。由於呼應了廣大觀眾的想像需求，因此獲得成功。所有出現的電影傳統 —— 說故事、記錄實際事件、使物體與圖畫栩栩如生、純粹形式的實驗等，都是用來使觀眾獲得在其他媒體上所沒有的體驗。當時，電影工作者發現，他們可以透過控制電影，為觀眾提供更豐富、迷人的體驗 …… 接下來，經由相互觀摩學習以及在電影選題上推陳出新、去蕪存菁，電影工作者掌握了電影藝術形式的基本技巧。

正因為如此，家長有必要讓孩子早些接觸電影，激發孩子對電影的興趣，以培養孩子的藝術細胞。

下面是小馮的敘述：

我的兒子現在 3 歲多了，最喜歡看卡通片。

那天，我帶他去看了《海底總動員》。這部片子很好看，雖然是個古老的題材：有條小魚，牠爸爸很愛牠，過度地保護著牠。一次，牠好奇地游向一條漁船，被捕到船上。爸爸為了找牠，遇到各種危險，而他也在為有一天能找到爸爸而努力。終於，歷盡苦難，他們再次相見了。

看完電影，兒子也有問題。

本來，我還以為他的問題會是：魚為什麼會說話？魚和鳥為什麼會成為朋友。

可是，在電影院裡看完這部片子後，兒子的問題卻與我的想法大相徑庭。

「爸爸。」兒子鄭重地問我，「如果我是尼莫，您也會像他爸爸一樣來找我嗎？」

「當然，兒子。」我把他抱在懷裡，緊緊摟住，「我會不顧一切地去找你。」

「爸爸。」兒子把頭靠在我懷裡，「我不用你找，我就在這裡。」

那一刻，我和兒子都感受到電影的意義。

和孩子看電影，無論從哪方面來說，都是一種藝術欣賞，是一種教

育,這是毋庸置疑的。

除了能夠培養孩子的藝術細胞外,陪孩子觀看電影還有很多好處:

▶ 看電影是種高雅的精神享受。電影是音樂、風景和故事的美妙結合,孩子在看電影的過程中可以陶冶身心,同時,還能學到很多知識。要知道,電影主要是傳遞愛、信心和希望的。所以,看電影對建立孩子積極、健康向上的生活態度很有幫助。

▶ 各個國家都把電影作為宣傳本國文化思想的重要媒介,電影通常能反映一個國家某段時期內的風土人情、文化特色。所以在電影中孩子能了解一個國家的歷史文化、價值觀念。多看電影能提高孩子的文化水準和理解能力。而且看電影比看書更直觀,短短的幾十分鐘就能涵蓋很多書本中記述的內容。現在孩子的課業負擔都很重,家長陪孩子坐在電影院裡看電影,享受最佳的視聽盛宴,在輕鬆娛樂的氛圍中了解並豐富自己的文化知識,提高孩子的文化水準和藝術品味,是件多麼快樂的事。

▶ 很多電影有著獨特的構思、豐富的想像力、巧妙的拍攝手法、炫目逼真的特技、引人入勝的故事情節、幽默搞笑的對白,這些都能吸引孩子,啟發孩子的科學思維。

當然,家長還應注意利用電影教育孩子,可從以下幾方面給予正確的引導:

▶ **注意提升孩子辨別事物的能力**:每部電影都有曲折的故事情節,眾多的人物形象和正反面的類型,這些複雜的情景難免使孩子產生一些誤解,比如:有些孩子出於好玩模仿反派人物的語言、動作,甚至有些孩子看了愛情片後過早開始談戀愛。因此,在孩子看電影時,引導他們辨別美與醜、善與惡、是與非,是家長必須負擔的任務。

▶ **注意培養孩子勤於思考的能力**:電影大多運用藝術手段和具體的形象來展現一種事物。家長最好在觀看時和孩子談談,多問幾個為什麼,啟發他認真思考、舉一反三、融會貫通的能力。

▸ **注意提高孩子對美的鑑賞能力**：適合孩子年齡的影視作品對於活躍生活、陶冶情操、提高對美的欣賞能力很有益處。但若不加選擇地看一些不適合孩子看的影片，或缺乏對孩子的正確指導，都會給孩子帶來很大的危害。這點一定要引起家長的重視。

▸ **注意鍛鍊孩子的語文綜合能力**：常看電影的孩子會受到不同風格的藝術表演影響，影片中人物的刻劃、情節的發展、景致的描述、語言的使用，對孩子聽說讀寫的語文綜合能力的進步會有很大幫助。看完一部影片後，請孩子講述一下故事情節、人物場景等，這樣就能把單純的欣賞變為一種學習，對於提高孩子的記憶力、口語表達能力和分析問題的能力都有很人的幫助。

第六章
家境再富也要「窮養」孩子

　　時下，很多家庭中孩子的生活、學習條件已今非昔比，這指的不是太差而是太好，好到讓孩子「驕」、「嬌」二氣日濃。殊不知，在這種家庭環境下成長的孩子很容易變成被富裕腐蝕的一代。「一粥一飯當思來之不易，一絲一縷恆念物力維艱。」當生活一天天變好的時候，家長更應當幫助孩子建立正確的消費觀念，制止他們不合理的消費需求。此外，還應該透過種種途徑，讓孩子體會工作的辛苦，財富的來之不易。

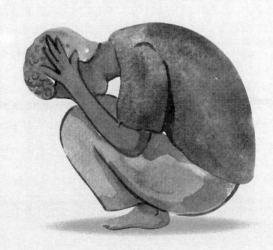

「富二代」給我們的思考

富二代，簡單地說就是「富一代」的子女。

「從來紈絝少偉男」、「反傳統」、「態度驕橫，不可一世」……道德審判夾雜著仇富情結，只要網友的一則貼文，「富二代」的頭頂就會下起了輿論的「流星雨」。一時間，「富二代」似乎滑入了「紈絝敗家子弟」的輿論漩渦。有評論說：「這些富家子弟，財富帶給他們與生俱來的優越感，父母的溺愛導致他們當中的許多人爭相炫富，藐視法律，無視生命，以為一切都可以用錢擺平的。」更有人認為，「富二代」幾乎成了紈絝子弟的同義詞，甚至比後者有更強烈的貶義。而某些「富二代」生活的糜爛和瘋狂，不僅是富一代的失敗，也是國家的損失。

在社會學者眼裡，「富二代」有五大「缺陷」：

▸ 明顯不成器，缺乏危機感與對抗壓力的心理反應機制。
▸ 缺乏對父輩事業所在社會環境的認知。
▸ 具有在優越生活環境中形成的消費能力，極端缺乏對自我、社會關係與團隊的管理期待與能力。
▸ 缺乏自我節制與妥協能力，個性比較張揚。
▸ 物質至上思想突出，極度缺少公德修養與道德感召力。

關於「富二代」身上的弊病，有人指出，問題首先出在「富一代」身上。他們經歷過苦難也享受過幸福，歷經辛酸也品味過甘甜。吃過苦的人最怕自己的孩子再吃苦，因此，對孩子的補償心理，在客觀上造成一些「富二代」被放縱、溺愛的成長環境。沒有經歷過物質貧乏年代的洗禮，不知道受苦、挨餓是怎麼回事，父輩的經歷更像是遙遠的傳說，一些「富二代」任性、放縱、缺乏責任感，也就不足為奇。由此可見，面對財富的突然增長，我們的一些富人還沒學會怎麼當富人。

商紂王即位不久，便命人為他雕琢一把象牙筷子。賢臣箕子說，「象牙筷子肯定不能配瓦器，要配犀角之碗，白玉之杯。玉杯肯定不能盛野菜

粗糧，只能與山珍海味相配。吃了山珍海味就不肯再穿粗葛短衣，住茅草陋屋，而要衣錦繡、乘華車、住高樓。國內滿足不了，就要到境外去搜求奇珍異寶。我不禁為他擔心。」

果然，紂王「厚賦稅以實鹿台之錢，……益收狗馬器物，充仞宮室。……以酒為池，懸肉為林，使男女裸，相逐其間，為長夜之飲。」百姓怨而諸侯叛，亡其國，自己則「赴火而死」。

中國有「富不過三代」的諺語，歐洲有「三代人木屐傳木屐」的說法，南美有「做生意的老子，花花公子的兒子，要飯的孫子」的諷喻……這些類似的偈語傳達了同樣一個意思：家族企業培養接班人難。相關調查也顯示，由第一代順利過渡到第二代的家族企業只占33%，只有約16%的家族企業可以由第二代過渡到第三代，而能從第三代過渡到第四代的家族企業僅占4%。

生來金貴的「富二代」能擔大任嗎？不光是「富爸爸」的肚子裡滿是問號，全社會也對此疑慮重重。

誠然，身為「富二代」的家長，許多成功人士確曾經歷艱難困苦的奮鬥歷程，因為忙於事業，對孩子疏於管教，加上「不想再讓孩子吃苦」的想法，導致對孩子過於呵護。而「過猶不及」，他們錯就錯在對孩子只注重物質給予，卻缺乏精神培養，不重視讓孩子養成一些重要的性格和品行，比如意志力、打拚精神、責任感等。這直接導致了孩子人格上的不健全，因此才會有這些揮霍無度、有恃無恐、漠視生命的表現。

那麼，面對「富足」的孩子，父母應如何教育呢？

父母應主動承擔起「傳道」的育人之責，要責無旁貸地開展明德尚美、恪守公德、敬重生命、回饋社會的品德教育。在社會教育中，要從知識灌輸向「首先學會做人」轉移，同時應依靠優秀傳統文化的潛移默化，形成強大的感召力，引導「富足」孩子積極向上。

「遺金不如遺經」，父母要教會孩子如何做個德「財」兼備的人，灌輸正確的社會道德觀和消費觀，要幫助孩子在人生態度、心理素養諸多方

面築牢「防火牆」，要讓他們打消「有錢就能擺平一切」、「錢無所不能」的念頭。要讓他們懂得做人的道理，培育高尚的品格。讓他們有更多平等的機會去磨練和奉獻，以提升其責任感。

把錢花在刀口上

隨著社會經濟的發展，大多數家庭的收入比以前有了顯著改善，家庭對孩子的教育也越來越重視。因此，大多數家庭對孩子的教育投入越來越多，除了對書本、資料、文具的投入外，還有補習、家教、才藝班等各項開銷。

為了讓孩子有出息，很多父母從孩子一出生就為他設計了宏偉藍圖，不惜重金把孩子送到各種才藝班去。今天到這裡學鋼琴，明天到那裡學繪畫⋯⋯ 為培養特長、專才，進行「超負荷教育」，弄得孩子身心俱疲，結果大多都半途而廢，後無奈地感嘆「不是這塊料」而草草收場。對於在教育方面投資的盲目從眾現象，父母應客觀準確地了解自己的孩子。由於遺傳和環境的作用，每個孩子的興趣、嗜好、能力都各不相同，父母要善於觀察，不僅要了解孩子的優點、長處，更要知道孩子的缺點、短處。做到心中有數，有的放矢。在投資計畫上，不應盲目追逐當下熱潮，為孩子增加沉重的負荷；而應該做到量力而為，從實際出發，從孩子的興趣、嗜好入手，發展其潛力，做到因材施教。

「低齡留學熱」也是父母在「望子成龍」心理的驅使下，盲目進行教育投資的表現。雖然「低齡留學」的社會基礎是經濟高速發展和人們生活水準的迅速提高，但它在改善人們教育條件的同時，也誘發了一些人對教育的過高期望，過分講究「高投入、高產出」，要求在最短時間內收到高額回報。「低齡留學」由於既逃避了升學就業壓力，又可以「鍍金」，雖然投資較高，代價巨大，卻成了一些父母認定能實現投資回報的捷徑。對此，專家建議，父母應從孩子自身條件出發，慎重考慮後再做決定。

除了才藝班熱和留學熱，考檢定或證照等也都成了父母教育投資的目

標。而考檢定或證照已成為中小學生課餘生活的重要部分。各種才藝證照、全民英檢等都有大量報考者，而樂此不疲的父母也越來越多。

有專家指出，真正成功地培養孩子成人，並不在於父母到底在孩子身上花了多少錢，根本的出發點在於父母是否把孩子培養成一個獨立自主、擁有良好人品、能持續自我要求、持續學習、自我成長的人，而這個結果一定是緣於投入的錢是否花在刀口上而不是投入了多少錢。

美國人對孩子花錢的「大方」，表現在該花的錢絕不吝嗇。他們重視孩子的精神和心理健康，同時也絲毫不放鬆體能鍛鍊。美國的孩子差不多人人都會在 5 到 6 歲時學會游泳，幾乎每人都有腳踏車、溜冰鞋和滑板。兒科醫生認為讓孩子從小就玩這些運動，可以強健體格，並能有效防止脊椎側彎。但對可花可不花的錢，美國人往往表現得非常「小氣」。美國人通常都為孩子保了健康保險，但孩子有了小病痛時卻很少帶他們去醫院，為的是讓孩子對疾病產生抵抗力。出生不久的嬰兒往往赤身裸體地躺在房間或陽臺上，給他們洗澡也用冷水，稍微大一點後餐前還要喝一杯加冰的水，目的是培養孩子健康的生活習慣。

各種盲目的教育投入提醒我們，雖然大多數家長都抱著「望子成龍」的心態，但理性的投資還是非常有必要。總體來說，每個家庭的教育投資應該有明確的方向，而不是盲目跟風。從實際情況出發，賦予適當的期待，注重非智力因素的培養，加強孩子身心健康，採用多種投資方式，用豐富的生活來培養和鍛鍊孩子，拿出一部分資金和時間來培養孩子廣泛的興趣，讓孩子接觸和注意多方面的事物，開闊視野、豐富聯想力、暢通思路，激發孩子對外界事物的新鮮感和旺盛的求知欲，這樣才有利於孩子的長遠發展。

那麼，父母如何才能把對孩子的投資花在刀口上呢？應考慮以下一些投資範圍：

▶ **娛樂投資**：為嬰幼兒期的孩子花錢，應首先考慮娛樂性。只要能使孩子心情愉快、玩得開心，這錢就花得值得。這包括帶孩子去公園、動物園、遊樂場以及看演出和旅行等。

▶ **智力投資**：為嬰幼兒期的孩子買一些啟發型玩具、識字圖卡，給年齡稍大一點的孩子買圖文並茂的知識智力類書刊，以及跳棋、象棋、地圖、地球儀等。經濟狀況較佳的家庭還可以買科學相關的影音產品。

▶ **美育投資**：讓孩子從小接受美的薰陶，為胎兒買胎教音樂，為幼兒買電子琴。在經濟條件許可的情況下，根據孩子的興趣和天分可以為他們買喜歡的樂器。經常帶孩子參觀繪畫、雕塑、攝影等展覽。

▶ **運動投資**：為使孩子身體健康、體態優美，可以購買適合孩子年齡的運動器材，如跳繩、羽毛球、拉力器、足球、籃球等。

▶ **培養勞動技能的投資**：為從小培養孩子喜愛勞動的習慣和勞動技能，可以為孩子買小水桶、小鐵鏟等。

教孩子真正認識金錢

在當今社會，孩子時刻都會與錢打交道。因此，家長要理智看待這個問題，要讓孩子對金錢有正確的認知。當孩子了解金錢的價值與意義，才能養成良好的消費習慣；反之，如果孩子對金錢缺乏了解，就很可能養成鋪張浪費的壞習慣。

這是一個大家耳熟能詳的故事 ——

一個做鐵匠的父親，含辛茹苦地把獨生子撫養成人。可是，這個獨生子並不成器，花起錢來毫無節制。有一天，父親終於忍不住了，他將兒子趕出家門，要兒子去嘗嘗賺錢的苦頭。

母親心疼兒子，偷偷塞給兒子一把銅板。兒子在外面蹓躂了一天。晚上回家時他把銅板交給父親說：「爸，這是我賺的錢。」父親把銅板拿在手上掂了掂，生氣地說：「這錢不是你賺的！」說著就丟進熔爐裡。

第二天，兒子故伎重施，他「賺」回來的錢，依舊被鐵匠父親丟進爐子裡。

面對父親的嚴厲斥責，兒子非常無奈，他只好來到農場，幫農場折衷打了一天工。這天，他割草餵羊、挑糞、趕豬，非常辛苦。天黑了，天上

的星星正調皮地眨著眼。鐵匠的兒子這才拖著疲憊的身軀回到家裡。這一天，他終於體會到生活的不容易，不禁感慨父親賺錢是多麼辛苦的一件事。

接下來的一天，天還沒亮，鐵匠的兒子又趕到農場，開始新一天的工作。而聰明的鐵匠父親對兒子的行蹤看在眼裡、記在心裡，但表面上不動聲色。

一週以後，農場主給了鐵匠的兒子幾個銅板當工錢。拿著自己的勞動所得，兒子興沖沖地回到家裡，把銅板交給父親。

讓人意想不到的是，鐵石心腸的父親依然看都不看一眼，又把銅錢丟進熔爐裡！兒子立刻暴跳如雷，他邊喊邊撲向紅彤彤的熔爐！

父親一把拉住兒子，欣慰地笑著說：「孩子，你終於知道心疼這些錢了，我相信這錢才是你賺來的。」

這個故事所要揭示的，正是這樣的道理 —— 唯有認知到金錢的價值、賺錢的不容易，孩子才能懂得珍惜，才會知道把錢花在該花的地方，使金錢變得更有意義。這對孩子將來在社會上獨立生活有很大益處。

在美國，金錢知識教育被稱為「從 3 歲開始實現的人生幸福計畫」。這一教育要求孩子達到這樣的目標：

3 歲：能辨認硬幣和紙幣。

4 歲：知道每枚硬幣是多少美分，了解無法買下所有商品，因此必須做出選擇。

5 歲：知道硬幣的等價物，知道錢是怎麼來的。

6 歲：能夠找開小額金錢，能夠數大量硬幣。

7 歲：能看懂價格標籤。

8 歲：知道可以打工賺錢，知道把錢存在儲蓄帳戶裡。

9 歲：能制定簡單的一週開銷計畫，購物時知道比較價格。

10 歲：懂得每週省一點錢，以備大筆開銷時使用。

11 歲：知道從電視廣告中發現事實。

12 歲：能制定並執行兩週的開銷計畫，懂得正確使用一般銀行業務中的

術語。

　　13 歲以上：嘗試進行股票、債券等投資活動以及開展商務、打工等賺錢實務。

　　美國家庭的這種「識錢」計畫值得我們的家長探討與借鑑。那麼，我們的家長應如何讓孩子認識「金錢」呢？專家的建議是：

▶ **家長應該讓孩子成長為有經濟責任心的人**：家長可以為孩子創造條件，讓孩子懂得勞動和收穫之間的關係，鼓勵孩子利用假期去參加公益勞動或者打工，讓孩子知道沒有辛勞、就沒有收穫的道理。此外，家長還可以讓孩子做家事「賺錢」，讓孩子感受到任何一分零用錢都是要透過汗水和努力換來的，另一方面也讓他透過勞動來感受父母平日工作的辛苦。

▶ **用現實生活中的事例教育孩子「認識」金錢**：家長可以用生活中的事例教育孩子，讓孩子了解父母的收入來源、開支、儲蓄等經濟情況，此外，家長還可以多帶孩子去超市或傳統市場，讓孩子多參與採購和消費，做一些物價的比較，了解金錢在其中的作用。

▶ **不要掩飾家庭的經濟狀況**：許多父母很少和孩子談錢，總覺得面子上不好看，甚至有的還「打腫臉充胖子」，自己省吃儉用也要讓孩子吃好、穿好、身上有錢。其實家長不需要在財務上對孩子保密，告訴孩子家裡的財務情況不僅能使孩子明白家裡每月的各種開支，而且可以促使他主動思索自己的需求是否恰當。

▶ **讓孩子了解你的工作，讓孩子了解你賺錢的方式**：如果有機會，可以帶孩子參觀自己工作的場所，特別是體力勞動者的工作場所，辛勤的勞動景象會給孩子的幼小心靈留下驚心動魄的震撼效果。你的辛苦會在孩子觸摸到的世界裡得到補償，那就是孩子會更熱愛你的工作，熱愛你的生活，熱愛你所帶來的財富，並和你一起攜手贏得有限的人生機遇。

▶ **認知每件東西的價值**：讓孩子認識金錢，還應該認知每件東西的價值，才會主動珍惜、保護它。這需要家長注意以下幾個細節：限制孩

子玩具的數量,設法輪流替換孩子身邊的玩具,把一些玩具存放一段時間,以便再給他們時能激起他們的「新鮮」感;與孩子一起討論地球的自然資源,以及塑膠、金屬、木材及紙張從何而來,讓孩子了解這些東西非常有限;如果孩子因濫用或疏忽大意而讓物品破損或毀壞,就讓孩子用勞動所得費用支付修理費用或更換損壞的物品;在家中制定使用他人物品的規則,以此來教孩子學習愛惜別人的物品;尊重孩子的感情,因為人總是比東西重要。美國家長認為讓孩子接觸錢、了解錢並學會如何合理地使用錢,有利於從小培養孩子的經濟意識和理財能力,金錢教育也應該成為我們家庭教育的重要內容。

▶ **給予孩子必要的零用錢**:孩子每月若能得到一定金額的零用錢,他們就能學會生活的基本法則:有錢才能消費。但這「有錢」必須隨著孩子年齡的增長而增加,而且孩子消費的帳單必須記在孩子的戶頭上。這樣,當父母聽到孩子發出「我要買……」的聲音時,你可以毫不猶豫地回答:「先看看你存摺裡的錢夠不夠買這些吧。」壓力就會立刻從你身上移開。買不買成了孩子自己的事。

▶ **不要用錢來誘惑或懲罰**:用錢誘惑、懲罰一向是父母的專利。但應該充分了解這樣做的危害。比如答應給孩子的零用錢應按時給予,不能因為孩子的懶散行為 —— 不願做功課、不願做家事而任意減少、剋扣甚至取消;做父母的也不能因為自己發了一筆橫財就對孩子突然慷慨大方;孩子在家裡表現勤勞以及在校得到良好成績時,父母應稱讚孩子而不是用物質刺激。

教孩子學會合理消費

故事一:

> 趙海勝自上小學三年級起,媽媽每週都會給他 100 元當零用錢。可是,媽媽發現,趙海勝不懂如何合理支配他的零用錢。他總會在週一、週二就把零用錢花光,剩下的幾天,他如果沒有錢,還是會向媽媽要。媽媽很無奈,

若不給孩子零用錢，其他孩子都有，自己的孩子沒有，怕孩子心理不平衡；給孩子零用錢吧，但他又不懂得合理支配，這該如何是好？

故事二：

> 劉莎莎是小學六年級的學生，從小她就有極強的理財能力。她上小學五年級時，有一次，爸媽要到外地出差一個月，留給她 10,000 元作生活費。
>
> 劉莎莎把錢分成 4 份，每份 2,500 元，是一週的生活費。除去車費、伙食費，每一週，劉莎莎都會把 2,500 元生活費裡剩餘的錢存起來。
>
> 一個月過去，劉莎莎的爸爸媽媽回來了，他們發現女兒不但把生活安排得井井有條，而且還買了喜歡的髮飾和一本書，最重要的是，她的存錢筒裡還多出 3,000 多元。劉莎莎的爸爸媽媽很是欣慰。

專家認為，孩子上小學後，家長定期給孩子合理的零用錢是有必要的。但給了孩子零用錢，不等於家長的任務就完成了，因為，引導孩子如何合理、有計畫地花錢同樣重要。孩子只有學會如何合理地花錢，才能做到把錢花在刀口上。

那麼，家長應如何讓孩子學會合理地使用「錢」呢？一般來說，要教會孩子學會合理消費，讓孩子建立正確的金錢責任感及價值觀，家長應遵循以下準則：

▶ **定期、準時發給孩子零用錢**：定期是教孩子們學習花錢的關鍵所在。給孩子零用錢時，家長要做到定期、定量，並告訴孩子在此期間每天花多少，如果提前花完了，就不會再給零用錢了，甚至還會因為「上一次」表現不佳而罰一部分錢。孩子一旦意識到這點，就會想辦法把手頭的金錢做個統籌安排，而不至於無節制地花掉。一旦孩子出現故事中趙海勝那種情況，家長一定不能無休止地滿足他。只有這樣，孩子才能學到教訓。

▶ **給孩子錢要有節制**：無論孩子年齡多大，也無論家庭的經濟條件如何，給孩子零用錢這方面，家長一定要有節制，把金額控制在孩子有能力支配的範圍內。一般來說，零用錢並沒有定額可言，家長要根據

孩子的日常消費來做預算。這些開支大多包括買零食、午餐費、車費、購買學習必需品等費用。另外，父母還要給孩子一些額外的錢，也就是說，你給孩子的錢，要比預算寬裕一些，這樣才能為孩子的儲蓄創造可能性。

▶ **教孩子制定和執行預算**：制定預算的目的是要讓孩子懂得，花錢是要負責任的。在自己的收入範圍內要保證自己始終有足夠的錢，而避免那種因為有太多想買的東西而無法付款的尷尬，方法就是做個預算表，它是管好金錢、並有計畫地運用的基礎，也是避免孩子亂花錢的安全網。

由於孩子年紀小，可以每週制定一次預算，按下述四個步驟進行：首先，列出每週從各種管道獲得的可靠收入；其次，列出每週必須要花的錢；再次，買東西前，先列出清單；最後，列出想要存錢購買的東西。

▶ **幫助孩子控制欲望**：許多家長可能都有過這種經驗，每當帶著孩子走進玩具店或商店的時候，孩子總是會沒完沒了地要求家長買各種玩具和食品等。這時候，家長也不必什麼都不買，給孩子一個選擇的權利，只能買其中一種，如果買了這個，其他的就不能買了。

▶ **讓孩子學會記帳，這樣能讓孩子明白自己的錢花到哪裡去了**：家長在給孩子零用錢時，可以提出一個支出原則，讓孩子即時記帳，培養孩子記帳的習慣。剛開始時，父母可以幫助孩子在領到零用錢時，就先把未來一個週期需要的花費記錄下來，額外的支出也要在發生後一一記錄。幾個月後，家長不但可依這份資金流量表，檢視孩子的消費傾向，了解他對金錢的價值與感受，萬一發現偏差，也可適時糾正。

▶ **教孩子一些省錢的方法**：告訴孩子，一個人可以在生活中盡量減少金錢支出，這樣，手中的錢就會多起來。有什麼方法可以少花錢呢？例如，買東西前必須想清楚是否真有需求，可以讓他在心裡自問，「我需要這個東西多久了？」「是不是已經有其他東西可以替代打算要買的這東西？」這些問題可以讓孩子意識到有些支出是不必要的。

教孩子在每週固定的一天去購物，而不要天天購物。購物之前一定要列清單，要根據自己的需求去買東西，不要見什麼買什麼。

▶ **讓孩子用自己的錢買自己的東西**：為了進一步落實「付出才有收穫」的觀念，家長不妨給孩子一些工作。例如：鋪餐桌、鋪床、擦桌椅、倒垃圾、掃地等。做這些家事不但可以鍛鍊孩子的勞動能力，也能讓他們體會「付出才有收穫」的觀念。而且，用自己的勞力、智力換來的報酬，孩子會更珍惜。

因勢利導、切合實際的「用錢」教育，會使孩子獲益匪淺。研究證明，一個從小就懂得合理利用金錢、支配金錢的孩子一般都有很強的獨立性和經濟意識，在經濟事務上的管理和操作能力也很強。

「比較風氣」要不得

時下，一些父母為孩子經常跟別的孩子比較傷透了腦筋。一位母親訴苦說，「孩子上學後，要求總是特別多，同學用什麼文具，他就要我買給他。開學前剛塊買的新書包，非說過時了，一定要重新買一個比同學更好的，不然在同學中會『很沒面子』，結果又花了幾百塊錢買了一個，我總不能因為書包整天看著他撅著嘴不寫作業吧，我不知道明天他還會要什麼，真是拿他沒辦法。」

是的，現在的孩子互相比較的消費現象很普遍，男孩子看到別的朋友有遙控車、有天線寶寶、有假面超人，女孩子看到別人有漂亮的娃娃、衣服、髮夾，他們都會拿來比較，別人有自己沒有的、自己喜歡的就吵著鬧著要父母買，甚至還會要求買比別人更好的東西。父母如果忽略了孩子比較心理的膨脹，一味寵愛孩子、滿足孩子，任其發展，那麼，這樣的消費所產生的不良後果可能會深深影響孩子良好性格的形成，孩子的身心就無健康發展可言。

讓我們看故事裡一隻白蟻的自述：

我是一隻白蟻，我的家在一棵楊樹裡，一直自認為非常舒適。

可是有一天，一個朋友來看我的時候，無意中說：「你的家有點小，還不到我家的一半大呢。我的家客廳特別大，可以辦沙龍呢！」她走了，留下我一個人在家裡開始不安。再看自己的住處，是有點狹窄。現在流行大客廳，而我的客廳還是老樣子。哎，我要想辦法，把屋子擴大一點。

從此，我只要有空就開始擴大屋子，每天擴大一點兒，50 天後終於完工了。我好興奮，馬上通知我的那位朋友來看我的新環境。

幾天後她來了，先對屋子誇獎一番，然後又加一句：「但是我的家也擴大了，還是比你的大。現在我的客廳可以開舞會了！」

她走後，我變得失魂落魄。這次我沒有真的意識到自己的家小，讓我難受的是我的家居然還是沒有她家大。有什麼了不起，不就是屋子比我家大嘛！等著看吧，我一定會讓我的屋子超過你的！

從此以後，我又開始繁忙的擴建工程，除了必要的工作和生活，我的時間只有一件事，那就是擴大屋子！我相信總有一天我的屋子會超過所有朋友的。

終於有一天，我感覺到一絲涼意 —— 樹被挖穿了。聽到呼呼的風聲，感覺到屋子好像也在顫抖。

忽然，只聽「咔嚓」一聲，楊樹折斷了！我的家被吹到空中……

這雖只是一個童話，卻深刻地反映出比較之風帶來的嚴重危害。

要止住孩子的比較風氣，首先要明白是什麼原因造成孩子的比較心理。這點很重要，治病重在治根本，只有了解了病根，才能對症下藥 ——

▶ **生活水準的提高**：隨著經濟的發展，生活水準不斷提高，很多父母覺得「再苦也不能苦孩子」，甚至覺得如果不滿足孩子的要求，就對不起孩子。這種長期的寵溺與遷就，會造成孩子性格的嬌縱，滋生比較心理。

▶ **孩子具有模仿天性**：孩子天真無瑕、心靈純潔，模仿能力、好奇心較強，面對社會流行的比較之風，孩子缺乏辨別是非曲直、真善美醜的

能力，久而久之容易產生從眾心理。

▸ **孩子的虛榮心作祟**：有的孩子缺乏自信心，擔心被周圍的人排斥，於是想靠一些表面的東西來彌補；有的是性格敏感，太在意自己的形象；有的是因為受到同學的嘲笑，從而產生不服氣的心理等。

不錯，比較是一種社會心理現象，是每個人都會有的心理狀態，而孩子比較心理的形成與社會環境、家庭教育、家庭生活方式、消費習慣都有密切的關係。面對孩子的比較現象，作為父母，有責任糾正孩子盲目比較的陋習。為此，父母應這樣做：

▸ **反比較**：孩子們在比較時，最典型的理論就是「別人都有，所以我也應該有。」因此，別人買了新書包，他也應該有；別人買了名牌服裝，他也應該有；別人有了新式玩具，他更應該有 …… 這時，無論父母如何解釋都不奏效，因為孩子的心理和行為往往受情緒控制，缺乏理智，無法理解人的需求的滿足是受一定條件限制的。對付這樣的孩子，比較快速生效的辦法是實行反比較。比如：用他的長處去比別人的短處，用他進步的一面比別人退步的一面，用他有的東西比別人沒有的東西等。

▸ **改變比較的興奮點**：孩子有比較的心理，說明孩子的內心有競爭的傾向或意識，想達到與別人同樣的水準甚至超越別人。父母就要抓住孩子這種上進心理，改變孩子比較吃穿、消費的傾向，引導孩子在課業、才藝、毅力、良好習慣方面進行比較。比如：當孩子埋怨老師經常表揚某同學時，父母可以和孩子一起研究，列出這個同學的優點，讓孩子暗中努力和同學比一比，看能否超過他。比如孩子和同學比穿著的名牌和價格時，父母可以從整潔的美感、顏色的搭配美感等方面去改變比較的興奮點。

▸ **把比較變成動力**：當孩子比較時，父母可以告訴孩子不是不能比較，但要透過自己的努力，去實現比較的條件，從而巧妙地將比較變成動力。如：孩子跟別人比四驅車的數量和等級，父母就可以鼓勵孩子存零用錢自己買四驅車，或者進一步引導孩子查資料、購買四驅車零件

進行組裝，從而形成節約的意識，養成動手動腦、發明創造的良好行為習慣。

▸ **縱向比較**：不妨多鼓勵孩子自己和自己比。例如，讓孩子今天和昨天比，這個月和上個月比，本學期和上學期比。在特殊的比較中，孩子會經常看到自己的進步，原來不會的拼音現在都會了，原來不認識的字現在都認識了，原來不懂的道理漸漸懂了。這些比較都可以讓孩子獲得進步，自信心也會增強，並在欣賞自己成長的過程中更加努力去超越他人。

培養孩子的儲蓄習慣

懂得了金錢的價值與如何花錢還不夠，身為家長，還應該讓孩子從小養成儲蓄的習慣。新加坡的青少年在這方面受到的教育首屈一指。「節儉和儲蓄是美德」的傳統價值觀在人們生活中始終牢不可破。由於新加坡社會和學校合力引導孩子學會花錢、學會節儉，他們都很會存錢。新加坡教育部和郵政儲蓄銀行每年都推動全國性儲蓄運動，每年的運動都有不同的主題，目的就是培養孩子良好的儲蓄習慣。

曾有人說：一個沒有存錢筒的孩子是不健全的孩子。這是一個頗有見地的認知。對孩子來說，擁有自己的存錢筒非常重要。因為它能讓孩子養成儲蓄的習慣，讓孩子更進一步了解金錢的價值。

美國有本暢銷書叫《錢不是從樹上長出來的》（*Money Doesn't Grow on Trees*），這本書的作者戈德菲（Neale S. Godfrey）在談到儲蓄原則時指出：孩子可以把自己的零用錢放在三個罐子裡，一個罐子裡的錢用於日常開銷，購買在超市和店裡看到的「必需品」；第二個罐子裡的錢用於短期儲蓄，為購買「芭比娃娃」等較貴重物品積攢資金；第三個罐子裡的錢則長期存在銀行裡。為了鼓勵孩子存錢，可以陪孩子一起去銀行存錢，並以孩子的名義開個戶頭。當孩子在鉛印的存單或存摺上見到自己的名字時，會使他們覺得自己長大了，變得重要了。銀行的另一個好處是：它能使孩

子充分理解金錢並不是隨便就可以從銀行裡領出來的，而是必須先賺來，把它存到銀行裡去。這樣，以後才能再取出來，而且還會得到多出原來存入的錢的利息。

莫華林 6 歲那年，收到了 5,000 元壓歲錢，媽媽為他開了個銀行帳戶，並要求莫華林每個月在自己的帳戶上存 500 元。媽媽要求莫華林每次花錢不能超過 100 元，在過年、過節的時候必須給爺爺奶奶、外公外婆買些小禮物。為莫華林開立帳戶後，媽媽還給了莫華林一本小冊子，告訴莫華林如何充分利用帳戶。莫華林媽媽認為，讓孩子對自己帳戶的存款負責，這樣，他就不會養成亂花錢的習慣，即使在買東西時，也會精打細算。

現在，14 歲的莫華林已經有兩個自己的帳戶，其中一個定期存款帳戶用於存放不常用的錢，這樣利息高；另一個是活期存款帳戶，用於存放日常開支，可以隨取隨用。媽媽又為莫華林辦了一張金融卡，讓莫華林自己去銀行提款機領錢。這讓莫華林感到自己長大了，但媽媽規定他必須在月底保證金融卡收支平衡，如果他不顧一切把錢用光，那就要取消他使用金融卡的權利。

莫華林的例子告訴廣大家長，從小培養孩子儲蓄的習慣，能讓孩子養成有意識理財的習慣。這對孩子的成長很有好處。那麼，怎樣培養孩子儲蓄的習慣呢？要培養孩子儲蓄的習慣，家長應做到以下幾點：

▶ **引導孩子把零錢放進存錢筒裡**：當孩子有幾元或幾十元時，引導孩子把零錢放進存錢筒裡，並養成習慣。久而久之，當有一天孩子發現筒裡已有不少錢時，便會十分驚喜，更會充滿成就感，更懂得珍惜金錢。

▶ **儲蓄優先**：孩子和大人一樣，都會把儲蓄這件事延後執行，結果到最後才發現自己沒錢可存。所以，父母幫孩子在做其他事之前先把錢存起來。孩子 3 歲時，父母便可以用家裡的錢和他玩儲蓄遊戲。當父母鼓勵孩子將自己的積蓄存到家中的「銀行」時，用孩子的名義開個

「帳戶」，讓他有自己的「存摺」並妥善保管。到 6 歲以後，應該讓孩子理解，把錢存到銀行裡，不是銀行把錢「拿走」，而是把錢安全地存放起來，並使之有所增加。這樣做有助於孩子養成儲蓄的習慣。

▶ **為特定的目標設定期限**：如果孩子要存錢買一組電視遊戲機配件，建議他找到配件的照片，然後在上面寫上希望購買的日期，用磁鐵把照片吸在牆上或釘在臥室的門上，這樣，他就能時時看到自己的目標。

▶ **讓孩子把錢存到銀行**：家長可以告訴孩子，他的存款可以幫他實現一個大的心願。比如買腳踏車、玩具等，幫助他從每個月的零用錢規劃出時間表，估計需要多少時間可以達成夢想，建立孩子的理財目標。同時，家長要讓孩子懂得在銀行存錢的四個好處：安全、可以使錢增值、可以提供便利的服務、可以減少亂花錢的次數。

家長在鼓勵孩子節省消費、增加儲蓄，從小建立正確使用金錢的好習慣時，也別忘了以身作則。另外，千萬不要完全以金錢作為獎賞或懲罰孩子的工具。久而久之，孩子一定會成為理財高手，無形的「財商」將成為他一輩子的財富。

「節儉」永遠不過時

小英是個小學三年級的學生，很是乖巧，成績又好，深得全家人喜愛。但是她有個改不掉的壞毛病，就是喜歡浪費紙張。往往不到學期結束，一本好好的筆記本就被撕得只剩兩張。老師對她的這種做法非常反感，常常告誡她不要這麼浪費，她卻不以為然：「這有什麼關係，反正我爸媽會幫我買，浪費幾張又怕什麼？何況，他們也不怕我浪費呀！」

隨著社會生活水準普遍提高，越來越多家長對「節儉」的概念開始淡漠。他們認為「節儉」不過是過時的詞彙而已。事實上，家長們忽視了非常重要的一點：「節儉」是種美德，美德是永遠不會過時的。正如左丘明所說：「儉，德之共也；侈，惡之大也。」想要讓孩子不至於陷於墮落於奢靡的生活陷阱中無法自拔，家長唯一能做的就是培養孩子「節儉」的

意識。

　　「節儉」既是對創造財富的勞動者的尊重，也是對用血汗錢購買物品的父母的尊敬。「節儉」不僅讓家裡的各種東西充分發揮作用，而且有利於增加孩子獨立生活能力。在國外，很多家長就很重視培養孩子節儉的習慣。

故事一：

> 　　沃爾瑪超市創辦人山姆·摩爾-沃爾頓（Samuel Moore Walton）是擁有85億美元財富的富翁，但他卻住在一座小鎮上的普通房子裡，平時開輛舊福特車，穿著工作服，像個普通工人，但生活同樣其樂無窮。他的後代常以此為榮，並繼承了這良好的家風。

故事二：

> 　　香港首富李嘉誠有兩個兒子：長子李澤鉅，生於1964年，美國史丹佛大學土木工程系碩士；次子李澤楷1966年出生，美國史丹佛大學電腦工程學士、企業管理碩士。這兩兄弟大器有成，成績斐然，現已成為李嘉誠的左膀右臂，分別在各自的經濟領域有了令人矚目的成就，引起社會的關注。
>
> 　　李嘉誠一貫勤儉誠信，在教育子女方面，他也要求兒子在生活上克勤克儉，不求奢華；在事業上注重名譽，信守諾言。他特別教導兒子要考慮對方的利益，不要占任何人的便宜，要努力工作。
>
> 　　李嘉誠深知「人生的黃昏取決於黎明」的道理，對兩個兒子的教導甚為嚴格。他一方面讓孩子體會家庭的溫暖，另一方面也讓孩子接受良好的教育。兄弟倆在香港中學畢業後，父親便送他們到美國史丹佛大學留學，以利他們將來事業的發展。
>
> 　　為了不讓兒子因為富有而養成一些壞習慣。李嘉誠特地培養兒子們謙虛、勤奮、節儉的特質，在生活方面不向他們提供用於揮霍的金錢。次子李澤楷談到父母對自己的嚴格教育時說：「父母從不放縱我們兄弟二人，經常對我們灌輸做人的道理。」談到在美國史丹佛大學的經歷時，他說：「我和其他同學一樣，零用錢得來自課餘兼職，做雜工，做服務生。每逢假日就到高爾夫球場做球童，背著裝滿高爾夫球桿的大皮袋，在廣闊的球場上滿頭大

汗地跑上跑下，如此足足做了三年多呢！」長子李澤鉅 1993 年的婚禮在希爾頓飯店僅擺了十桌筵席，將婚宴預算中剩下的 300 萬港幣捐給天主教香港教區慈善機構。

無疑，李嘉誠的育子經驗值得我們每一個家長學習。培養孩子節約的意識，是塑造良好品德的開端。我們說「有錢難買幼時貧」並不是讓孩子去過「苦行僧」的生活，而是為孩子創造儉樸的家庭環境，讓孩子繼承節儉的美德。這是家長贈予孩子的永久財富。

培養孩子節儉的習慣，我們給父母們的建議是：

▶ **營造節儉的家庭生活氛圍**：在日常生活中，家長要以身作則，用自己的節儉行為影響孩子，用自己艱苦樸素的作風感染孩子。

▶ **讓孩子從小事做起，養成節約的習慣**：首先在使用課業用品上要節省，不要因為寫錯一、兩個字就撕掉一大張紙，不要老是碰斷鉛筆芯。同時要在生活上節約，如夏天冷氣開攝氏 26 度以上，既節約又划算；節約用水，洗菜的水可以沖廁所；用完電器一定要把插頭拔掉；用電腦列印資料，最好兩面都用；抽水馬桶裡放塊磚頭更省水；出門隨手關燈……

▶ **經常對孩子講勤儉持家的道理**：父母要經常對孩子講勤儉持家的道理，讓孩子懂得一粒米、一滴水、一度電來之不易，都是人們辛勤工作換來的。要讓孩子學會利用舊物，比如可用易開罐做花籃，將舊涼鞋剪成拖鞋。這樣既可培養孩子的節約習慣，又是一種手工勞作的練習。

▶ **幫助孩子理解節儉的價值**：家長要用節儉的故事教育孩子，讓孩子知道節儉是美德，也是生活的一部分。在教育中，父母要讚賞節儉的行為，批評奢侈浪費。父母要讓孩子理解生活的艱難，理解人在生活中難免會遇到各種困難，而節儉則可以做到有備無患，幫助人度過難關。

學會節儉對於孩子的健康成長影響極大。節儉可以使人集中精力，把

身心投入課業和事業上，這關係到一個人一生事業的成敗。節儉可以培養一個人堅強的意志和戰勝困難的不屈不撓的精神，是人生的巨大財富。節儉有助於體察他人的疾苦，培養對他人的愛心，有利於健康人格的形成，這對於孩子的成長極為重要。

讓孩子從小學會節儉，就要讓孩子適度嘗嘗「苦頭」，沒有吃過苦的孩子、在蜜罐裡泡大的孩子根本不知財富得來不易，也根本不知珍惜自己擁有的幸福。許多孩子沒有經歷過艱難困苦，根本不懂得「節儉」二字，只要求吃好的、穿好的，玩具也是越多越好、越高級越好，如果達不到要求就會生氣。有的孩子隨便浪費糧食，不愛護衣物，對玩具隨意破壞，亂丟亂扔，弄得殘缺不全，浪費嚴重。他們不知道糧食和玩具的來之不易，更不知道珍惜自己擁有的東西。

因此，讓孩子知道好日子的不容易、培養孩子節儉的品格已成為越來越多的父母努力的方向。許多「以儉養德」的事例告訴我們：要把孩子培養成有志向、有追求、有出息的人，勤儉節約、艱苦樸素的教育是不可或缺的，這是父母能夠給孩子的永久財富。

讓孩子體驗賺錢的辛苦

「儉，德之共也；侈，惡之大也。」這是先人教育兒孫的至理名言。今天，我們仍應不忘古人此言，用以警策自身，教誡後人。因為由儉入奢易，由奢入儉難。

如今，雖說生活水準提高了，孩子被父母的溺愛包圍著，但父母不想讓孩子與社會脫節，就要讓孩子明白生活的辛苦、賺錢的不易。北宋詞人陸游有句話說過，「書到用時方恨少，事非經過不知難。」同樣，孩子不身臨其境，就不可能體會賺錢滋味。

韓國的熱播的綜藝節目《金子般寶貴的孩子》，描述一個家庭裡的溫馨故事，吸引了許多觀眾。該劇的名字也是這節目成功的原因之一，因為它表現出父母對孩子的摯愛之情。為了自己「金子般寶貴」的孩子，父母

沒有什麼捨不得的。

的確，很多人把現在這一代孩子形容為「富貴的一代」。與物質貧乏的過去相比，孩子的身高、體重都大大超越以前。他們懂的知識多，並且熟知人情世故。每當有什麼需求，想向父母要更多零用錢時立刻變得甜言蜜語、伶牙俐齒。然而，孩子對金錢的理解卻非常粗淺，他們只懂得花錢，卻從來不懂錢從何而來，更不想花費精力了解這些。他們認為，只要父母願意就會把身上的錢給自己。這一代孩子對錢有如此被動的、消極的理解，就是因為大人從來沒有告訴他們錢從何而來，而且在沒有教會他們如何賺錢之前，就先讓他們學會花錢。

某人剛到美國的第二天，他到速食店吃簡單的午餐，剛點完餐後無意中往窗外一看，有個人引起他的注意：一個三、四歲的小孩正認真地把地上的垃圾撿到自己的籃子裡，後面有他媽媽和哥哥兩個人。出於好奇，這人到外面去問個究竟，孩子的回答意外地乾脆簡單：「工作。」經過了解才知道，如果孩子把裝滿垃圾的籃子交給速食店經理，他就能得到一個漢堡。

如果不是自己賺錢，就無法真正體會賺錢有多辛苦。因此，賺錢是從忍耐「一滴汗的艱辛」開始的。讓孩子看到父母辛苦賺錢的樣子，是非常好的理財教育方法，對孩子描述自己的工作情形，或是帶孩子參觀父母的工作環境，都能讓他們深刻體會。在美國，每年4月父母會抽出一天帶孩子到自己工作的地方，讓孩子親眼目睹父母辛苦工作的情景，喚起孩子對父母的感激，從而懂得勞動的價值。

其實，父母不在乎孩子賺多少錢，甚至也不在乎虧損，因為虧損是教孩子學會市場法則的必要途徑。讓孩子透過自己的努力，徹底領會賺錢的意義和技巧，這比讓他上多少節關於賺錢辛苦的理論課都來得重要，這才是教孩子體驗生活的關鍵所在。

對孩子灌輸投資理財的意識

投資理財是一種技能，更是一門學問。在市場經濟的今天，學會如何理財，不僅是生存的需求，也是非常現實的選擇。一些發達國家普遍注重對下一代的經濟教育，甚至在幼稚園裡就安排了理財的課程，灌輸理財之道，培養兒童的理財能力。

事實上，正如智商、情商一樣，財商人人都有，從小對孩子進行理財教育，能幫助孩子養成較高的情商，這樣，孩子長大以後，就不至於在財務的困境中苦苦掙扎，為金錢問題而擔憂了。

以下是洛克斐勒兒時的故事 ——

洛克菲勒從小就幫助家裡做雜務，或幫父親到農場工作，以獲得零用錢。

洛克菲勒 6 歲時，看到有隻火雞在不停地走動，過了很久也沒人來找，於是他捉住那隻火雞，把牠賣給附近的農民。洛克斐勒的母親是位虔誠的教徒，認為這樣褻瀆了聖靈；洛克斐勒的父親卻覺得這是個好現象，認為洛克斐勒有做商人的獨特本領，對他大加讚賞。

有了這次的「經商」經歷，洛克斐勒的膽子大了起來。不久他就把從父親那裡賺來的 50 美元貸給了附近農民，談好利息和歸還的日期。到了時間他就準時去要債，毫不含糊地收回 53.75 美元的本息。

華爾街股票大王的幼年經歷，同樣能帶給家長啟發：

被稱為股票神童的司徒炎恩 14 歲便揚名華爾街。他十二、三歲就想自己買股票，但證券商不允許兒童買賣股票。到 14 歲那年，司徒炎恩用存下的 100 美元買了一家電腦軟體公司的股票，股票價格大漲。3 個月後，他把股票賣掉，淨賺 800 美元。1993 年在父母同意下，他向家人、親戚及好友借錢，共集資 2 萬美元，成立了自己的基金公司，15 歲的司徒炎恩成為該基金公司的經理。

3 年之中，司徒炎恩的基金每年均有 3 成多增長，1996 年達到 4 成增

長。後來，他父親甚至把自己 10 多萬美元的退休金交他管理，這位年輕的基金經理正管理著 20 萬美元，他打算積極吸納投資者，5 年賺到 2,000 萬美元。

從股票神童司徒炎恩的經歷中，我們可以看出，西方有些孩子有很強的理財能力，甚至高過成年人。這與他們的生長環境與家長的教育是分不開的。

兒童時期是人格發育的重要階段，這個時期，孩子的價值觀正逐漸形成，幫助孩子從小就形成健康的財富觀和良好的理財習慣，會讓他受益一生。

兒童接受各種能力的培養，都有一個關鍵期。比如說語言訓練，2 到 4 歲是關鍵期；數學訓練，4 到 6 歲是關鍵期；對理財能力而言，培養的關鍵期是 5 到 14 歲。如果教育提前了，孩子的認知能力沒有達到，孩子不懂，家長灰心，如果超過 14 歲再教育孩子，他已經有意無意地透過電視、報紙或購買經歷建立起自己的理財習慣，再來改變，就需加倍的努力了。

教孩子學會投資、理財是一門學問。家長應從小處著手，從小培養孩子理財、投資的意識，讓孩子形成善於理財的特質和能力。孩子只有從小形成良好的理財、投資意識，才能為將來家庭經濟良性循環提供持續的保障，更能讓他們今後的人生聚沙成塔。

對孩子進行投資理財教育可從以下幾個方面入手：

▶ **讓孩子做有關金錢課程的家庭作業**：孩子除了完成學校的家庭作業外，尤為重要的是要做有關金錢課程的家庭作業。孩子們的課外「財商」教育作業可包括玩「現金流」遊戲，用道具模擬參與股市交易等。

▶ **建立孩子合理合法的賺錢觀念**：要讓孩子知道，得到錢財的途徑有很多種，但是，作為有道德、有良心的人，應該以自己的真才實學透過自己的誠實勞動去掙錢，不要靠違法亂紀、損害他人的利益甚至不擇

手段去賺錢。

▶ **教孩子基本的經濟知識**：教給孩子經濟知識的目的，是讓孩子了解現實存在的經濟現象，學會正確規劃和合理使用自己的有限資源。培養一種理財習慣，這種習慣就是節儉的品格和良好的理財觀念。盡早教給孩子這些知識，能開闊孩子的視野，培養孩子廣泛的興趣嗜好，加強生活體驗。

▶ **為孩子開立獨立的銀行帳戶**：當父母到銀行辦理開戶，或是到銀行存錢時，不妨帶孩子一起去，讓他們慢慢學會開戶、存款以及提款的流程，並且和孩子一起了解銀行定期存款寄來的定期定額對帳單、投資報表等，這樣孩子可以親身感受「複利」的效果。此外，家長還可以帶孩子到銀行投資諮詢機構，讓孩子簡單地了解投資與收益的關係，培養孩子的投資理財意識。

▶ **了解並掌握至少 1,000 個財經、金融詞彙**：這對於希望增加自身財商的成年人也很必要。倘若一個人連「資產」、「負債」、「淨利潤」等詞彙的含義都不甚了解，還談什麼致富以及擁有高財商。

▶ **幫助孩子設計規劃**：孩子幼年時，極易受到來自學校和社會各方面的傷害和打擊。所以，始終讓孩子擁有自信，保護他們與生俱來的天賦和才華是父母最光榮而偉大的職責。在此基礎上，幫助孩子設計能讓他們一生成功的學習、職業和財務規劃。

當然，孩子的投資理財能力不是一朝一夕養成的。作為家長，既要注重對孩子理財技能的培養，又要掌握適度原則，千萬不要掉以輕心。

第七章
教孩子在家中學會獨立

　　某位美國著名教育家說：「獨立性是現代孩子教育的十大目標之一，培養孩子的獨立性很重要！」朱自清也曾經說過：「愛孩子，就讓孩子自己去闖，不能讓他們像小雞似的躲在父母的翅膀底下尋找保護，那是一輩子都不會有出息的！」是的，要讓孩子真正獨立起來，家長首先要做的就是放開緊握的手，讓孩子自己行走。只有這樣，孩子才會早日擺脫對家長的依賴心理，獨立解決問題，自己承擔責任。

能自立的孩子才強大

要培養孩子的獨立性，首先應該培養孩子的自立意識。沒有自立意識的孩子，談不上獨立，更不可能在今後的人生中有所作為。只有擁有自立意識的孩子才能走向獨立，變得強大！替孩子做他們自己能做的事情，是剝奪他們的能力，對他們積極性的最大打擊。

民國初年教育家陳鶴琴說過：「凡兒童自己能夠做到的，應該讓他們自己做；凡兒童能夠自己想到的，應該讓他們自己去想。」一句話，父母應該給孩子創造自立的機會。然而，在現實生活中，家長包辦的現象卻比比皆是：

故事一：

親朋好友一起外出郊遊。5歲的春春很開心地坐在媽媽腿上，而其他孩子在一起開心地玩著遊戲。春春說什麼也不肯跟別的小朋友一起玩。這時候，有個熱情的大姐姐過來邀請春春一起去玩，可春春緊緊牽著媽媽的手……春春的媽媽不好意思地說：「這孩子就是這樣，依賴性強，怕生！」說完，這位年輕的媽媽寵愛地捏了捏春春的鼻子說：「這丫頭，這麼依賴媽媽，以後長大了怎麼辦呢？」

故事二：

曉宇今年已經小學四年級了，至今他仍不會自己整理書包，每晚做完功課，他就把作業本一扔，跑到客廳看電視去了，剩下的「後勤」工作就都丟給媽媽去做。於是，小到裝文具、削鉛筆、裝筆芯，大到第二天上什麼課、需要準備哪些書，一系列工作都是媽媽一一包辦。至今，曉宇還是連自己的課外書放在哪裡都不知道。

故事三：

馬明明是小學六年級的學生，從幼稚園開始，就是爺爺接送他上下課。每天，爺爺都早早起床為他準備好上課必備的東西，然後背著書包、帶著他擠公車，如果有人讓座，爺爺一定是讓馬明明坐，畢竟，孩子是老人家的寶

貝呀，他捨不得讓孩子受累。直到現在，依然是爺爺背著書包站著，馬明明蹺著二郎腿理所當然地坐著！不知道馬明明和他爸媽是怎麼想的，但旁邊的人看著，心裡一陣陣泛酸：「這些孩子到底怎麼了？」

故事四：

> 曉曉是個大學二年級的女生。從小到大，她過著茶來伸手、飯來張口的生活，自己的衣服從來不洗。每週回家一趟，都把自己的髒衣服帶回家給媽媽洗。而每過一個月，曉曉的媽媽就會從家裡過來為她換被套，然後把髒被套帶回家洗。照媽媽的話說：曉曉從小就聰明，就是身體太弱，沒法做家事！

當然，生活中類似的現象還有很多，家長們不妨捫心自問，我是否也曾以呵護、疼愛的名義剝奪了孩子自己做事的權利？我是否因為擔心孩子做不好，就索性自己包辦到底？如果你的回答是肯定的，那麼，請不要將這種行為繼續下去。因為，包辦、代替培養不出優秀、有能力的孩子。

一個從小被包辦慣了的孩子，自理能力差，在思想與行為上都存在依賴性。這樣的孩子遇事往往拿不定主意，猶豫不決，缺乏獨立思考能力以及創造力。由於懶惰，他們不願自己動手做事，思維能力發展受到限制。在性格上，他們又表現得意志軟弱，膽小怕事，缺乏獨立克服困難和吃苦耐勞的能力。上學後，他們往往會缺少競爭意識和刻苦鑽研、努力進取的精神。這些都不是父母樂於看到的。

因此，只有從小培養孩子的獨立意識，才能讓孩子徹底擺脫依賴的心理，建立起自信心。一個有信心的孩子，遇事時永遠不會手足無措，陷入孤獨無望的境地。

在日常生活中，家長可以根據孩子的實際情況，有針對性地培養孩子的自立意識。下面是專家的一點建議：

▶ **尊重並培養孩子的獨立意識**：一歲的孩子就有了獨立意識的萌芽，他們什麼都要來一個「我自己」—— 自己拿小湯匙吃飯，自己跌跌撞

撞地搬小凳子。隨著年齡的增長，他們不僅要獨立穿脫衣服、洗臉洗手，而且還要自己洗手帕、洗襪子、自己修理或者製做一些玩具，甚至還想自己上街買東西、自己洗碗。對於孩子正在增長的獨立意識，家長一定要予以重視並支持、鼓勵他們：「你只要好好學，一定能做好！」當然，千萬不能潑冷水，「你還小，做不了！」

▸ **為孩子獨立性的發展提供條件和機會**：為了培養孩子的獨立性，必須解放孩子的手腳，放手讓他們去做一些應該做而且是力所能及的事情，即使孩子做得不好、處理得不圓滿也沒關係。有些家長總怕孩子做不好，習慣於包辦代替，習慣於指手畫腳，總以擔憂的目光注視和提醒孩子，或者乾脆替孩子掃除障礙、鋪平道路。這種態度和做法，有意無意地束縛了孩子的手腳，阻礙了他們獨立性的發展。

▸ **教給孩子獨立做事的知識和技能**：孩子不僅要有獨立意識，而且還要有相應的知識和技能，即不僅願意自己做事，而且還會自己做事。例如，怎樣穿脫衣服、洗臉洗手，怎樣摘菜、洗菜，怎樣掃地、擦桌子，這些教育是在日常生活中自然而然進行的。而且獨立性還表現在孩子學習、交往等各個方面。家長要教孩子自己完成遊戲和學習任務，自己去和同伴交往，當孩子和同伴發生糾紛時，教他們用各種有效的方式去自行解決矛盾。

▸ **讓孩子自己決策**：自己決策是獨立性發展的一個非常重要的方面，我們要從小培養孩子自己決策的能力。孩子的事應該由孩子自己去思考、自己去決斷。玩具放在什麼地方？遊戲角落怎樣佈置？和誰玩？玩什麼？這些孩子的事，家長不要做決定，要讓孩子自己去動腦筋、想辦法，最後做出決策。也就是說，家長可以幫助孩子分析，引導孩子決斷，但不要干涉，更不要包辦，代孩子決策。

▸ **讓孩子在時間上獨立**：對於孩子來說，最難的就是培養他們的時間觀念。因此，若能讓孩子自己形成一定的時間觀念，學會自己安排時間，合理作息，就能很好地促進他們獨立能力的形成。有一位聰明的家長，他在孩子很小的時候，就每天給孩子一段可以自由支配的時

間。孩子有時玩，有時去看自己喜歡的書，有時畫畫，當然，很多時候是忙來忙去什麼結果都沒有。但是，慢慢地，這個孩子懂得了珍惜時間，學會了做計畫。這比家長要求他一定要在某個時間段做什麼事情有效多了。

從分床開始訓練獨立

在日常生活，我們經常聽到一些家長訴說與孩子分床睡覺的苦惱。一個家長這麼說：

孩子今年都 9 歲了，可是，他依然不敢自己睡覺，每天晚上硬要跟我們擠在一起才能睡得著。這可如何是好？眼看著孩子一天天長大了，總不能在成人以後還是跟父母一起擠吧？

另一個家長說：

我兒子快上小學了，這些年一直都是我陪著他睡覺，他很黏我，獨立性很差。我想讓他獨自一個人睡，所以為他布置了自己的小房間，可是每次說好了讓他自己睡，但都做不到，而且晚上總是不停地又哭又喊，害得我也休息不好，我都不知怎麼辦了。有哪位有經驗的朋友給點主意，怎麼才可以讓他獨自一個人睡呢？

類似的訴苦還有很多。的確，「怎樣才能與孩子分床睡覺」是很多父母都關心的問題。家長的這種苦惱是可以理解的。畢竟，要讓孩子學會獨立，與父母分床睡覺是關鍵。一個八、九歲的孩子如果還夜夜黏著父母睡覺，我們很難相信他能在其他方面獨立起來，更不敢想像他能有什麼出息！

可是，也要追問一下家長，到底是什麼原因導致孩子不敢「單獨」睡覺呢？專家分析，導致孩子不敢自己睡覺的原因有如下兩點：

▶ 在孩子幼兒時期，一些家長因為擔心孩子踢被、晚上撒尿，為了能在夜裡更好地照顧孩子而和孩子同床而眠。

▶ 孩子從小就特別嬌氣，到了該跟父母分床睡覺的年齡，始終不肯離開父母自己睡覺。不得已，父母只好讓孩子跟自己一起睡，這麼一睡，就睡到了八、九歲，有的甚至十幾歲還跟爸爸媽媽「同床共枕」，而父母也寶貝地不得了，每天晚上總是又摸又抱的，讓孩子形成心理上的依賴與情感上的依附，總以為跟爸爸媽媽一起睡覺才有安全感、才能睡得著。以致一分開睡覺就焦慮、不安，恐懼地難以入睡。

正是以上的兩種原因導致我們的孩子始終沒有辦法自己獨自睡覺，無法很快地「獨立」起來。兒童保健專家認為，讓孩子獨立睡眠不僅是衛生保健上的要求，對孩子的獨立性和健全的人格發展同樣有好處。它不僅讓孩子有獨立的機會，更有益孩子身體健康，培養孩子健康的性取向，同時增加夫妻感情交流的機會。因此，讓孩子與自己分床睡覺勢在必行。可是，怎麼做才能把一直和自己一起睡覺的孩子「趕」走呢？這個過程中必定會遇到兩種挑戰：第一是孩子對父母的依賴心理；第二是孩子的恐懼心理。如何應對這樣的挑戰，可以借鑑以下經驗：

▶ **講道理並做準備**：先要讓孩子明白獨睡是一個人長大的象徵，而不是父母從此不再愛他了。此外，要逐漸培養孩子晚上睡覺不亂踢被子和小便時告知大人的習慣。

▶ **布置一個孩子喜歡的環境**：父母可以發揮孩子的主動性和想像力，和孩子一起布置他的小房間或小床鋪，父母要盡可能滿足孩子的願望。這樣，孩子會感到他長大了，有了自己的小天地，自己可以說了算。這首先是從心理上滿足了孩子獨立的需求，同時又為孩子創造了單獨睡眠的環境。

▶ **循序漸進，先分床，再分房，讓孩子慢慢適應**：誘導孩子睡覺時，可輕輕拍拍背，讓孩子有種安全感，安靜入睡。有的家長分床後一見孩子哭鬧，就難以堅持，又讓孩子回來同睡。這樣不行！成功做到讓孩子和父母分床而睡並固定成為習慣，不是一夜間就順利完成的。而過程中也難免反覆。但家長既然已下決心，就要持之以恆。這樣，好習慣才可能日趨鞏固。

▶ **讓孩子保持愉快心情去睡覺**：父母與孩子分床睡時，要給孩子創造好心情，尤其在晚上入睡前，可以給孩子講講笑話或故事，讓他心情放鬆。也可以和孩子一起聽聽輕柔舒緩的音樂，但不要講鬼故事或者聽節奏過快的音樂。

▶ **給孩子找個替代物**：這時如果孩子需要，可以給他找一個替代物。例如，讓他抱著媽媽的枕頭睡覺，或者抱著自己喜歡的娃娃睡覺等。時間長了，孩子適應了一個人獨睡時，父母可撤掉替代物，但切不可操之過急。

▶ **給予孩子安全感**：在和孩子分床睡的過程中，給予孩子安全感非常重要。父母一定要注意遵守和孩子的承諾，給予及時的幫助和保護。比如，在與孩子分床、分房睡覺時，家長可以打開孩子房間的門和自己房間的門，讓兩個小空間連接起來。這樣，孩子會感到還是和父母在一個房間裡睡覺，只不過不是在一張床上。

▶ **適時強化**：對孩子好的表現，要及時肯定表揚。當孩子出現反覆時，要多鼓勵他好的行為，也可以在孩子入睡前多陪他一會兒，使孩子儘快地適應獨自分床睡。

只要能做到以上幾個方面，讓孩子自己睡覺，培養其獨立能力就不再是一件難事！

自己的事情自己決定

「生命的價值在於選擇。」但做家長的常常忘記這點，他們不讓孩子做選擇，總是忍不住要為孩子選擇。於是，孩子只能按照家長的決定去做。那麼，這些決定越正確，其窒息感就可能越強。一方面，孩子獲得的資源越來越多，能力也越來越強，但另一方面，生命的熱情卻會越來越低。他們感受到這點，於是想對家長說「不」，但又一直被教育要聽話，所以連「不」也不能說了，只好用被動的方式接受。如此一來，開朗的孩子也會變得沉默寡言，內向的孩子更加「鶴立雞群」。

　　小貝是某大學理科系所的大二學生，因為成績較差，被學校勒令退學。他對於學校取消他的學籍沒有怨言，他只怨家長當初為他決定他的志願，才導致了現在的結果。

　　原來，小貝在兩年前填大學志願的時候，由於個人興趣與學科優勢在文科，所以他想填的是與文科相關科系。但是，他的父親認為只有學工科才有前途，執意要求小貝把志願改為機械與動力工程學，再加上小貝的性格有些內向，也就選擇了服從。後來，小貝因成績優異，順利被某大學機械與動力工程系錄取。由於他主修的科系對物理的要求比較高，缺乏相應物理學科的扎實基礎，小貝一入校，在主修科目上就感覺非常吃力。再加上小貝對現在所學的主修科目沒有興趣，於是逐漸陷入惡性循環：越學不好就越沒興趣，越沒興趣就越學不好。大一下學期，一學年累積下來，課業上的問題在期末考中完全曝露出來，他有四科考試不及格需要重修。校方根據規定，原本要開除學籍，但是考慮到該同學有改過的覺悟，就給了他一次試讀的機會，要求他四門重修課中至少要有三門能夠補考及格。可是在補考中出現奇蹟，小貝只有兩科補考及格，學校只能勸他退學。

　　小貝後來稱：「在填志願的問題上，我們這一輩人都沒什麼自主權，一般是由家長決定。他們做決定最重要的依據是班導師的意見，我們的興趣和意願僅供參考。當然，班導師的意見通常還是以我們的基本情況為基礎，但如果我們的要求和家長的決定有出入甚至背道而馳時，最後總是我們屈服在家長的壓力下，選擇家長認為合適的科系。」

　　現實生活中，像小貝經歷的這種事情時常發生。反映出在不少家庭中，家長的「霸道」作風十分盛行，他們往往簡單粗暴地剝奪孩子的選擇權，使孩子淪為毫無思想的「傀儡」。一個人無法選擇自己喜歡做的事情是很痛苦的，對此，家長同樣應該明白：孩子也是人，也有自己的喜好，強迫他們去做不願做的事情，孩子總會不開心。如果一味地讓孩子按家長的意圖去行事，就可能引起孩子的敵對情緒和反抗行為。

　　有研究顯示，總是由家長做決定的孩子，長大後常常缺乏判斷力和選擇的能力，而且缺乏責任感，甚至不知道如何對自己負責。因此建議家長

給孩子一點做決定的機會，讓孩子學會如何做決定。

　　一個人的主動性往往是發自內心，如果是被強迫做一件事，常常是口服心不服，缺乏主觀能動性，而如果是自己經過考慮後作出的決定，他就會堅持不懈地去追求，直到成功。家長一定要深刻明白這個道理，在對待孩子的意願時，千萬不能強迫孩子，否則，就算你天天督促孩子，孩子也不可能因此而奮發圖強。

　　高爾基說過：「愛孩子，是母雞都會做的事。」但家長的觀念不同，愛的方式也就不同，建議家長不妨嘗試：大人「放手」小孩「動手」的教育方式，孩子能夠做的事決不包辦，要對孩子說：「自己的事自己做，自己的事自己決定。」

　　其實，只要不是原則性的問題或危險的嘗試，家長都可以放手讓孩子自己做決定，而且要多提供機會，讓孩子獨立思考，真正自己做決定。在此過程中，家長千萬不要左右孩子，要給孩子單獨思考、學習和玩耍的時間和機會，這樣，孩子才能成長為一個獨立、有主見的人。

幫助孩子克服懶惰惡習

　　俗話說「業精於勤而荒於嬉」。「勤勞」、「勤奮」自古以來便被人們推崇和讚美，它能給人們帶來纍纍碩果；而「懶惰」只會遭到他人的反對和鄙視，最終使人兩手空空。可以說，懶惰是人生成功和幸福的大敵。對孩子來說，同樣如此。

　　第一，懶惰是一種心理上的厭倦情緒，或行為上的倦怠情緒。懶惰的思想和行為將會腐蝕孩子的靈魂，讓孩子變得精神不振、不愛動腦、不喜歡學習。

　　第二，懶惰更是一種慢性毒藥，它能慢慢地征服人的勇氣、消磨人的意志。一個懶惰的孩子總是怕重就輕，缺乏生活責任感，缺乏鬥志，更缺乏挑戰難關的勇氣。在面臨困難的時候，他最直接的做法就是逃離。

第三，懶惰的孩子體驗不到「付出」以及「生活」的諸多樂趣。他們總寄希望於別人，希望有人能幫助自己度過難關。而自己卻缺乏行動力，不喜歡主動付出，更不能自立自強、自我勉勵。這樣的孩子對生活缺乏熱愛，長時間陷入疲乏不堪的狀態中。

第四，懶惰容易使孩子的生活自理能力低下。想一想，一個連襪子都不會洗的人，會有多強的生存能力？一個連生存都成問題的孩子，又有多少獨立的能力去面對成功所必須要經受的曲折與磨難？

有這樣一個發人深省的小故事：

有個懶人，他靠著上輩人留下的家產過活，平日裡這個懶人除了吃就是睡，什麼都不做，懶得三年都不洗衣服，整個人又髒又臭。

慢慢地，懶人坐吃山空，終於花盡了祖宗留下的一分一厘，最後還把房子賣掉了。懶人花盡了所有錢財，開始過著有一餐沒一餐的困頓生活。

懶人已有好一陣子沒好好吃上一頓飯。一天，他想，如果再這樣下去自己很可能會被餓死，於是終於下決心要工作養活自己。

懶人首先來到鐵匠鋪，對打鐵師傅說：「請收留我吧，我可以幫你管帳。」打鐵師傅停下手中的鐵錘說：「我這小小的鐵匠鋪，用不著管帳，倒是缺一個打鐵的助手，你若願意，可以試試。」懶人看了看大鐵錘，搖搖頭走了。

接著，懶人又來到茶館，他哀求茶館老闆說：「請收留我吧，我可以幫你看門。」茶館老闆一邊忙著給廚灶加水，一邊說：「我這個小茶館，用不著專人看門，倒是缺一個挑水的人，如果你不怕吃苦，可以留在這裡。」

懶人低頭看了看那兩個大水桶，搖搖頭又離開了……

懶人的最終下場我們可想而知。同樣，一個懶惰的孩子，長大以後，連自己的基本生活都難以維持，更別說前途和發展了。

其實，每個孩子都會有惰性，如何讓孩子去克服才是問題的關鍵。要幫助孩子克服懶惰的惡習，以下的方法值得借鑑：

　　第一，家長要親自示範。家長言行一致極其重要，家長想在孩子身上培養某種特質，首先就應從自身開始。讓孩子看到家長努力工作的情景，對培養孩子的勤勞的特質會非常有利。

　　第二，激發孩子的興趣，展現榜樣的魅力。孩子在對所做的事情不感興趣時，就會產生惰性心理，所謂「興趣是最好的老師」，沒有濃厚的興趣，就會缺乏動力，於是就容易懶散。此時，父母就要從各方面激發孩子的興趣，培養孩子的興趣和勤奮的思想，有利於孩子克服懶惰心理。

　　在劍橋讀書的孟雪瑩是一個靠勤奮獲得成功的例子。在她小的時候，父母就用「頭懸樑，錐刺骨」的勤奮讀書故事來教育她。因此，孟雪瑩小小年紀就對勤奮有著自己的看法，讀高中時，她在日記裡這樣寫道：「理想好立，目標好定，但難的是實現目標的過程。」人多多少少都有點惰性，在目標確定時，信誓旦旦，但真正實施目標的時候，卻只是 3 分鐘熱情……

　　對於孩子來說，念書的確是件苦差事，然而，在高強度的學習壓力下，只有鍛鍊孩子的毅力，才能讓孩子在成功的路上邁出扎實的一步。

　　第三，家長要重視對孩子的勞動教育。家長要想讓孩子熱愛勞動，首先要重視對孩子的勞動教育。

　　有一部日本紀錄片是講述狐狸的：

　　狐狸媽媽對自己的小狐狸非常照顧，可謂舐犢情深。小狐狸漸漸長大了，狐狸媽媽卻像發了瘋似的要「趕」小狐狸離開溫暖的家。剛開始，小狐狸們都不願意離開舒適溫暖的家，但狐狸媽媽就是不讓小狐狸們回家，牠又咬又趕，非要把牠們都從家裡攆走。最後，小狐狸們只好夾著尾巴落荒而逃，去開始自己的獨立生活。狐狸媽媽看似冷酷，但是，牠卻懂得小狐狸應該學會勞動、學會自己去捕食，這樣才能生存下去的道理。

　　任何一位家長都應學習狐狸媽媽的這種精神，只有讓孩子學會勞動。只有讓孩子學會獨立，孩子才有能力在這個世界上生存。因此，在日常生活中，媽媽一定不要溺愛孩子，應讓孩子做一些能力所及的事，同時以社

會生活實際、家庭生活實例等告訴孩子勞動的重要性。

第四，不要打擊孩子勞動的積極性。當孩子表現出勞動的主動性時，做媽媽的絕對不可以潑冷水，而應該用極高的熱情鼓勵孩子：「噢，寶貝知道幫媽媽做事，是個大孩子了！」「快來看，小華洗的手帕真乾淨！」也許，由於孩子剛剛接觸家務。手腳還不夠靈活，常常會出麻煩，如桌子越擦越髒、地掃得亂七八糟等。這時候，家長千萬不可對孩子失去耐心和發脾氣，如果那樣，孩子勞動的積極性很容易被打消。另外，家長還要耐心地教給孩子做事的具體方法和技巧。孩子只有掌握了一定的方法和技巧，做起事來才會事半功倍，信心十足。

第五，家長應該多誇獎孩子。對於孩子來說，誇獎往往比責罵更有力量。因此，在孩子遇到困難的時候。家長千萬不要簡單地對孩子說：「你自己想辦法！」或把孩子景在一邊不管他，或者嚴厲地責怪孩子無能，這樣會讓孩子感到自己沒有本事，從而產生厭倦的情緒。在孩子的勞動過程中給予指導、給予鼓勵，培養孩子的勞動技能是很重要的。在孩子進步的時候，哪怕這個進步非常微小，家長也要鼓勵孩子，讓孩子從勞動中體驗到快樂和幸福。

第六，幫助孩子擺脫依賴心理。父母一旦發現孩子有依賴性，就必須及時糾正和改過。先了解孩子依賴心理的形成原因，以此為基礎，使用一定的策略。

不少孩子每天早上的起床問題讓父母費了不少心思，一次又一次叫孩子起床，可孩子總是賴在床上不起，一旦遲到了，反而會責怪父母沒有及時把他從床上拉起來。讓孩子準備上學，成了許多家長的心病。

老王也曾經歷這樣的折磨。後來，他知道自己要改變這種狀況，不能讓孩子再一味地依賴自己。首先，他把孩子上學能走的路線詳細地勘察了幾遍，幫助孩子制定好了可以安全到達學校的路線。在與孩子一起外出的路上，向孩子有意無意地講解一些交通常識。

透過近半個月的精心策劃和貫徹實行後，他找了一個機會跟孩子談了

一次心：「上學是你自己的事，晚上睡覺前上好鬧鐘，早晨自己起床，以後沒有人會叫你了，以後如果再起來晚了，就要自己去上學，遲到了只能由你自己負責。」

第二天，鬧鐘一響，兒子果然立刻跳下床，做好自己該做的事。

在對孩子施行教育的過程中，老王意識到，父母的包辦，會讓孩子失去鍛鍊的機會與對自己、對生活的責任感。

生活中，家長越是不冷靜，越是督促、批評，越是替孩子著急，孩子就越磨蹭，越不著急。像老王這樣不再讓他依賴，要求他自己去承擔後果的時候，孩子開始意識到，起床上學，那是我自己的事情。因為沒辦法依賴誰。所以孩子克服了依賴心理，不再懶惰、磨蹭，不再認為叫自己起床是大人的責任。老王的做法值得所有父母借鑑。

當然，孩子的懶惰，不是一天兩天就形成的，而改變孩子的拖拉性格也不是一時之功。所以，家長教導孩子的時候，要堅持不懈、始終如一。

不可忽視責任心的培養

責任心就是指一個人對自己、對家人乃至對社會應盡的責任的認知和態度。它是一個人成功路上必不可少的特質，更是當今人才選擇的一項重要指標。加強孩子責任心的培養，對孩子成人後自立自主、獲取事業成功有很大的幫助。蘇聯教育家馬卡連柯就曾明確指出：「培養一種認真的責任心，是解決許多問題的教育手段。」

一個有責任心的孩子才會努力，也才會有發展。有了責任心，孩子才不會事事依賴家長，這對於培養孩子的獨立性，具有舉足輕重的作用；有了責任心，孩子做事才會慎始而善終，不會因一點小挫折就產生懈怠的情緒，半途而廢。然而，責任心的缺乏卻是現在孩子在成長過程中普遍存在的問題。

王祥雲是家中的獨生子，在家百般受寵，從小過慣了「茶來伸手，飯

來張口」的日子。

現在，王祥雲已經是小學四年級的學生，可是，他依然什麼事都不會做，連削鉛筆、整理書包、穿衣服、綁鞋帶這樣的小事都還由媽媽和奶奶代勞。

王祥雲把這種「惡習」帶到學校中，班上的事情，他從來都不管，有什麼事情問他，他也總是一問三不知，有些時候，甚至不知道自己當天的作業是什麼。輪到他做值日生，可他還沒放學，就已經跑得不見蹤影了，老師批評他，他也總是擺出一副滿不在乎、不負責任的模樣，翻一翻白眼，漫不經心地說：「關我什麼事情呢？我是來學校念書的。」

由於王祥雲太沒責任心，所以同學們都不喜歡他，而他的成績更是一塌糊塗 ……

為此，爸爸媽媽非常困惑，他們不知道為什麼自己的孩子會是這樣子。

其實，每個孩子的成長都深深地烙印著成人教育的痕跡，孩子之所以沒有責任心，與家庭的教育有很大的關係。歸納起來，導致孩子對生活、課業持不負責任的態度有以下幾個方面的原因：

▶ **家長過度的代理控制和過分保護**：家長過度代理控制孩子，讓孩子習慣讓父母替自己做決定，沒有為自己負責的意識；而家長的過分保護同樣讓孩子因為缺乏鍛鍊而喪失了自己負責的能力。

▶ **家長不良、消極的行為的影響**：家長自己缺乏責任心，喜歡推卸責任。孩子的責任心是從家庭的環境中來的，一個孩子在缺乏責任心的環境中成長起來，他又怎麼可能有責任心呢？

▶ **孩子對責任心認知不清，甚至錯誤地認為所謂的責任，那是別人的事情，跟自己無關**：對孩子來說，什麼事情跟自己有關呢？比如作業認真完成，上課專心聽講，班上的值日生要做好，家裡自己能做的事情自己做 …… 所有一切，都是有責任心的表現。如果這些沒有好好完成，就說明沒有責任心。

　　故事中的王祥雲之所以缺乏責任心，是以上幾個因素綜合造成的。因此，要想孩子變得有擔當，變得優秀起來，家長應該從小培養孩子的責任心。而要培養孩子的責任心，家長必須讓他們養成對自己的行為結果負責的習慣。具體的做法如下：

▸ **讓孩子品嘗挫折、學會承擔**：孩子處於成長之中，對一些事表現出缺乏責任感也是正常的，因為許多時候他不知道責任是什麼。所以，為了培養孩子的責任感，家長可以適度讓孩子品嘗一下辦事不負責任的後果，教孩子如何去面對並接受這次失敗的教訓，從中成長。如孩子在學校違規受罰，一定要支持老師的做法，不要設法去替孩子解圍。孩子承受了懲罰，同時承擔能力也就增強了。

▸ **給孩子一個好榜樣**：孩子有模仿自己喜歡和崇拜的人的心理傾向，而父母在小孩心目中一般都具有絕對的權威。父母的言行舉止對孩子的影響是深遠的、巨大的。家長的所作所為，孩子是看在眼裡、記在心上，長期的耳濡目染不由得孩子不受影響，父母只有在生活中嚴於律己，給孩子做好表率，才能更好地去影響和教育孩子。

▸ **約定責任內容**：家長應該和孩子約定責任的內容，讓孩子明白該做什麼、怎樣做，否則將會受到哪些懲罰。孩子做事往往是憑興趣的，要讓孩子對某件事負責到底，就必須清楚告訴他做事的要求，並且與處罰連繫在一起。如把洗青菜的家務承包給孩子，要是沒做好，便不能吃所有的菜。這樣，孩子才知道每個人都要對自己的行為負責的。

▸ **第四，不要讓孩子逃避推卸責任**：要培養孩子的責任感，家長應當要求孩子勇於對自己的言行負責，不論孩子有什麼樣的過失，只要他具備承擔責任的能力，就要讓他去勇敢地面對，不能讓他逃避和推卸，更不能由大人出面解決。比如孩子損壞了別的孩子的玩具，家長就應要求孩子自己去幫人修理或照價賠償；孩子一時衝動打傷了人家，家長就應要求孩子自己去登門道歉，並鼓勵孩子去照顧被打傷的孩子。

▸ **要求孩子做事有始有終**：良好的責任心是要靠堅強的意志力和持之以恆的態度來維持的，而這恰恰是許多孩子所缺少的。孩子好奇心很

強，興趣愛好很廣泛，但缺乏堅持性、自制力，遇到一點困難和挫折就打退堂鼓，不願再堅持下去。這是孩子在成長中的問題，而非孩子沒有責任心。因此，為了增強孩子的責任心，家長平時就應當注意培養孩子做事有始有終、負責到底的良好習慣。

總之，責任心並不是與生俱來的，它需要在長年累月的生活中逐漸培養。無論在何時、何地，家長都要學會在點點滴滴的小事中培養孩子的責任心，讓孩子充當一些有意義的角色，使他們感到自己的行為對集體很重要，增強主人翁感。這樣，孩子才會變得更加有責任心起來！

吃苦教育不可或缺

「吃苦」是一種心理承受力。人在艱苦的環境中，戰勝的不是環境，而是自己。「逼」著孩子去「吃苦」，孩子不樂意，忍耐力就會降到最低點；加上他們心裡明白，家長逼他們去「吃苦」，是家長對自己平時怕苦的一種懲罰，於是更加強化了「負意識」。還沒出征就失敗了，又怎麼可能去獲得勝利呢？

其實，讓孩子吃苦應該融入日常生活中。對孩子不要太溺愛，讓他吃點苦，受點折騰；無論在生活上還是學習上，給孩子安排一定的自理任務，孩子能做的，家長絕不要包辦代替。

黃思路從小就接受媽媽的挫折教育。黃思路的媽媽常常對她講安徒生童話中〈豌豆公主〉的故事。

一個公主迷路了，走進一個鄰國的城堡。鄰國的皇宮裡沒人相信她是公主。為了驗證她到底是不是個真正的公主，為她鋪床時，皇太后在7層厚厚的床墊下放了一粒豌豆。第二天早上起來，公主抱怨說：「是什麼東西硌得我整整一夜都沒睡好，渾身都痛死了。」於是，所有人都肯定，面前的這個女孩，是一個真正的公主。

講完故事，媽媽問黃思路：「你想做這樣的公主嗎？你看她一輩子都

只能生活在皇宮裡，再好的生活都無法讓她滿足，整天吃不香、睡不著，多痛苦呀！」

黃思路的媽媽還說過這樣一件事：

「家裡裝冷氣時，沒裝在女兒的臥室，她委屈得哭了，說是夏天練琴太熱，需要冷氣，她班上學鋼琴的同學自己的房間都有冷氣。我覺得她說的不無道理，就把鋼琴搬到有冷氣的房間，解決了練琴的問題。但她的臥室依然是全家最悶熱的房間。她的思想還沒通，那天晚上，我就在她床頭放了一本《安徒生童話》，把書籤夾在〈豌豆公主〉那一頁。第二天，她就不再提這件事了。4 年後，我們再次搬家時，家裡已經有了 3 台冷氣。『1 個房間 3 台冷氣，全給你們用吧，我有電風扇就行了。』女兒說，『鋼琴也搬到我自己的房間吧，我不要當豌豆公主。』現在，女兒在大學裡，覺睡得很香，休息得很好。而去年我聽說南京有個大學新生，到學校報到後，就是因為沒有空調，幾天後忍無可忍，氣得跳樓自殺了。」

「嚼得菜根，百事可做。」為了孩子的健康成長和全面發展，家長們應該「狠」下心來，鼓勵孩子從小樹立不怕吃苦、敢於吃苦的信念，讓孩子經受更多的鍛鍊。

具體來說，讓孩子吃苦可以從以下幾個方面做起。

▶ **讓孩子做能力所及的家事**：家長應該督促孩子多做些家事，特別是孩子自己的事情，盡量讓孩子自己去做。比如，洗臉、穿衣、穿鞋、整理圖書玩具、打掃房間等，這樣既能培養孩子的吃苦精神，又能鍛鍊其生活自理能力。

▶ **有意給孩子設置困難和障礙**：家長在給孩子設置困難和障礙時，要注意孩子的年齡，設置障礙的困難程度須是孩子透過努力能夠克服的。例如，孩子拿不到他想要的物品，家長不要馬上拿給他，而要讓孩子透過自己動腦思考，想出辦法，拿到物品。

▶ **培養孩子的抗壓能力**：家長在平常跟孩子玩遊戲時，不能光是挖空心思地滿足孩子的要求，而應學日本、瑞士的家長，千方百計地對孩子

進行「吃苦教育」：帶孩子登山、野營，讓孩子自己動手撿柴火、備食物，定期讓孩子到艱苦的地方生活，鍛鍊其生活自理、獨立的本領，培養其挑戰困難與挫折的能力。

當然，讓孩子吃點苦還應注意技巧。常聽到一些家長一本正經地對孩子說：「今天，我就要讓你嘗嘗吃苦的味道。」其實，這種吃苦教育是沒有意義的，正確的做法是要在孩子玩得最高興的時候、或者在日常生活中，在孩子不知情的情況下進行。同時，吃苦教育不可過分，應該是在孩子可以承受的範圍內進行。對於家長來說，一方面不能表現出心疼和不高興，另一方面也不能後悔自己的行為。

訓練孩子的心理承受能力

當今，不少孩子常因一些在大人看來微不足道的事件，如家庭關係、學習、交往等小問題而離家出走，甚至自殺。為此，有家長和老師感慨：「孩子越來越嬌氣了，心理承受能力也越來越差了。」一個人只要參與社會生活，就會遇到各種壓力、困難和挫折。對此，有的人堅強、樂觀、勇敢地去戰勝它；有的人就顯得懦弱、悲觀，處處逃避它。我們應教孩子做前者，而培養孩子形成遇忙不亂、寵辱不驚的心理素養，是保持健康心態的基礎。

心理承受能力是一個心理素養問題，反映一個人對待困難與挫折的理智程度，社會風險意識，對自我思想、情緒、行為的控制能力。因此，心理承受能力的培養，應該以良好行為習慣的形成為基礎、以心理健康教育為主要內容循序漸進地開展。

甘小歐是個乖孩子，可就是太嬌氣，很容易灰心或傷心，即使家人在他面前說話也要小心翼翼，怕無意間傷害了他。父母感到擔心，長此以往，孩子長大後怎麼能在社會上獨當一面呢？

有一個週末，爸爸帶著甘小歐來到兒童遊樂園玩，甘小歐很高興。在

玩了幾個遊戲後，爸爸指著旋轉的雲霄飛車對甘小歐說：「你看，那些小朋友玩得多快樂啊！你想不想跟他們一樣，體驗一下飛的感覺？「

甘小歐羨慕地看著別的小朋友，小聲說：「我也想玩，可害怕……」爸爸鼓勵他道：「男子漢，怕什麼，還有老爸我呢！」甘小歐在爸爸的鼓動下，開始躍躍欲試了。爸爸跑去買了兩張票，在甘小歐面前晃著問：「敢嗎？」甘小歐被激得頭一仰，說：「有什麼不敢，走吧！」

雲霄飛車開始旋轉了，甘小歐被嚇得把眼睛緊緊閉上，聽著別人的尖叫，心提到了嗓子眼兒。他在心裡默念：我是個男子漢，我要勇敢……好像過了很長時間，車終於停了。爸爸拍了拍他的肩膀，他睜開眼睛，啊，天好像更藍了。爸爸對他豎起了大拇指，他覺得自己一下子長大了

其實，每一個家長都疼愛自己的孩子，都會千方百計地為孩子創造良好、安寧的生活環境——不管是在學習上還是在生活上，總是給孩子最好的，寧可委屈了自己，也決不委屈孩子。可是，要想讓孩子堅強地走好成長的每一步，在未來社會的競爭與挑戰中立於不敗之地，明智的家長應該從小就開始關注孩子的心理承受能力，培養孩子平和的心態，讓孩子在體驗中學會面對困難並戰勝困難最終建立自信、樂觀的品格。

讓孩子學會公平競爭

現在的孩子好勝心強，什麼都想得第一。如有個小孩叫高藩，由於她所處的環境，再加上她本人小學時成績也確實不錯，人們把她的優點過於誇大，缺點忽略不計了。在她的印象中，不管在什麼方面，別人都不如她。其實，在孩子小的時候就應該讓孩子明白，一個人有成功的地方，也會有不如人的地方，樣樣都是你第一那是不可能的。同時，對孩子的薄弱環節應鼓勵他多練習，提供給孩子一個公平競爭的機會，讓孩子意識到自己會成功，也會失敗，不管是成功還是失敗，只要是經過自己努力，都應覺得自豪，而不是只接受成功，拒絕失敗。

培養孩子的適應能力

在日常生活中，家長要從現實出發來引導孩子，讓孩子坦然地面對現實，全方位經受各種情感體驗。無論是快樂、自信、希望還是痛苦、失望、拒絕，對孩子來說，都是一種不可多得的經歷。

父母要經常關心鼓勵孩子

父母每天要抽出一些時間，在輕鬆自如的氣氛中，和孩子推心置腹地談談學習、生活，鼓勵孩子不加掩飾地談談自己遇到的困難，遭受的挫折。同時，父母也應該談談自己平時在工作、生活中遇到困難時是如何對待的。當孩子遇到困難時，父母千萬不能大聲斥責或粗暴責問，而應施以更多的關愛，如給孩子安慰，使他緊張的情緒得以鬆弛；或與孩子坐在一起，若無其事地跟他談心，讓孩子主動訴說自己的不幸與委屈。只要父母能認真地聽其傾訴，父母充滿愛的信任和鼓勵，就一定會鼓起孩子的勇氣，激發他的自尊和自信，使其儘快擺脫不愉快的情緒，高興地投入到學習、生活中去。

盡量少奉承孩子

許多孩子是在充滿奉承的環境中長大的，即使孩子做了一些他應該做的事，周圍的人總是讚不絕口；孩子犯了錯誤，家長怕「刺激」孩子，千方百計地幫孩子找藉口。這使孩子任性、虛榮。不奉承孩子，就是不單純地去討孩子的歡心，就是善於讓孩子承擔他應該承擔的義務，就是讓孩子清楚什麼是對、什麼是錯，什麼應該做、什麼不應該做，從小就正視自己遇到的每一個問題。

及時排解孩子的心理壓力

有時孩子會面對一些他自己無法承受的心理壓力，這時就特別需要家長進行積極的排解和疏導。常用方法是：跟孩子談心，解開他們思想上的疙瘩；給孩子做出某些承諾，消除顧慮；幫助孩子分析原因，解決問題；

鼓勵孩子堅強，自信，化解心理壓力；善意關心孩子的事，不論與心理壓力有無直接關係，都會使孩子獲得信任感；從事一些文體方面的活動，轉移孩子注意力。

▌有目的地進行「心理操練」

心理和生理一樣，必須透過一定的鍛鍊活動才能更健康。為培養孩子的承受能力，可有目的、有計畫地開展一些「心理操練」。比如，可在體育活動中有意識地培養孩子的意志力；透過組織各種活動來樹立孩子的自信心；開展「生活自立能力比賽」等，使孩子樹立正確的競爭意識；有時，在孩子取得成績的時候可出點難題，在他們失敗、失意的時候給予鼓勵，教育孩子「得之不喜，失之不憂」，始終以平和自然的心態參與生活和競爭，這樣，就能夠經得起未來人生路上的風風雨雨。

第八章
家庭結構不同，重在因材施教

　　一位犯罪心理專家說過：「與家庭功能相比，家庭結構在孩子的成長過程中更為重要。」家庭結構是指家庭人員的構成及其排列順序。家庭結構不同，家庭氛圍也不相同，對孩子的影響和教育也各異。從某種層面上來講，家庭結構直接影響家庭教育水準，有什麼樣的家庭結構就有什麼樣的家庭教育。對此，家長要有正確的、合理的認知，要根據孩子所處的不同家庭結構，給予孩子最適合的教育。

單親家庭對孩子成長的影響

所謂「單親家庭」，一般人直覺認為是離異家庭。但隨著家庭、社會結構的多元，家庭可能因為各種因素而造成單親，如離婚、配偶死亡、配偶工作居住兩地、甚至未婚先孕等。

據統計，英國單親家庭 2005 年比 1995 年增加 8 倍，占全國家庭總數的 1/16，而到 2008 年則占 27%，2009 年占 30%；英國每三個孩子就有一個孩子是單親家庭的子女。美國每五個孩子就有兩個孩子是單親家庭的子女。

2010 年歐盟所有國家新生兒統計數目之中，有 24.3% 為非婚生子女，其中丹麥 46.3%，英國 35.5%，法國 38.8%，另有非歐盟成員國冰島達最高比例 60.7%，也就是平均三個新生兒就有兩個是非婚生的。

目前，社會輿論一般都認為，單親家庭在教育和養育子女的問題上存在重大缺陷。有人把單親家庭的孩子直接稱為「問題孩子」，這種說法雖有偏激之嫌，但單親家庭的孩子比雙親家庭孩子存在的問題要多，這是不爭的事實。

有個 29 歲的男子吳某，與妻子結婚已 4 年，婚前妻子懷孕過兩次，婚後幾年間連續 3 次懷孕，但都被吳某以「我還年輕，還沒做好當父親的準備」為由拒絕了。

今年春節前，妻子又懷孕了，她不願做高齡產婦，便執意向丈夫表態要生下孩子。吳某勸阻無效，春節後悄悄從家裡搬了出去。已經懷孕 6 個多月的妻子，前幾天挺著大肚子來找社工，淚眼婆娑地尋求專業人士的幫助，希望能勸回丈夫。

社工人員找到了在別處租房獨住的吳某，不料這個年輕人也是一把鼻涕一把眼淚講述了自己的痛苦。原來，在他 3 歲時，母親拋棄了他和父親，他一直與從事技術工作的父親生活、長大。多年以來，父親常常告誡他「女人沒有一個好東西」、「結婚可以，不要生孩子」等家訓，他對婚

姻尤其對孩子有種畏懼感。他告訴心理專家：「我想到孩子就好怕，雖然我知道這是心理疾病。」

由於吳某兒童時代沒有母親的教育與照顧，對其日後人際交往能力、語言表達能力及抵抗壓力的能力影響很大，在無力解決現實矛盾的情況下，選擇了逃逸。這是典型的「問題孩子」的問題表現。

單親家庭的孩子與父母雙全家庭的孩子相比，既有共同點，又有不同的特點。因此，教育單親家庭的孩子，除了用一般的教育方法之外，還應該採用一些特殊的措施和方法。

1. **給孩子充分的愛護**：家庭的親人與學校老師都要給單親家庭的孩子更多的愛護，以補償孩子失去的愛，使孩子心靈上的創傷得以癒合，使他們身心健康。父母給孩子的愛是真摯無比的，能給孩子無限的力量。但是，單親家庭的孩子既然已經在不同程度上失去了這種愛，那麼其他的有關親人、老師及同伴對他的愛也能在一定程度上給了彌補，成為鼓勵孩子在人生道路上邁進的動力。

2. **滿足孩子必須的物質要求**：單親家庭即使經濟條件較差，也應該盡量關心孩子的生活，盡量為孩子創造必要的物質生活條件，使他們的物質生活水準與一般父母雙全的家庭的孩子相差不是太大。如果稍微差些，也應該盡量向孩子說明道理，消除其自卑心理，使他們能正確對待。

3. **引導孩子積極參加團體性的社會活動**：單親家庭的孩子由於遭受不幸，往往心情壓抑、性格內向，不喜歡社交。為此，家長和老師要特別注意引導他們參加團體性的社會活動，以培養其積極心態和優良性格。

4. **培養孩子多方面的興趣和某種特長，鼓勵孩子積極進取**：單親家庭的孩子由於心靈受了創傷，容易心情憂鬱，而家長應該設法轉移他們的消極情緒。比較好的辦法是幫助他們培養各種興趣或某種專長，如學習樂器、唱歌、繪畫等，並鼓勵他們不斷努力，盡力得到好成績。這

樣，孩子在生活中有了興趣嗜好，有了追求的目標，生活態度就會樂觀，性格也會在活動中受到鍛鍊而日益堅強，以致最終會從消極、悲觀的情緒中擺脫出來。

重組家庭對孩子成長的影響

重組家庭孩子的心理健康問題是個不容忽視的重要問題。父母的分離或喪父、喪母已經使這些孩子經歷了一次磨難，父母的再婚又使他們面臨更為複雜的生活環境。

這是一位老師在網路上發表的文章：

一天，我班上的李力找到我：「老師，我和繼父的關係不好，回到家後，我們不說話，我覺得很彆扭、很壓抑，我害怕回家，這事已經影響到我的課業了。我該怎麼辦？」

我告訴他，慢慢說，不要急。同時，觀察了一下他的穿著：上半身穿了件新款的羽絨，下著一條新潮的牛仔褲，腳上是一雙質料不錯的休閒鞋。

接著，李力告訴我：「我原本有個幸福的家，爸爸、媽媽、爺爺、奶奶都很愛我，那時候，自己是一個活潑、開朗、快樂的孩子。在我 12 歲的時候，由於出車禍爸爸不幸去世了。

「半年後，媽媽帶著我來到現在的家，現在的家裡除了繼父，還有一個姐姐、一個哥哥。姐姐很關心我，我們姐弟關係很好，姐姐考上大學後，還常寫信鼓勵我要好好念書。

「繼父從來沒罵過我，也沒打過我，我跟他不說話，就是因為我一直都不願意和他說話，老覺得他不是我的父親。

「繼父對我挺好，他對我越好，我心裡就越彆扭。

「老師你想啊，在一個家裡，整天見面不說話，要多彆扭有多彆扭 ……」

聽了李力的敘述，我分析了一下：隨著年齡的增長，李力逐漸走向成

熟，儘管仍然保持著與繼父的牴觸，不願意接受繼父，但內心其實早就把繼父當成親人了。這從他描述繼父時的表情中就看得出來，這也正是他痛苦的原因。一方面，覺得接受繼父是對生父的背叛；另一方面，繼父默默為他所做的一切，又讓他感到自己的冷漠與不近人情。

在新的家庭組成時，家庭成員沒有共同的家庭歷史或為人處世的共同方式，他們還可能有不同的信仰。此外，孩子可能處在已離異的雙親之間備受折磨：一方是與他們長期共同生活的親人，另一方則定期看望他們。新婚夫婦也可能沒有時間調整，以適應他們之間的新關係。

一般說來，重組家庭的孩子或多或少都有以下問題：

▶ 有的孩子情緒很不穩定。情緒外顯的孩子經常激動，無故憤怒、煩躁，對家庭及周圍的一切採取猜忌、歧視和非難的態度，甚至尋釁滋事，出現攻擊性行為，主要行為特徵是針對他人。

▶ 有的孩子心理活動比較內隱，不輕易表現出來。這類孩子易情緒消沉、憂鬱少動、少言寡語、缺乏自信心等，嚴重時可能發生自虐行為，主要行為特徵是針對自己。

▶ 有的孩子易產生強烈的自卑感和不安全感，性格孤僻，缺乏交際能力，精神負擔沉重。

▶ 有的孩子主觀偏激，暗恨、埋怨、憂傷、失望的情緒體驗導致其心理失衡。一方面自怨自艾，顧影自憐；另一方面遇事容易由「責己」變為「責人」，把對自己的不滿投射到別人身上。

對此，家長應怎麼辦呢？

第一，引導孩子對周圍環境有正確的認知。平時，家長應注意觀察孩子的言行，及時解開其思想癥結，努力減輕他們的心理壓力，幫助他們正視現實。對他們多關心體貼，使孩子有傾訴之處，引導他們融入團體中，孩子的團體生活一旦正常，許多問題就能迎刃而解。不要把孩子當出氣筒，不要採取過分偏激的教育方式，多與孩子交流，關注他們的心理感受。

第二，重視對孩子進行健全人格的教育。在對重組家庭孩子進行心理疏導的過程中，要貫穿兩個字，「情」和「理」，教育孩子要學會寬容，學會面對現實，如實向孩子說清楚父母之間的事情，並告訴孩子，孩子永遠是父母的至愛。引導他們掌握讀書技巧、學會生活技能。重組的家庭從某種意義上說也給孩子提供了磨練意志的機會，從逆境中走出的孩子，容易學有所成、有所作為。同時，家長對孩子進行教育時要關愛有度、期望有度，不要讓孩子捲入父母之間的矛盾。在尊重的基礎上關注孩子，避免進入情感教育和極端教育的歧途。要善於體察孩子的內心變化，避免自己的言行傷到孩子，多進行正面引導。要創造多邊活動的環境，豐富孩子的精神生活。

第三，積極為孩子創造高峰體驗的機會。高峰體驗是一種自我實現之後內心十分滿足的積極的情緒情感體驗。高峰體驗多的人，其成就感高，自信心強；反之，高峰體驗少的人更容易自卑、消極、冷漠。因此，重組家庭應該注意引導孩子發展多種的技能，培養廣泛的業餘愛好，以便與其他人在更多方面產生共鳴，從「自卑與補償」的角度來強化自信。

第四，多方協同教育，使孩子避免受外界不良影響。長期生活在重組家庭中的孩子對外界刺激往往較為敏感，這點既有好處也有壞處。對此，家長應注意採取正確的引導方法，讓孩子接受外界良好的刺激，避免社會壓力對其造成不良影響。

隔代家庭對孩子成長的影響

生活中，常聽父母這樣感慨：「工作真忙，哪有時間照看孩子呀！」於是乎，他們乾脆把孩子推給自己的長輩。這樣一來，自己倒省事了，可孩子受到的隔代教育卻讓人擔憂。

從某種程度上來說，不管出於什麼原因，父母自己不帶孩子、不親自教育孩子就是失職的表現。

隔代教育的弊端主要表現在以下方面：

思想觀念陳舊

隔代家庭中祖輩家長受教育年限明顯低於核心家庭父輩家長的受教育年限，且教育觀念陳舊、落後。有人做過這樣的調查，在「人所經歷的一切都是命中注定」這個問題上，83％的祖輩家長同意這個觀點。他們認為孩子來到這個世界上是他們命中的安排，顯然，祖輩家長容易靜止地、片面地看待問題。而核心家庭中的父輩家長同意此觀點的只有21％，差異非常明顯。

調查發現，95％以上的家長沒有學習過如何教育子女這門學問，其中，隔代家長的這個比例接近100％。祖輩的世界觀形成於幾十年之前，當時他們受教育的程度低，知識面窄，他們中不少人對客觀事物的認知水準還停留在幾十年前。在與孩子的親密接觸之中，他們的觀念無意中會傳播給孩子，還有一些祖輩家長因知識水準低、思想陳舊，無意識地給孩子傳授不少封建迷信的東西，無形中增加了孩子接受新思想、新知識的難度。

容易忽略孩子的成長需求

隔代家庭中的祖輩家長大多數是退休人員，且年事已高。他們有自己的消遣方式，或做家事，或看書讀報，或從事第二職業，或娛樂等。祖輩家長休閒時與孩子在一起玩耍活動的時間少，對孩子的了解不及孩子的父輩。他們不了解孩子年齡、生理特點，不鼓勵孩子在戶外盡情奔、跑、跳躍、盡情玩耍。調查發現，在「孩子的缺點、錯誤是您自己發現的嗎」的問題上，無法經常發現孩子缺點的祖輩家長有33％，父輩只有3％。顯然，隔代家庭中的祖輩家長對孩子的了解、觀察不及父輩細心、深入，對孩子的發展有不利影響。

對孩子的個性發展有著極大影響

從諸多兒童心理諮詢個案中發現，隔代撫養方式可能導致孩子心理變異，產生某些心理問題。主要表現為：一是心理老年化。孩子長期處於老

年人的生活空間和氛圍中，耳濡目染老年人的語言和行為，這對於模仿力極強的孩子來說，極有可能加速孩子的成人化，更嚴重的還會造成孩子心理老年化。二是社交恐懼症。由於老年人大都喜歡安靜而不喜歡運動與外出，又顧忌孩子戶外活動的安全問題，而易使孩子的成長環境囿於狹小的家庭空間，缺乏應有的社會交往，不利於養成孩子開闊的胸懷，熱情、寬容的性格。這樣的孩子長大後，容易心胸狹窄，不善與人交際，甚或產生社交恐懼症。三是性格怪異化。人老後，思想很容易固定化，行為模式化，往往表現出固執、偏激、怪異的想法與言行。這極不利於孩子的性格培養，可能導致孩子產生怪異的心理和行為、人格的偏離、暴力傾向加劇等。四是心理脆弱化。老年人撫養孩子，常常是過分的關心和溺愛，包辦孩子的一切事情，使孩子缺乏獨立思考與活動的機會。長期下去，會使孩子缺乏獨立性、自信心和執行力，產生依賴心理，受挫力差。而父母撫養往往可以克服這些不足。

容易造成孩子與父母的感情產生隔閡

　　孩子長期與父母分離，他們之間缺少應有的溝通和交流，那麼，空間和時間的距離也會致使他們之間的心理距離越拉越遠。對於孩子而言，由於父母的角色缺位，「爸爸」和「媽媽」在他們心中只是兩個空洞的代名詞。他們感受不到父母的愛撫，無法像其他的孩子一樣享受父母的悉心照料；對於孩子的父母而言，他們儘管為了孩子，為了整個家庭付出了很多。但他們長期在外，根本無法真正地了解孩子想法和需求，而往往簡單地以充足的物質來補償對孩子的愧疚。然而，金錢彌補不了感情的縫隙，親子關係逐漸淡化。

　　所以，父母不管有多忙，都要抽時間與孩子在一起。把孩子的教育權、撫養權完全託付給祖輩家長，是對孩子極不負責任的做法。

核心家庭對孩子成長的影響

核心家庭指兩代人組成的家庭，核心家庭的成員是夫妻兩人及其未婚孩子。

在核心家庭裡，父母對孩子是「一對一」的關係，孩子的每一步成長都離不開父母的辛勞。孩子在這樣的家庭環境裡成長，受榜樣力量的影響是十分巨大的。也就是說，父母的一舉一動、一言一行都會給孩子帶來很多影響。

這是一個典型的核心家庭 ——

夫妻倆接女兒放學回家，車開到一半，兩人不知道為什麼吵了起來。聲音越吵越大，他們乾脆把車停到路邊討論起了離婚的事。5 歲的女兒坐在後排一直沒有說話。

一轉頭間，媽媽發現女兒居然在後排坐著畫畫：兩個人人冷冷地對立，中間躺著一個小孩。

「地上的小孩怎麼了？」媽媽問她。

「死了！」她說。

「這小孩是誰？」

女兒背轉身子說：「是我。」

「妳怎麼會死了呢？」

沉默了好一會兒，女兒說：「因為爸爸媽媽吵架、分手……」

夫妻倆默然了。他們都在心裡暗自思忖：就算僅僅是為了孩子的身心健康，也應該少吵架。

孩子的內心敏感而脆弱，在他們成長的過程中最需要的就是安定、安心、安全的環境與父母完整的愛。父母和和氣氣、恩恩愛愛，就能讓孩子擁有一個溫暖安全的生活港灣，就能讓孩子獲得更多進取的力量。

可是，在核心家庭裡，由於缺乏其他家人的意見參考，大多數父母在

養兒育女方面表現得有些「嫩」，往往不知道該如何拿捏教育的分寸，以致有時竟「過了頭」——

勝勝一直讓爸爸引以為榮，可是最近，勝勝好像變了一個人似的。爸爸無論如何也想不到孩子會對自己說出「我要殺了你」這樣的話。事實上，在爸爸的嚴厲管教下，勝勝3歲不到就會背近百首唐詩，4歲就對大街上的汽車品牌「如數家珍」。不得不承認，小時候的勝勝是個人見人愛的孩子，而這「可愛」的背後卻是爸爸近乎「嚴苛」的填鴨式教育方式。

在勝勝上三年級時，他突然出現了「妥瑞氏症」的症狀，身體發生抽動的同時，對課業也徹底喪失了興趣。已經退學的勝勝目前正在接受心理輔導和藥物治療。爸爸後來後悔莫及：「如果當初我能多參考成功家長的教子經驗，斷不至於成為現在這樣子。」

可以說，勝勝之所以出現妥瑞氏症和厭學情緒，是爸爸對孩子早期教育不當造成的。面對林林總總的早期教育課程、教材，家長恨不得讓孩子掌握所有知識。家長望子成龍的心情可以理解，他們都不願意讓自己的孩子輸在起跑線上，於是給孩子報各種才藝班，家長因為互相比較而對孩子揠苗助長，這種做法其實只是無謂的腦力重複勞動，並讓孩子產生厭學情緒。據調查，20％的兒童過動症、抽動症伴有厭學情緒是由不適當的早期教育所引起的，而且這個比例正在不斷上升。

古語云：「欲速則不達」。急於取得教育成果只會使教育結果與教育者的初衷背道而馳，致使孩子難以健康發展，甚至還會傷害孩子的心靈，引發多方面的心理問題。

小明去遠方，把他在山中的庭院交給朋友小鵬留守。小明是個勤快人，把院子裡的雜草除得乾乾淨淨，而小鵬卻有些懶，除了偶爾掃一下落葉，那些雜草卻不去拔。回來後，小明發現初春院子裡冒出了幾簇草，後來能辨認出其中幾株臘蘭，據說，臘蘭一棵至少值萬餘元。小明很吃驚，嘆息說：「我幾乎毀掉了一種奇花啊，如果我能耐心等那些雜草長大，看看它們是什麼，那麼幾年前我就能發現臘蘭了。」

是的，我們總是盲目拔掉那些還沒來得及開花的野草，沒有給予它們開花證明自己價值的機會，使許多原本珍奇的「臘蘭」與我們失之交臂。

當前，大家都在提倡「不能讓孩子輸在起跑線上」，其實，這是一個很片面、有些急功近利的口號。作為核心家庭的父母，應給每一棵草開花的時間，給每一個孩子證明自己價值的機會，不要盲目地拔掉任何一棵草。

為了教好孩子，需要給孩子一個溫馨的家庭環境。此處，核心家庭的父母應多參考外界的意見，盡量避免一廂情願的施教方式。既要做好孩子的榜樣，又要做到不急不躁，耐心地等待孩子成長。

折衷家庭對孩子成長的影響

折衷家庭是指家長和一對已婚子女生活在一起的家庭模式，通常包括直系親屬三代人。

有人說，生活在折衷家庭裡的孩子是最幸福的。然而，不可否認的是，現在，許多折衷家庭都有「四二一綜合症」，即四個老人一對家長共同關愛一個孩子，溺愛已成為嚴重的社會問題。儘管報刊、廣播、電視經常提醒，專家、學者一再忠告，提倡人們不要溺愛孩子，但問題並沒有較好解決，溺愛仍然普遍存在。

在西方國家，孩子玩耍時，家長一般都不會緊盯著。一旦孩子摔倒了，她們往往只在不遠處注視，叫孩子自己爬起來繼續玩，孩子也很少哭。而我們常見的情況卻是，孩子玩時，爺爺、奶奶、爸爸、媽媽常常死盯在孩子後面，大聲喊著：「別跑！當心跌倒！」「別摸！那裡髒！」「別走遠了，危險！」。當孩子不小心被絆倒時，他們趕快上去抱起來，又拍又哄。孩子本來並沒有哭，見到這樣過度的反應反倒大哭起來……

許多情況下，家長的過分照顧、擔心和保護，非但沒能發揮保護的作用，還成了孩子沉重的負擔，對孩子的成長產生負面作用。以下的故事揭示的就是這樣的道理：

故事一：

> 　　惠施和莊子都受到魏王的賞識。一次，魏王把葫蘆種子給兩人，要他們比比日後誰種出的葫蘆大。惠施為了勝過莊子，非常用心照料，每天堅持施肥、除草。而莊子則比較懶，很少施肥、除草，有時間來望兩眼就走了。一段時間過去，惠施的「寶貝」竟然一株也沒活，莊子種的長得倒很「風光」，不久就豐收了，葫蘆個頭兒還不小呢！
>
> 　　於是，惠施就鬱悶了，他向莊子請教：「這是什麼道理啊？出力不討好啊？」莊子說：「我不是沒管理，我是在用心管理，我每次去望那兩眼，就是看它們快不快樂，如果長得很好，幹嘛還不停地施肥、施愛呢？如果一味地像你那樣愛，還不早給『愛』死了？」惠施恍然大悟：「是我的愛害了它們啊！」

故事二：

> 　　有個獵人在一次打獵時無意中碰到幾隻剛出生不久的小老虎，獵人覺得牠們很可憐，就把牠們帶回家中精心餵養。在獵人精心照料下，這幾隻小老虎慢慢長大了，牠們無憂無慮地生活，不愁吃、不愁喝，自在幸福。當然，牠們都被關在籠子裡，獵人為牠們設計的籠子溫暖而舒適。儘管剛開始牠們還很嚮往大自然，但是，時間長了，也就樂不思蜀了。
>
> 　　後來，有隻小老虎從籠子裡跑了出去，獵人到處找也沒找到。而其他幾隻呢？還在受著獵人精心的保護。
>
> 　　有一天，那個獵人外出打獵後再也沒有回來。結果，這幾隻習慣了被餵養和保護的小老虎就被活活餓死了。
>
> 　　而那隻當年跑出去的小老虎呢？牠已成了一隻野生虎。嚴酷的大自然鍛鍊了牠堅強的生存本領，牠獨自在野外，餓了自己捉獵物；渴了自己找水喝；受了傷，牠學會用舌頭舔傷口；遇到敵人，牠知道怎樣保護自己。

　　這兩則故事正說明，溫室裡的花朵經不起風雨。有些時候，過多的愛、過度的保護只會阻礙孩子身心的健康發展，使其各方面的能力無法隨著年齡增長而得到相應成長，從而使他們產生自卑、憂鬱的感覺。具體表現在：

▶ **過度的愛讓孩子性情軟弱**：專家認為，家長溺愛孩子，事事都幫孩子做，會讓孩子軟弱無能。家長在幫助孩子時，往往無形中向孩子傳達這樣一個資訊：我做是為你好，你做我不放心。長期這樣，會削弱孩子的自我價值觀，遇事不敢放手去做，無法在實踐中獲得應有的解決問題的能力，面對挫折無計可施。

▶ **過度的愛使孩子不善交際**：溺愛中的孩子，對自我的期望值過高，會在與其他孩子交往中遭遇不順。在學校，由於沒有得到「應有」的重視，沒有了「小公主」、「小王子」高高在上的待遇，心靈的落差使他與現實格格不入，無法融入團體中。同時，因為享受著過多的愛，孩子在與人交往中也只索取，不給予，或者很少給予，這是同學、老師所不喜歡的。

▶ **使孩子不懂感恩**：在很多折衷家庭裡，孩子一誕生就成了全家的焦點，大量無私的愛洶湧而來，孩子只是接受愛，不懂付出愛，久而久之就把別人的愛當成理所當然。這種沒有心靈回饋的愛直接導致孩子對社會、對家庭、對世界缺少應有的責任感。

▶ **使孩子喪失價值觀**：在溺愛中長大的孩子，腦中沒有形成一系列正確的價值取向。因為他們成長的環境都由家長撐著，他們很少有機會「深思」，這種「深思」在他們看來也常是多餘的，因為家長一直都在身邊。但當孩子踏入社會後，各種問題紛至遝來，孩子面對它們無所適從，往往會價值觀混亂，拿不定主意，找不準方向，走向墮落乃至犯罪。

總之，愛的無度，最終只會造成「無能」。一個無能的孩子又怎麼能夠幸福、快樂地成長起來呢？

以下是鷹家族的做法：

在美洲遼闊的草原上，生活著一種雕鷹，牠有著「飛行之王」的美譽。牠飛行的時間之長、速度之快、動作之敏捷，堪稱鷹中之最。被牠發現的小動物，一般都難逃脫牠的捕捉。但誰能想到那壯麗的飛翔後面卻蘊含著滴血的悲壯。

當一隻幼鷹出生後，享受不了幾天舒服的日子，就要經受母親近乎殘酷的訓練。在母鷹的幫助下，幼鷹沒多久就能獨自飛翔，但這只是第一步，因為這種飛翔只比爬行強一點。幼鷹需要成百上千次的訓練，否則就無法獲得母鷹口中的食物。第二步，母鷹把幼鷹帶到高處或懸崖上，把牠們摔下去，有的幼鷹因膽怯而被母鷹活活摔死。但母鷹不會因此而停止對其他幼鷹的訓練，母鷹深知，不經過這樣的訓練，幼鷹就無法翱翔藍天，即使能，也會因為飛行困難無法捕捉到食物而餓死。第三步則充滿殘酷和恐怖，那被母鷹推下懸崖還能展翅飛翔的幼鷹將面臨最後也是最關鍵、最艱難的考驗：因為牠們那正在成長的翅膀會被母鷹殘忍地折斷大部分骨骼，然後被再次從高處推下。許多幼鷹就是在這時成為悲壯的祭品，但母鷹同樣不會停止這「血淋淋」的訓練。

有的獵人動了惻隱之心，偷偷把一些還沒來得及被母鷹折斷翅膀的幼鷹帶回家餵養。可後來獵人發現，被自己餵養長大的雕鷹至多能飛到房屋那麼高便落下來，那長達兩公尺多的翅膀反而成了累贅。

原來，母鷹殘忍地折斷幼鷹翅膀中的大部分骨骼，是決定幼鷹未來能否在廣袤天空中自由翱翔的關鍵所在。雕鷹翅膀骨骼的再生能力很強，只要被折斷後仍能忍著劇痛不停地展翅飛翔，使翅膀不斷充血，不久便能痊癒，而痊癒後的翅膀，將長得更加強健有力。如果不這樣，雕鷹也就失去了這僅有的一個機會，也就永遠與藍天無緣。

無疑，母鷹的教育方式是明智的，牠用實踐告訴我們：不經歷風雨，難以成才，溫室的花朵沒出息。因此，折衷家庭的家長們應用全新的教育理念武裝自己，用實際行動改變愛的方式，鬆開緊箍的雙手，讓孩子自由飛翔。只有這樣，才能夠讓孩子健康、茁壯地成長。

第九章
別讓錯誤的家教觀耽誤孩子

　　當前，如何把自己的孩子培養成才已成為每個家長迫切關注的問題，但大多數家長往往缺乏正確的教育方法，他們僅憑個人的直覺和某些傳統經驗施教，使得家庭教育產生了許多問題，出現了許多錯誤。「明智的家長，成就孩子的未來；錯誤的家教，耽誤孩子的前途。」每位家長都應正視家教中的錯誤，切實轉變自己落後的家教觀念，學習正確的教育方法，真正掌握家教的藝術。

建立威信不是讓孩子害怕

在家庭教育中，家長威信的建立是教育取得成功的關鍵。家長沒有威信，與自己平時的言行有著極大的關係。有威信的家長，對孩子進行教育，孩子容易接受，令行禁止；沒有威信的家長，話講得再多，孩子的心裡是不服氣的，是不會服從的。

威信是無形的、潛在的教育魅力，無處不在地引導著孩子健康成長。威信有著巨大的感染力，引領孩子朝著理想的境界邁進。然而，現實情況是，很多家長片面地理解威信的含義，他們以為，在孩子面前建立威信，就是要高高在上、讓孩子對自己產生畏懼的心理。其實，這樣做的結果適得其反。

我們看一組關於家長威信調查的資料：

某青少年研究所分別對美國和日本的高中生調查統計最受他們尊敬的人物是誰。

日本：15 所學校，1,303 名學生。第一位是父親，第二位是母親，第三位是阪本馬龍（日本著名的歷史人物）。

美國：13 所學校，1,050 名學生。第一位是父親，第二位是麥可‧喬丹，第三位是母親。

我們再看下面一組資料：

這是對 3,000 多名小學生所做的一項關於親子關係狀況的調查：6.62% 的孩子懼怕家長，13.13% 的孩子對家長反感，19.22% 的孩子對家長反應平淡，56.28% 的孩子極度反感或痛恨家長，只有 4.75% 的孩子喜歡家長。

從這兩組對家長威信調查的資料中，我們可以看出，華人家長在孩子心中的地位遠遠不如國外的家長。這也暴露出，許多家長在孩子的心目中甚至沒有地位，家長正在發生威信危機。

教育家陶行知先生某天看到一名男生正想用磚頭砸同學，將其制止後，責令其到辦公室。陶先生留在現場，簡單地了解情況後回到辦公室，

發現那名男生正在等他，便掏出一顆糖遞給他：「這是獎勵你的，因為你比我準時。」接著又掏出一顆糖：「這也是獎勵你的，我不讓你打人，你立刻就住手了，說明你很尊重我。」該男生將信將疑地接過糖，陶先生又掏出一顆糖給他：「據了解，你打同學是因為他欺負女生，這說明你有正義感。」這時那名男生哭了：「校長，我錯了。同學再不對，我也不能用這種方式。」陶先生又掏出第四顆糖：「你已經認錯，再獎勵你一顆。我的糖分完了，我們的談話結束了。」

　　陶行知對「打架事件」的處理，完全打破了很多人教育孩子的慣用模式，不是採取訓誡方式，而是就事論事，不對孩子作任何道德或品格上的指責，使孩子在輕鬆的氣氛中深刻認知到自己所犯的錯。這樣做，不僅讓孩子容易接受，而且在無形中樹立起自己的威信，可謂一舉兩得。也許，很多家長做不到陶行知的「大度」，但可以嘗試以下方法 —— 如果孩子做錯了事，家長可以採取「事不過三」的原則。第一次是溫和地告知，讓孩子明白自己為什麼錯了，錯在哪裡，所帶來的嚴重後果是什麼；第二次是嚴厲的批評，除了再次警告孩子之外，還應該好言相勸、耐心教導；第三次就要給予相應的懲罰了，懲罰一定說到做到，不讓孩子有任何僥倖心理。這三步做好了，家長的威信自然就提升了。

　　有關專家對給家長提出建立威信的「九字訣」，很值得參考：

▶ **德**：家長要加強思想品德修養，以高尚的道德情操，完美的人格力量，在孩子的心目中建立起高大的形象。

▶ **能**：家長要在實踐中不斷提升自己的才能，掌握真實本領。沒有真才實學的家長，很難讓孩子真正佩服。

▶ **嚴**：家長要建立起融洽的親子關係。失去分寸的愛、扭曲的愛，都會產生親子間的感情障礙。

▶ **尊**：家長要尊重孩子的人格、權利、興趣嗜好、自主選擇，不要把自己的意願強加給孩子。

▶ **信**：家長要取信於孩子，對孩子要講真話，講實話，不要亂許願，承諾要兌現。

- ▶ **和**：父母之間的關係要和睦，對孩子的態度要和藹。要用民主和平等的方式對孩子。
- ▶ **寬**：家長對孩子要寬容，要體諒。要允許孩子有缺點，給孩子自省改過的空間。
- ▶ **看**：家長要善於發現孩子的優點。孩子有了進步，要及時表揚、鼓勵，使孩子意識到自己存在的價值，才能增強自信。
- ▶ **聽**：家長要傾聽孩子的心聲，要與孩子多交流，隨時關心孩子的精神需求。

和孩子的叛逆心理對抗得不償失

身為家長，或許都有這樣的感覺與切身體驗：隨著孩子一天天長大，孩子變得越來越難管教 —— 一方面是他們心裡有什麼話也不願向家長說，另一方面是當某些要求得不到滿足時，很容易與家長產生對立與牴觸情緒，你要東，他偏朝西；你要西，他偏朝東。這，也就是我們通常所說的所謂「叛逆心理」。

我們不能簡單地說「叛逆心理」一定是壞事，因為一定意義上來說，叛逆心理是人適應外在環境的一種正常心理機能，是一個人從幼稚走向成熟，從依賴走向獨立的必然過程。而從家庭教育的角度來說，孩子以反向的態度和行為對待家長的勸導、說教，常常是基於自我與獨立意識的覺醒，以及自我保護的本能或探究未知事物的強烈欲望。所以，個中並不乏令我們欣喜的因素。但是，與此同時不容否認的是，叛逆心理大都有一定的危害性，如果我們無法正視以及積極地疏導與化解，那麼，很有可能會使得他們對人對事多疑、偏執，與家長、老師感情疏遠、關係僵化，甚至於向犯罪心理和病態心理轉化。

當孩子出現叛逆心理時，身為家長應及時和孩子溝通，幫助孩子建立正確的生活觀念。不要對他的行為潑冷水，也不要採取強制手段，要多給孩子一份愛心和寬容。

現在，讓我們來了解一下孩子的叛逆心理是怎樣產生的？

青春期心理生理特點的影響

青少年正處於人生的過渡期，其獨立意識和自我意識日益增強，做事喜歡自作主張而不希望成年人干涉；他們渴望獨立，希望自己能像成年人一樣受到尊重；他們對家長和老師不再「唯命是從」了，希望能擺脫成人的監護和束縛；他們反對成人把自己當作小孩，要求以成人自居，為了表現自己的非凡，就對任何事情傾向於批判態度。但是，對於許多做家長的來說，在自己面前孩子永遠是孩子，因此可能在有意無意中忽略了對孩子應有的尊重，而當他們 —— 我們的孩子感到外界無視自己的獨立存在，自我表現欲望受到妨礙時，就有可能產生叛逆心理並運用各種方法和手段必確立自我與外界對立的情感。

家庭環境的影響

我們都知道家庭在孩子成長過程中的重要性。孩子在家庭中生活的時間很長 —— 約占其全部生活時間的三分之二，因此，作為他們第一位老師的家長對其行為習慣以及性格與思想的形成起著不可忽視的巨大作用。但現實生活中，也因為受傳統文化影響，幾乎所有家長對孩子總是寄予太多也太大的希望，望子成龍、望女成鳳。不少家長對孩子的教育問題上所提的要求也很多，同時，教育子女的方式又往往專制而粗暴，遠遠超過孩子所能承受與容忍的限度，從而對孩子產生巨大的壓力，使得他們很容易產生叛逆心理。此外，一些家長言行的嚴重「分裂」，如要求孩子不要沉迷網路，可他們自己卻沉迷於麻將、聲色之中等，讓孩子不屑與反感，也是令孩子產生叛逆心理的因素之一。

同儕團體不良因素的影響

在眾多團體中，青少年受同儕團體的影響最明顯，對同儕團體的依賴最深。這是因為在青少年同儕中，大家不僅有共同的心理感受和需求，而且有相近的嗜好、興趣和共同的行為傾向，容易相互認同，最能達到或造成情緒的相互轉化與感染。比如在青少年學生中存在的反派英雄觀、出風

頭、唱反調就使一些本來正常的青少年心理上被潛移默化，再加上青少年自身心理的不穩定和模仿性，容易使其形成叛逆心理。因此，在青少年叛逆心理的形成中同儕團體的影響不可忽視。

家長只有充分認知孩子叛逆心理的成因後，才會明白該如何對孩子採取積極的教育方式：

▸ **保持自己頭腦冷靜**：孩子叛逆，家長通常會不滿，一般會用自己的權力來壓制孩子。其實，此時的家長，應該提醒自己，保持冷靜，等孩子冷靜才進行溝通。孩子叛逆時，言語和行為猶如暴風驟雨，不懂得控制自己。但家長是成年人，應該懂得何時該保持冷靜。

▸ **平等地和孩子溝通**：許多時候，家長應站在第三者的立場分析孩子叛逆的原因。許多家長總覺得自己是對的，孩子應該聽家長的。但是，孩子有自己的思考方式和處理問題的方式，所以家長應該放下架子，耐心聽聽孩子自己的想法，從感情上、從具體事件上與孩子達成共識，做些適當的讓步。

▸ **反思自己的教育方式**：很多時候，家長應該超脫自己的角色，從協力的角度觀察孩子叛逆的問題，也許就會發現，問題不一定都在孩子身上。家長通常會認為自己是對的，自己以前都聽爸媽的，現在孩子也該聽我的。因此，孩子的不順從，在他眼裡就成了叛逆。身為家長，有時必須謙卑，放棄自己的執著，以不同的角度看待孩子，做到遷就孩子。

▸ **批評孩子是門藝術**：有些家長看到孩子犯錯就一味批評，這樣就會刺傷孩子的自尊心而使其產生叛逆心理。要是家長先肯定和表揚孩子的優點，再指出不足和錯誤之處，孩子的自尊心得到滿足，就會樂意接受和改正。

▸ **引導孩子理智化**：有些問題，如過早談戀愛，家長應對孩子進行有情、有理、有據的說服、勸導，尊重孩子的感情和人格，讓孩子自己去思考問題。同時，用具體事例改變孩子的理想化思維，用自己的冷靜、理智換取孩子明智的選擇。

期望過高會讓孩子不堪負荷

「望子成龍」恐怕是普天下家長的共同心願。尤其是當今社會競爭異常激烈，就業壓力大，家長對孩子的期望就更高了。為了把自己的孩子打造成「龍」、「鳳」，家長都盡了自己最大的努力，千方百計為孩子創造教育的環境和發展智力的條件。孩子從上幼稚園開始，家長就急著為孩子報各種才藝班、補習班，把孩子的時間排滿了。他們以為，只要按照自己的安排，孩子就有光輝燦爛的前程。

從此，孩子的字典裡只能有「成功」不能有「失敗」，只能有「學習」不能有「玩樂」，只能有「進步」不能有「落後」……在沉甸甸的期望之下，孩子漸漸失去了明朗的笑容，變得疲憊不堪。

事實上，家長對孩子提出高標準和嚴格要求，本無可厚非。但美好的期望一旦脫離現實，化為固執的苛求，那麼不幸便會頻頻出現。過重的學習負擔剝奪了孩子童年的歡樂，厭學、棄學的心理便由此滋生。過高的期望值迫使孩子兩耳不聞窗外事、四體不勤、鬱鬱寡歡，日後難以面對激烈的競爭和複雜的人際關係，有的甚至還未步入社會便發生了悲劇。「望子成龍」結果成「蟲」，悲劇很多時候都是家長一手導演的。

下面，讓我們來看幾則小故事。

故事一：

　　丹丹剛會走路就表現出對舞蹈的熱愛。丹丹4歲時，媽媽把她送進舞蹈班。媽媽認為孩子天資聰明、形體具備舞蹈條件，跳舞應該是很棒的。

　　可是，讓媽媽失望的是，丹丹不但沒有表現出任何天分，甚至還不如別的孩子。為了孩子能「勝人一籌」，丹丹的媽媽課後總是督促孩子練習，媽媽經常對丹丹說：「丹丹很聰明，只要努力了，一定能和其他人跳得一樣好，甚至超過別人。」可是，每次練習時孩子都很不情願，媽媽連哄帶逼，就這樣持續了3年。

　　漸漸地，媽媽發現丹丹對舞蹈失去了興趣，每次上課都無精打采，課後也不練習，提起舞蹈的事情還會表現得很煩。

故事二：

> 小牧剛上 3 年級，爸爸為小牧報了一個數學班，說要想上好的中學必須學好數學，但小牧根本就不感興趣。試「運行」了兩個月，別的孩子都聽得津津有味，唯獨小牧就是提不起勁。後來，發展到只要一上數學課，小牧就昏昏欲睡。他私下跟堂姐說：「我超恨數學。」

故事三：

> 有個孩子期末考後高興地跑回家報喜，誰料媽媽卻冷冷地說：「這有什麼好高興的？還沒進前三名呢。」孩子一聽這話，像洩了氣的球一樣，一下子變得無精打采！

故事四：

> 有一個小學四年級學生，是班上的小老師，酷愛學習，是老師心目中的「資優生」。但父母對她期望過高、要求過嚴，父母要求女兒每科必須在 98 分以上，有一次考了 95 分，雖然在班上名列前茅，但父母仍不滿意，對她嚴厲批評。在父母的嚴厲管教下，孩子的心理壓力很大，課業上絲毫不敢怠慢。可是，漸漸地，她感到力不從心、疲憊不堪，成績明顯下降，對上學也產生了厭倦情緒。

故事五：

> 一名高二的女生，因為常測有兩科不及格而開煤氣自殺！她留下的遺言是：「媽媽，妳讓我太辛苦了！」短短一句話，令讀遺言者無不潸然淚下。

與大多數家長一樣，這位女生的媽媽節衣縮食，風雨無阻地送女兒學鋼琴，上各種才藝班，一心要把女兒培養成出類拔萃的人。她無法容忍女兒有一點點惰性、一點點嬌氣、一點點落後，要是女兒有一處做不到便施以嚴厲的懲罰。當女兒到了十三、四歲的「叛逆期」時，母女便開始衝突不斷。衝突的結果是女兒常被怒不可遏的母親趕出家門。最終，女兒選擇了一條不歸路！

像以上這樣的鏡頭在現實中實在太常出現。家長的「高標準」、「高

期望」帶給孩子的往往是巨大的壓力與心靈創傷。這種創傷是難以彌補的！

心理學上有這樣一個規律 —— 期望值越高，失望值越大；反之，適度的期望值，才能讓人產生強烈的滿足感。這個規律用在家庭教育方面也同樣合適。如果家長對孩子的期望值太高，那麼，即使孩子達到一定的成績，家長也會視若無睹，對孩子的「優秀」一點都不滿足。當這種不滿足的情緒波及孩子，就會使孩子產生焦慮、憂鬱、恐懼、自閉、表達能力差、注意力不集中、孤僻不合群等問題，體驗不到成功的快樂。其心理、情緒長期壓抑，得不到舒緩，最終可能導致孩子的心理扭曲，行為失常，甚至導致自殘、自殺、傷人等更嚴重的後果。這便與我們教育的原意完全背道而馳！

因此，如果我們能把期望值放低一點，與孩子的「實際情況」吻合，讓孩子用力跳一跳就能「摳」得著目標。慢慢地，你就會發現，原來自己的孩子不必是「龍」，他可能是善於衝刺的小馬，也可能是耐力超群的小牛犢 …… 可是，他們同樣很優秀！

那麼，我們應該怎麼調整與掌握對孩子的「期望」呢？

第一，拓寬期望面，不要只局限於智商與學業。以智商高低、學業成績好壞作為衡量孩子是否成功、將來是否有前途是現代社會的流行病。但事實上，衡量一個人的成功與否有許多評價標準。

很久以前，羅馬有個小男孩因為成績不理想，成天鬱鬱寡歡。

有一天，父親把他帶上羅馬一座教堂的高塔頂端。到了塔頂，父親對他說：「往下瞧瞧！親愛的孩子。」父親指著像蜘蛛網般的街道說，「通向廣場的路不止一條，生活也是一樣。假如你發現這條路達不到目的地，那就走另一條路試試！」

多麼聰明、豁達的父親！他以一種恰如其分的方式，表達了自己對孩子成功的期望。

第二，期望應符合孩子的能力水準與志趣嗜好。從自己的好惡出發，

形成對孩子的期望，替孩子設計未來的宏圖，是一些家長樂此不疲之事。甚至在家長心目中，對孩子期望的高低也會出現比較心理。但現實不以人的意志為轉移。如果家長的期望不符合孩子的實際情況，往往會事與願違。

聰明的家長在對孩子有所期望時，不妨先評估孩子的智力特點、興趣範圍、個性特徵。父母可以與孩子一起分析，孩子的優勢在哪裡，不足之處又有哪些。有些行業上的成功，不僅需要達到相應的智力水準，還需要具備相當水準的非智力因素，孩子是否具備基本要求，是否可以透過一定的培養計畫達到標準；家長所期望的是不是孩子感興趣的；孩子的個性最適合從事哪些工作……

家長們要記住，要以孩子自身作為參照，以他的特長為出發點，而不要以周圍人或者自己的喜好作為期望的參照與出發點。

第三，表達適度，激發動機。要將期望轉變為現實，得讓孩子把家長的期望轉化為自身發展的內在動力。

如今的孩子生存在資訊時代，生活在以獨生子女為中心的家庭環境中。所以，他們生來就被置於五彩繽紛的天地裡，享受著眾多成人給予的關愛。在這樣的生存空間裡，孩子不知不覺中養成一種被動的習性，習慣於等待資訊與指令。比如說，凡事都要大人說了才去做，每天在電視螢幕前一坐就是兩、三個小時，被動地接收電視上的「精彩節目」。如此一來，那些真正源自內心的需求與動機則顯得相當缺乏，導致主動性與創造性水準降低。

同樣，在家長喋喋不休表達的期望面前，孩子仍然扮演著被動角色。結果就是，要不是使孩子人云亦云地盲從，就是使他對什麼都無所謂，還有就是使孩子產生「你越是要我這樣，我就越要那樣」叛逆心理。一句話，第一次講可能是真理，第十次講就是陳腔濫調了。在適當的時機與場合，與孩子一起探討家長對孩子的期望，其效果遠遠勝過一日十次的重複。

家長還應該訓練孩子主動參與生活。這就要求家長適度減少對孩子的

照顧與包辦，多讓孩子自己判斷、選擇，承擔與其能力相符的責任，將生存與發展作為自己的內在需求。「外部力量要透過內部因素產生作用」，家長對孩子的期望也是同樣的道理。

第四，家長的期望也應循序漸進。家長對孩子的期望除了要掌握尺度、注意分寸、符合孩子的水準，還應根據孩子的心理素質和學習能力的不同循序漸進。適當的要求與適度的期望能讓孩子變得更出色。這裡有一個成功的教育實例 ——

老陶的兒子考入全市第一的高中時，成績並不理想，排名在全校第97名。

當時，老陶根據孩子的成績，為他制定了高中三年的奮鬥目標：

高一爭取進入全校前50名。

高二爭取進入全校前30名。

高三要保持在前10名內。

定下目標後，老陶就讓孩子主動努力、自我發揮，平時不再嘮叨。因為，老陶覺得：讀書畢竟要靠孩子自己努力才行，家長頂多只能監督或引導。

高一期中考，老陶兒子的成績升到全校前25名。看到兒子的進步，老陶及時給予鼓勵和表揚。

開家長會時，老陶在兒子的成績單後，寫下24個字：「認認真真學習，扎扎實實進步，健健康康成長，快快樂樂生活。」然後留給兒子保存。孩子當然明白家長對他的期望。

根據以上的事例可總結出這麼一個道理：作為家長，對孩子的期望要堅持循序漸進，要根據孩子的實際情況而定，千萬不要急於求成，揠苗助長。如此有章可循，孩子往往就會有讓大人驚喜的表現！

另外，當孩子的發展狀況達不到家長的期望值時，家長要學會控制和改善自己的情緒。應經常鼓勵孩子，多給他們一些笑容，對他們的行為給予積極回應，而不是一味對孩子批評、責罵和說教。

消極態度會塑造消極孩子

　　日本腦科專家七田真說過：「每個孩子都會長成家長想像中的樣子，積極的態度塑造出積極的孩子，而消極的態度，也一定會塑造出消極的孩子。」誠然，如果家長總認為孩子「發育太慢」、「沒有任何才能」、「沒有一點長處」，那麼，孩子就會「忠實」地按照家長的這種想法成長。也就是說，孩子有出息或者沒出息，其原因就在於他們的家長，他們呈現出的狀態正是家長教育的結果。因此，要想自己的孩子有出息，家長就應該停止用消極的態度來對待自己的孩子。

　　可是，令人遺憾的是，並不是所有家長都能意識到這點。因此，在現實生活中，許多家長總是在有意或無意中對孩子採取了消極態度，使用了負面語言。

　　下面，讓我們來看看以下的幾個案例：

　　門鈴響起，媽媽打開門，進來的是同事張阿姨。媽媽請張阿姨進門。這時，4歲的亮亮正高興地玩著遙控汽車。他拿著遙控器，追著玩具汽車跑，從阿姨和媽媽之間穿過。媽媽一把抓住他：「你這孩子，這麼不懂禮貌！快，向阿姨問好！」

　　亮亮嚇了一跳，傻傻地站住了，一時不知怎樣開口打招呼。

　　媽媽很尷尬，一個勁抱歉地對同事說：「這孩子總是這樣，見到陌生人就不敢說話，嘴上像貼了封條似的。」

　　以後，只要有客人來到家裡玩，亮亮都一聲不吭地回屋去了。這讓媽媽覺得非常挫敗。

　　亮亮的媽媽與很多注重禮節卻不知道教育方法的父母一樣，把孩子嚇了一大跳，更讓孩子在客人面前「丟了臉」。亮亮小小年紀就遭受這樣的打擊，又聽到媽媽消極的語言暗示「這孩子總是這樣，見到陌生人都不敢說話，嘴上像貼了封條似的。」所以，他就會覺得自己天生就是這樣，見到客人不問好理所當然！與亮亮的媽媽做法不同的是青青的媽媽 ──

門鈴響起，媽媽打開門，進來的是同事小陳。媽媽請小陳進門。這時，5歲的青青正高興地玩著遙控汽車。他拿著遙控器，追著玩具汽車跑，從阿姨和媽媽之間穿過，匆匆地問了聲阿姨好後，就追自己的玩具汽車去了。媽媽叮囑他：「慢點。」

不多一會兒，客人離開了，媽媽把青青叫到面前，對他說了一個不講禮貌的故事，其中就有家裡來了客人時的場景。然後，媽媽問青青：「你說這種做法對不對呢？」青青有點不好意思地回答說：「不對，我以後再也不會這樣了！」媽媽一聽這話，欣慰地笑了，並且不失時機地鼓勵孩子：「我就知道青青是一個懂禮貌的好孩子！」

以後，只要家裡來了客人，青青都會上前很有禮貌地問好。客人們都誇獎青青是個懂事、有禮貌的好孩子，並稱讚青青的媽媽教得好。

同樣是孩子不甚禮貌的表現，但青青的媽媽卻採取積極的教育態度。先用故事教育孩子，讓孩子能夠客觀地分析、判斷自己的做法，之後又及時給孩子「戴高帽」，讓孩子覺得自己就是個「有禮貌」的好孩子，以後，他自然就按正確的方式表現了。

以上兩個故事告訴我們家長，如果希望自己的孩子表現更加出色，那麼就該給孩子積極的引導與暗示。這樣，孩子才能向理想的目標成長！具體的做法是：

第一，不要放大孩子的錯誤。在我們的生活中，常有種偏差的想法是：「找出錯誤，才能進步。」在這種錯誤觀念的推動下，許多「恨鐵不成鋼」的家長似乎都成了專門從雞蛋裡挑骨頭的專家。動不動就指責挑剔孩子，造成很多孩子不必要的挫折和信心喪失經歷；更有一些孩子非常害怕犯錯，但越害怕犯錯，就越容易犯錯。如果孩子感覺不到自己的「進步」，時間久了，他們自然就開始自暴自棄，一錯到底了。

作為家長，如果希望自己的孩子成長迅速，就不要放大孩子的錯誤，不必對孩子的錯誤耿耿於懷。相反，你應該鼓勵孩子建立起一種價值觀，把錯誤當成成功的一塊跳板，這樣，在錯誤中，孩子學會的是總結與跳

躍！一個善於從「錯誤」與「失敗」中總結經驗的孩子，怎麼可能不成功呢？

第二，相信孩子，給孩子積極的期待。家長有益的幫助會促使孩子積極去發展；反之，消極的期待則會導致孩子的發展趨向於消極。如果一個家長認為自己的孩子不可能做好某件事，得到的結果通常就是如此。

趙明想參加學校足球隊的選拔，爸爸覺得他才三年級，各方面的條件還不夠，於是對趙明說：「明明呀，我覺得你今年是選不上的，為什麼不等明年再參加呢？等到明年，你的年齡大一點，技術更成熟一點，選上的可能性就更大了。」

但是，固執的趙明不聽爸爸的話，他堅持今年一定要參加。

爸爸見趙明這麼堅決，只好無奈地說：「好吧！那你想參加就參加吧，不過你可別說我沒有事先提醒過你。」

到了選拔時，趙明「果然」如爸爸預料的，沒有選上，他因此非常沮喪，覺得自己不是踢足球的料。從此，對足球失去了興趣！

其實，故事中的爸爸並不是要泄孩子的氣，他只是希望趙明準備好以後再參加。然而，趙明卻覺得爸爸是在暗示自己沒有能力。在這種消極「情緒」的影響下，趙明失敗就是意料中事。

事實上，期望對孩子的影響很大，當家長不相信孩子的能力，預期孩子會失敗時，孩子就會在心理或者言行上表現出沒有信心，最終導致失敗；反之，如果家長相信孩子的實力，鼓勵孩子，給孩子積極的期待，那麼孩子就有可能成功。因此，相信孩子，給孩子積極的期待吧，別讓你的孩子成為負面期望的犧牲品。

第三，以身作則，做孩子的榜樣。

這是兩個經歷相似、學歷相同、社會地位同等的父親。

面對生活中的不如意，第一個父親往往樂觀、公正地看待它，分析造成眼前困境的原因；而第二個父親表現出來的則是麻木和消極抵抗。

兩個父親各有一個男孩，他們同樣的健康、聰明。上學後，他們都面

對過老師的誤解和考試成績不理想等問題。這時候，第一個父親往往靜下心來，幫孩子一起尋找癥結，教他解決的方法；第二個父親則是當著孩子的面狠狠地詛咒社會和老師，彷彿所有的波折都是有人有意讓他們父子難堪。

一次，發生了地震，兩個孩子都被埋在廢墟下。他們周圍沒有人，沒有食物，只能等外界的救援。第一個孩子表現得很冷靜，他盡量減少活動，保持體力和足夠的空氣，然後用磚頭不斷地敲擊樓板，發出救援的信號；而第二個孩子當時就嚇傻了，他絕望地哭了起來。等救援隊找到他們時，第一個孩子還頑強地活著，第二個孩子已經離開了這個世界。

瞧，家長的處世態度對孩子有著多麼大的影響呀。一個心態消極、總喜歡抱怨的家長會潛移默化地影響到孩子的成長，給幼小的心理帶來陰影，讓自己的孩子變得和自己一樣消極；而心態積極樂觀的家長則會讓孩子變得更加積極、樂觀、向上。

因此，作為家長，特別是心態消極的家長，一定要從孩子的角度出發，重新塑造自己的人格，力圖調整好心態，使自己具備達觀的人生態度，做個好榜樣！這樣，才能為孩子成長提供塑造優秀人格的溫床。

過分嚴厲會把孩子變成「軟柿子」

在我們的生活中，有很多家長誤認為教育孩子必須嚴厲。好像家長的態度不嚴厲、措辭不強硬的話，孩子就不會聽話一樣。久而久之，家長就形成這樣的措詞，「你今天必須」、「你要」、「你應該」、「你不准」等。這種態度，不僅束縛了孩子的「手腳」，讓孩子無法真正發揮自己的才能，還會把孩子變成一個「軟柿子」。

故事一：

> 一位爸爸找到教育專家，用後悔的口吻這樣說：「以前總是要兒子聽話，我現在覺得太聽話的孩子將來會沒出息。」這位爸爸表示，他為人比較

嚴謹，希望自己的兒子從小懂規矩、講禮貌，不要給別人添麻煩，兒子也一直表現得很好，是外人眼裡乖孩子的典範。然而，在與同儕的相處中，15歲的兒子卻表現得太軟弱，有時大家都在討論問題，可他總縮在一旁不敢吭聲。

專家解讀：膽小怯弱的孩子所接受的家庭教育，要不是父母管教比較嚴苛，就是父母兩人的教養態度不一致，一方太強，一方過弱。家長在定下一些家規、禁令後，只是讓孩子簡單服從，而不告訴孩子為什麼要照這個規矩去做，也很少傾聽孩子的意願。在家裡服從慣了的孩子，難免會將這種人際交往方式轉移到與他人的交往中，總是處在人強我弱的位置。

故事二：

劉女士對專家說：「我的兒子念國三，成績還不錯，就是人太老實，被人欺負也不敢跟老師或家長說。老師反映，班上有幾個調皮學生經常讓兒子跑腿買東西。問及此事，兒子只說，『那些學生不好惹，生氣了會動手打人的，我只是幫他們買些東西，無所謂。』看到兒子這麼反應，我心裡很不舒服。」

專家解讀：在人與人的交往過程中，總會遇到我們向別人提出要求或是別人向我們提出要求的情況，當別人向我們提出要求時，答不答應就是個人的態度問題。在這個孩子的問題上，遇到這種情況時，孩子就需要擺出明確的態度：對同學提出的要求如果樂意，就給予幫助，如果打心眼裡不願意就拒絕，同時提醒孩子：拒絕是要注意技巧的。如果表現得唯唯諾諾，別人也不了解你拒絕的意願，就很可能會把他個人的意願強加於你。對於危及安全的恐嚇，應該及時向班導師或家長反映。

故事三：

陳女士對專家說：「我的兒子4歲多，膽子很小，在與別的小朋友的交往中總是很被動，玩玩具時，如果別的小朋友要，他明明捨不得也會拱手讓人。幼稚園老師沒說可以去上廁所，他就算拉在褲子裡，也不會跟老師說。現在我正在反思，是不是一直以來讓他守規矩錯了？」

專家解讀：孩子出現這種情況，與家庭教育有很大的關係。父母是孩子第一級的人際交往對象，親子間的交往具有很強的遷移性，也就是說如果孩子與父母交流比較順暢，那麼在與別人的交往中往往也會比較順暢。

經了解，以上 3 位家長在教育孩子時，都表現得比較嚴厲，對孩子的一些探究性的行為，常常簡單地告知「可以」或「不可以」，很少給孩子話語權來表達自己內心的想法，以致孩子當前的種種問題。所以，家長在教育孩子時，一方面要滿足孩子的求知欲，一方面要尊重孩子的自由，鼓勵孩子表達自己內心的想法。

我們的傳統是喜歡老實的孩子。父母總希望孩子規規矩矩、百依百順，孩子稍　調皮就無法容忍，往往會管得過死，限制過多，扼殺了孩子的創造力。其實，調皮、好動是兒童的天性，也是創造力發展的幼芽，只要不出格，就不要限制。什麼都看大人的眼色行事，唯唯諾諾，將來注定是個沒出息的孩子。

美國總統尼克森寫了一本書《領袖們》，在書中他說，中國的教育制度可以為大眾提供很好的教育，但卻失去了中國的達爾文和愛因思坦。因為中國的教育制度過分強調每個人要樣樣都好，樣樣統一，從小把他們訓練得十分馴服，不允許有獨立見解，更不允許有愛因思坦的「離經叛道」，這樣只會培養出守業型人才。父母要真心熱愛創造型孩子，不要對這樣的孩子求全責備，不要用傳統的方式把孩子訓練成「小老頭」。

你對孩子是否過於嚴厲？這裡有個測驗可以給你答案。

請根據自己的情況，在「是」和「否」中選擇一項。

1. 你是一個常常煩惱而又得不到幫助的家長。
   是（　）　否（　）
2. 當你生氣時，常把孩子當作發洩怒氣的對象。
   是（　）　否（　）
3. 你對自己身為家長的行為和教育方式感到困惑和不安。
   是（　）　否（　）

4. 你認為自己小的時候，父母對你比較苛刻、冷淡。

　　是（　）　否（　）

5. 你和孩子的關係經常比較緊張。

　　是（　）　否（　）

6. 你要孩子幫你做事時，孩子總不情願地去做。

　　是（　）　否（　）

7. 你覺得孩子給你帶來很多麻煩。

　　是（　）　否（　）

8. 你對孩子盡了最大努力，但常常無濟於事。

　　是（　）　否（　）

9. 和孩子打交道很難。

　　是（　）　否（　）

10. 常感到緊張，壓力大。

　　是（　）　否（　）

11. 有時無緣無故地對孩子發怒，甚至打罵孩子。

　　是（　）　否（　）

12. 經常教訓孩子。

　　是（　）　否（　）

13. 經濟壓力讓你很煩惱。

　　是（　）　否（　）

分析

選擇「是」得 1 分，選擇「否」則不得分。

1~3 分：你盡到了做父母的責任，與孩子關係融洽。

4~6 分：你是一位在培養孩子方面有待完善的父母。

7~10 分：你常對孩子顯示你的威風，這是不對的。

11~13 分：你的行為會對孩子的身心造成傷害，必須盡快改正。

與其責備，不如講道理

　　一位兒童心理學家曾對父母的責備對孩子成長的影響進行過研究，他把父母責備孩子的不良態度分為下列幾種，並舉出一些會使孩子變壞的責備語言：

- ▶ **謾罵**：傻瓜、騙子、不中用的東西。
- ▶ **侮辱**：你簡直是個飯桶！垃圾！廢物！
- ▶ **非難**：叫你不要做，你還是要做，真是不可救藥！
- ▶ **壓制**：不要強詞奪理，我不會聽你狡辯！
- ▶ **強迫**：我說不行，就不行！
- ▶ **威脅**：你再不學好，媽就不理你了！你給我滾出去！
- ▶ **央求**：我求你不要再這樣做了，行吧？
- ▶ **賄賂**：只要你聽話，我就給你買輛腳踏車。
- ▶ **挖苦**：讓你洗碗，你就打破碗，真能幹，將來一定能成大事哩！

　　這種惡言惡語，強迫、威脅，甚全挖苦，都是父母在氣急之下、恨鐵不成鋼的情況下，訓斥孩子時常用的方法。但是，它們通常也是最不能為孩子（尤其是有些反抗性或自尊心強的孩子）所接受的。它們不但無法把孩子教好，反而會把事情弄僵，在不知不覺中給孩子帶來不良的影響。至於央求和用金錢來誘惑，則更是會把孩子引入歧途。

　　心理學研究顯示：破壞性的批評與責備是扼殺孩子自尊心和自信心的最常見的殺手。在父母一次次的責備聲中，孩子會漸漸習慣這些詞語，從而變得麻木不仁，缺乏自尊心，成了所謂的木頭人。這種人最容易被大眾遺忘、無視甚至踐踏，人緣自然奇差無比。正如有人指出的：「那些被認為沒有自尊心的孩子，是外界沒有給他們提供使自尊心健康發展的良好環境。他們的自尊心是殘缺的、病態的，他們是斥責教育的受害者。」

　　我們很多家長，總認為批評、斥責孩子是為了管教孩子，而管教孩子就是為了讓孩子聽話。因此，經常強迫孩子照父母的話去做，否則就開始

謾罵。這很容易使孩子變得被動、依賴，遇事只會等待大人的指令，不敢自行做出判斷，唯恐做錯事情遭到斥責，這不僅會影響孩子的獨立性，對孩子的思維能力和創造力培養也極其不利。

從表面上看，遭到斥責的孩子很快表示服從，似乎問題得到了解決。但事實上，孩子記住的只是斥責給自己帶來的痛苦體驗，而對自己的過錯本身卻很少自我反思，因此斥責反而會削弱孩子自我教育的能力。

為了避免斥責帶來的負面效應，父母要盡量少斥責孩子，確有必要進行斥責時應注意以下幾點：

▶ **讓孩子知道自己錯在哪裡**：由於孩子年齡小，知識經驗少，能力有限，因此常常會惹出各種事端，父母應實事求是地做評價、講道理，同時更應幫助孩子分析原因，引導他自我反省，自己到底哪裡做得不對。

▶ **批評孩子要就事論事**：批評孩子時，不要給孩子一種翻舊帳的感覺。說話要切合實際，避免說教，掌握分寸，因為及時處理有助於條件反射的建立、激勵的強化，教育效果顯著，不要等過了時機再處罰，此時孩子可能已經忘了自己做過什麼。惡語相譏、打罵等方法只會讓孩子做出服從的表象，而無法做到心服口服。另外，經常受打罵的孩子長大後往往會表現出暴力傾向。

▶ **告訴孩子正確的做法**：斥責只是一種教育手段，而不是教育的目的，教育的目的是為了使孩子今後不再犯同樣的錯。因此，父母在斥責孩子的同時還要耐心地教孩子做事的方法。最好是暗示和引導，讓孩子自己去思考、去判斷，透過自己的努力加以改進。

▶ **尊重孩子的人格**：在大人眼裡，往往覺得孩子還小，什麼都不懂，其實他們對周圍的人和事會有自己的認知方式和情感傾向，也需要別人的理解和信任。我們只有尊重孩子，用民主的方法對待他們，才能把他們培養成有高度自尊心和責任感的人。因此，斥責孩子時一定要注意場合和分寸，切莫在大庭廣眾下訓斥孩子，也不要說粗魯、譏諷的話。

▸ **對於孩子的評價，家長應做到不事聲張**：對於犯了錯的孩子，如果家長能夠關注他們的感受，抱持寬容的態度，盡量維護其自尊心，那麼，我們的孩子是否會變得更有自尊呢？事實是肯定的。

對於那些犯了錯，或者表現不好的孩子，家長與其求全責備，不如對孩子講道理。對孩子講道理應注意以下幾點：

▸ **要充分肯定孩子的長處**：俗話說：「數子十過，不如獎子一長。」對孩子講道理，應充分肯定孩子的長處，對孩子的進步給予及時的表揚和鼓勵，在此基礎上再對孩子的過錯予以糾正，這樣孩子就容易接受大人的意見。如果一味地數落孩子，責怪孩子這也不是那也不對，只會讓孩子產生自卑心理和叛逆心理。

▸ **所講的道理要「合理」**：跟孩子講的道理應合情合理，不能信口開河，也不能苛求孩子。因為大人信口胡說，孩子是不會服氣的，大人的要求過分苛刻，孩子是辦不到的。比如生活中有的父母自己喜歡吃零食，卻對孩子大講吃零食的壞處，如此言行不一的教育，孩子是不會聽從的。

▸ **要給孩子申辯的機會**：跟孩子說理時，孩子可能會對自己的言行進行辯解，大人應給予孩子申辯的機會。應該明白，申辯並非強詞奪理，而是讓孩子把事情講清楚、講明白，給孩子申辯的機會，孩子才會深入理解你所講的道理，使教育收到更好的效果。

▸ **要了解孩子的情緒狀況**：孩子和大人一樣，情緒好時比較容易接受不同的意見，不高興時則容易偏激，因而跟孩子講理，要充分了解孩子的情緒狀況，在其情緒較好時，對其進行教育，若在孩子情緒低落時跟他說理，是收效甚微的。

▸ **在實際情境中對孩子講道理**：對於年齡較小的孩子，跟他講道理他可能會聽不懂，而對於大一點的孩子，道理太多反而讓他覺得心煩。因此，家長可以透過實際情境對他們講道理，他們才會越來越懂事。例如，孩子搶小朋友的玩具，你可以問他：「如果別人搶你的玩具，你會不會不高興？」這會讓他明白自己的行為是如何影響別人。年齡大

一點的孩子，你可以直接問：「如果是這樣做，你覺得如何呢？」讓孩子學會換位思考，站在別人的立場上思考問題，這比單純地說教效果更加顯著。

別崇尚「打是情，罵是愛」

「打是情，罵是愛」。很多家長都崇尚這句老話，以為打罵孩子，正是愛孩子的表現。這也從另一面表現出，父母「望子成龍、望女成鳳」之心是何等迫切。

教育專家認為：打罵教育會對青少年身心造成嚴重摧殘。打罵教育也是一種畸形的家庭教育方式，不僅不會使孩子走向成功，而且還有可能釀成家庭悲劇。

很多事例顯示，粗暴的教育方法，不但達不到父母教育的初衷，還會使孩子形成各種心理問題，而這往往會成為孩子日後產生不良行為、甚至走上犯罪道路的根源。

打罵不是教育孩子的好方法，更不是愛的表現。要遏止打罵孩子的現象，必須充分了解打罵孩子的危害：

▶ **會造成嚴重的親子隔閡**：孩子遭打罵的時候，沒有人心裡會舒服的。皮肉之苦，使他們產生怨恨、叛逆、畏懼等心理。導致孩子與父母之間的親情日益淡漠，隔閡越來越深，個別孩子甚至會產生報復心理。

▶ **會造成悲觀厭世情緒**：每個孩子都有自尊，希望得到別人包括父母的尊重，而別人的尊重、信任，會使孩子產生自信，這是他們前進的重要動力。經常挨打的孩子，自尊心受到損害，容易自卑，走上自暴自棄之路。父母本是孩子最親近的人，經常遭父母的打罵，孩子會感覺人世間沒有溫暖，活著沒有意思，於是悲觀厭世。現實中，由於遭受父母打罵，出走者有之，自殺者有之，造成的家庭痛苦是難以言狀的。

▶ **促使孩子陷入孤獨的深淵**：經常挨打的孩子，會感到孤立無援。尤其是父母當眾打孩子，會使孩子的自尊心受到傷害，往往會懷疑自己的能力，會自覺「低人一等」，顯得壓抑、沉默，認為老師和小朋友都看不起自己而抬不起頭來。於是這種孩子往往不願意與父母和老師交流，不願意和小朋友一起玩，性格上顯得孤僻。

▶ **導致孩子說謊**：有的父母一旦發現孩子做錯事就打。為了逃避挨打，往往迫使孩子違心地說謊，瞞得過就瞞，騙得過就騙，因為騙過一次，就可減少一次皮肉之苦。但是孩子說的謊，往往站不住腳，容易被父母發現。為了懲罰孩子說謊，父母態度更加強硬。為了避免再被父母暴打，孩子下一次做錯事更要說謊，這樣就形成了惡性循環。

▶ **造成孩子人格畸形**：從心理學角度講，父母粗暴高壓的方式，會導致本來性格倔強的孩子產生抵抗意識、對立情緒，進而變得性情暴躁，行為粗野，甚至形成攻擊型人格，對別人施暴，難以與人建立良好的人際關係；而性格怯懦的孩子，會產生嚴重的畏懼心理，表現出軟弱的順從意識，進而形成猥瑣、膽小怕事的性格等，這樣的後果，將影響孩子的整個人生。

三百多年前，英國哲學家約翰·洛克曾提出過：要尊重孩子，要精心愛護和培養孩子的榮譽感和自尊心，反對打罵孩子。他甚至斷言：打罵式的管教，其所養成的只會是「奴隸式」的孩子。

那麼，父母應如何在不打不罵的前提下愛孩子呢？

▶ **多了解孩子**：在忙於生計的同時，父母一定要抽出時間多了解孩子，與孩子的保姆、孩子的老師多多溝通，盡量對孩子在家庭和學校中的表現有全面掌握。多一分了解，就少一分誤解。

▶ **耐心傾聽孩子**：氣急攻心的父母在面對不聽管教的孩子時，通常最直接的反應就是破口大罵。這是很不理智的表現，此時，父母應先冷靜下來，嘗試著多一分耐心，問問孩子這麼做的原因是什麼。當父母的心思已經放在了解孩子的想法並想辦法幫孩子解決問題時，也許就會

發現孩子的行為其實是情有可原的，並且在此過程中也已經釋放掉了很多負面的情緒。

▶ **放下家長身段**：在生活中，父母應放下身段，從內心尊重孩子，不要再用命令的口氣跟孩子說話，將孩子當作成人一樣尊重。不要總是對孩子說「不」，而是要給孩子選擇權，讓孩子自己做決定。如果孩子的年齡夠大，表達能力沒問題，也可以讓孩子自己提出解決方案或替代辦法。

▶ **修正對孩子的期望**：有時，父母求好心切，常常拿自己都做不到的標準來要求孩子。要知道，孩子年齡還小，有好動、固執、健忘等表現都很正常。父母如果真的要對孩子有所要求，也一定要考慮孩子的成長狀況。

打罵不是對孩子的真愛，那是一種畸形的愛，父母對此一定要提高警惕。同時還要意識到，愛孩子的父母應該是懂得拒絕打罵和暴力的父母，應該是能夠給孩子的成長創造快樂空間的父母。

成績不是優秀的唯一標準

在一次教育座談會上，一位有名的教育專家問了家長一個問題：「在你們的觀念中，什麼樣的孩子是優秀的呢？」

家長們面面相覷，經過討論，他們一致認定，優秀的孩子怎麼說也應該是成績比較優異的吧！其他，比如比較討老師歡心，同學羨慕，讓家長感到自豪等，也大多是建立在「課業成績優異」的基礎上。因此，優秀首先必須是「成績好」、「有專長」。

以上的觀點是這些家長的觀點，也可能是社會上的主流觀點。在生活中，我們經常聽到一些父母誇獎別人的孩子在班上成績名列前茅，鋼琴彈得好……羨慕之情溢於言表。為了自己的孩子能像別人的孩子那樣「優秀」，家長們請家教，讓孩子上各種各樣的補習班、才藝班，目的就是要把孩子培養成「符合社會發展需求的綜合型人才」。如此一來，孩子

苦不堪言，家長吃力不討好。這些被強迫接受「教育」的孩子，非但沒有像家長們希望的那樣成為所謂的「人才」，還變得厭學，不負責任，逃避生活 …… 漸漸的，家長們對自己的孩子失望了，甚至因此對孩子失去了信心。

也正是在這種「成績好就是『優秀』」的觀念推動下，一個孩子只要成績好，無論他的人文修養多麼淡薄、心理空間多麼狹窄、精神世界多麼蒼白、實做能力多麼差勁、創新意識近乎為零，都會成為其他家長羨慕的對象。而這樣的教育使得這些孩子變成了「考試機器」。這樣的孩子在順境中或許還平安無事，但要是遇上不順，遭遇挫折、挑戰，往往就會崩潰，甚至可能會走極端。出現這種情況時，就會危害他們自己、親人以及社會。這難道就是所謂的優秀？

現在，讓我們來看以下的故事：

溫明明從小就是鄰里孩子的榜樣。他在班上每科成績都很不錯，人也很懂事、乖巧。因此，老師特別喜歡他，家長也引以為傲。

溫明明的變化是在國中以後 ──

經過自己的努力與動用家裡的人脈，溫明明終於考上某知名大學的附中。在這所中學裡，人才濟濟，加上課業繁重，溫明明慢慢覺得有些吃力了。

第一次月考的時候，他居然排到了班上第11名。這是前所未有的事，以前，他的成績總是保持在全班前10名。雖然這個班上的孩子全是資優生，溫明明能考這樣的成績已經不容易，可是溫明明自尊心強，受不了這個打擊，也不懂得判斷分析自己所處的環境跟小學的不同之處。因此很不高興。

回到家裡一說，爸爸媽媽覺得臉上有些掛不住，就狠狠批評了孩子一頓。這讓溫明明更覺得傷心。

後來的幾次考試，雖然溫明明都很努力，但還是沒能像小學那樣衝上前10名，慢慢地，他有些失望了，對課業也失去了信心！

再後來，溫明明退步得更厲害，最後竟然因為成績太差，被學校勸退。為了避免讓爸爸媽媽難過，更因為不想讓爸爸媽媽責罵自己，他竟想出了一個先殺親人、然後自殺的荒唐主意。

如果以成績來衡量一個人是否「優秀」的話，那麼，小學時期的溫明明無疑就是家長眼中「優秀」的孩子，但也因為曾經的「優秀」湮沒了孩子的理智，令其最後迷失了自己。這是多麼慘痛的代價！試問家長，這樣的「優秀」你還需要嗎？回答自然是否定的！

其實，真正的「優秀」並不在於孩子在課堂上回答了多少問題、考試是否名列前三名、是否擅長多種技能，而在於這個孩子是否有良好的人格和健康的身心。相對於前者知識大於一切、眼中只有成績才是的一般看法來說，其實後者更重要。

因此，如果孩子有以下特點，並不一定需要成績優秀，基本上就可以認定他是優秀的。

▶ 有旺盛的生命力以及蓬勃的鬥志。
▶ 能夠自己處理遇到的任何事情，不會總是寄望別人。
▶ 有很強的感受力，熱愛生活與生活中一切美好的東西。
▶ 有同情心，能體諒別人。
▶ 抗壓力強，有上進心，有責任心，熱忱。
▶ 有自信心，自我意識強。
▶ 有判斷能力，不會盲目地跟別人比較。
▶ 懂得自己在做什麼，有自己擅長的東西。
▶ 有很強的實做能力，思考能力，自立獨立能力，良好的心態。

總之，家長應該多角度地看待「優秀」這個問題。因為「優秀」從來不拘泥於哪一種方式，更沒有一個固定的模型。每棵大樹都有它們各自的姿態，如果我們非要說哪一種姿態才是最美、最佳的，那顯然不合時宜。

因此，如果我們的孩子課業成績不突出，無法考到班上前三名，也不具備多項「才藝技能」，身為家長，千萬不要因此就否定孩子潛在的「優

秀」。應該多了解、多觀察你的孩子，他在哪方面有突出的「潛能」，如果孩子擁有健全的人格與健康的身心，且能充分發揮自己的某種潛能，那麼，家長就不要再去為難他們。因為，他們同樣能夠在自己適合的崗位上發揮自己的潛能，得到滿意的成績，這樣的孩子難道不「優秀」嗎？

有這樣一個故事：

有一個男孩，高中沒畢業就輟學回家，到父親所在的單位當了一名工人。父母都覺得沒臉見人，出門就怕談起孩子。

而這個讓他們很沒面子的孩子在工廠中很快就找到自己的位置，在廠房裡脫穎而出，當上主任。再後來，他又建立了自己的工廠，在事業上十分成功，成了一位小有成就的企業家。

他的父母這才意識到，兒子雖然課業成績不怎麼樣，但他同樣是「優秀」的。從此，只要有人跟老人談起他們的兒子，老倆口就會感慨地說：「以前我們總覺得成績好才是好孩子，現在我們知道了，能把自己最擅長的事情做好，那就是優秀的！」

這個故事的道理不言而喻，事實上，每個孩子都可以是「優秀」的，身為家長，我們在培養孩子方面要做的工作，就是讓孩子輕鬆愉快地學習，最大程度地發揮自己的潛在能力，讓孩子感覺自己是成功的。這樣的孩子即使在班上成績不是頂尖，將來在社會上也會找到合適的位置。

對於我們的孩子來說，他的成績可以不是名列前茅，但是，他不可以沒有自己。如果家長曲解了「優秀」的定義，一味地要求孩子一定要考高分、一定要在班上考到前幾名，那麼，結果只會適得其反。孩子非但不會因為你的期望達到你需要的「優秀」，還可能因此精神負擔太重而憂鬱、惶恐、沒有自信。最終，連自己的潛能都失去了。

所以，只有父母對「優秀」的概念有比較明確的了解，才能正確地掌握培養孩子的尺度，讓孩子充分發揮自己的潛能，從平凡走向優秀。

盲目與別人比較會讓孩子更自卑

「人家比你強多了，怎不學學人家？」家長看到別人家的孩子優秀，往往會萬分感慨，恨不得那個孩子是自家的。於是乎，在羨慕的同時，產生了「我家的孩子能不能也像人家那樣」的想法。有專家指出，盲目效仿別人絕對不可取，相反地，還可能會把孩子引入歧途。

故事一：

數學考試的考卷發下來了，一臉喜悅的平平回到家裡，一踏進房門就興高采烈地對媽媽說：「昨天我們班數學考試，今天考卷發下來了，您猜我考了多少分？」

「猜不出來，你到底考了多少分？」媽媽問。

「82 分，比上次小考的成績高出 10 分呢。」平平有幾分得意地說。

「哦，你知道鄰居家的婷婷考了多少分嗎？」媽媽又問。

「大概是 90 分吧。」平平滿臉不高興地回答。

母親似乎並沒有察覺到孩子臉色的變化，接著說道：「怎麼又比她考得差呢？你還得努力追上人家才行啊！」

「您憑什麼說我沒有努力呢？這次考試成績比上次進步了 10 分，老師都誇獎我進步了，而您總是不滿意，永遠不滿意！」平平生氣了，他提高嗓門對媽媽大聲地喊起來。

「你怎麼這麼不懂事，我這樣說也是為了你好。你看人家婷婷，每次都考得那麼好，哪像你時好時壞，也不知道爭氣。」媽媽喋喋不休地說。

「我怎麼不爭氣啦？您嫌我丟您的臉是不是？人家婷婷好，那就讓她做您的女兒好啦，省得您總是嘮叨。」

平平怒氣衝衝地走進自己的房間，「砰」的一聲把門關上了。「就知道分數、分數，您關心過我嗎？您知道我內心的感受嗎？我都煩死啦！」就這樣，母子間的一場隔著門的爭吵又開始了。

故事二：

有一個非常優秀的孩子叫蕭天天，每次開家長會，蕭天天都是老師表揚的對象。國中三年，每次考試他的成績都是班上前幾名，在全年級雖然不是

數一數二，也都名列前茅。

在別的家長看來，蕭天天的家長真幸福，孩子這麼優秀。可蕭天天的家長不這麼看。蕭天天在班上沒有名列第一時，家長就拿他和班上的第一比，蕭天天在班上第一時，家長就拿他和全年級的第一比。總的來說，蕭天天的表現很少得到家長的認可，家長始終拿蕭天天和那些比蕭天天更優秀的孩子比。結果，這種比較不但沒使蕭天天進步，反而使他越來越自卑、越來越自慚形穢。以至於他上高二時，產生了厭學心理，一進校門就心煩意亂。儘管這時蕭天天的家長意識到自己的錯誤後，也做了許多努力，但蕭天天的思想就是鑽不出牛角尖：在爸爸媽媽眼裡，我總是不如別人。過了沒多久，蕭天天便不得不輟學了。

印度思想大師奧修說：「玫瑰就是玫瑰，蓮花就是蓮花，只要去看，不要比較。」是的，我們的家長必須明白一個事實：孩子天生就有差別。我們首先要承認這個差別，然後在孩子原有的基礎上幫助孩子進步。我們可以拿孩子的今天和昨天比，拿孩子的成功和失敗比，就是不能拿自己孩子的短處和別人孩子的長處比。

太常把孩子與別人比較，使得許多孩子把受教育當成是為了家長而不是為自己，因此把念書當成是件苦差事。同時，這樣做的結果，容易導致孩子喪失自信心，以至於產生難以根除的自卑心理，這對孩子的成長是非常有害的。其實，每個孩子都有不足之處，某方面不行，並不代表其他方面不行。家長如果經常拿自己孩子的弱點與別的孩子的強項比較，就會使孩子失去競爭或迎頭趕上的勇氣，同時，家長對孩子的數落，也極易引起孩子的叛逆心理，並傷害孩子的自尊心。因此，孩子出了問題或成績不好，應該先從孩子的實際情況找出原因與差距，而不是拿孩子與別人比。

那麼，作為家長，當看到自己的孩子不如別人家的孩子優秀時，又該怎麼做，如何才能不拿自己的孩子和別人作比較呢？

▶ **保持平常心**：家長應該從內心深處杜絕「比較」的想法，不要用別的孩子作例子來給自己孩子施加壓力，要用平常心來對待孩子暫時的不足，對孩子多些鼓勵。良好的教育意識與能力應該成為每一位家長的自覺追求。

▶ **看到孩子的進步**：家長應該學會全面看待問題。比較有兩種，一種是橫向比較，一種是縱向比較，看孩子的進步，不僅要橫向地看到孩子和別人的差距，更要縱向地看到孩子比從前有了哪些進步。家長不能因為苛求成績的進步而犧牲孩子的成長，盲目比較的結果只會毀了孩子。

▶ **承認孩子之間有差異**：每個孩子的性格和特點都是不同的，許多家長喜歡把自己的孩子跟別的孩子來比較，而且愛拿自家孩子的短處跟別的孩子的長處相比。這樣做其實上是忽視了孩子之間的差異，家長應當接受並承認孩子之間的差異，幫助孩子學會取長補短。當家長看到自己的孩子和別的孩子有差異時先不要著急，這種差異未必就是差距。孩子跟別人的差異性往往是其個性形成的開始，其實，這種差異更需要家長來加以保護。此時，家長的正確態度是，根據自己孩子的特點進行教育。例如，自己的孩子反應不快，就教育孩子笨鳥先飛，多賣些力。

▶ **尊重孩子的天性**：家長要尊重自己孩子的天性，不要盲目跟風，人家孩子學這個，我就讓自己的孩子學這個；人家孩子上台大，我就讓自己孩子考政大，這樣的做法都是不可取的。其實，做家長的只有找到適合自己孩子的發展道路，按照孩子的天性去培養，孩子才可能獲得幸福和成功。

▶ **培養孩子的個性**：其實，你的孩子就是你的孩子，沒有必要總去和別人家的孩子相比，只要孩子今天比昨天有進步，你就應該讚美他。家長應該要意識到每個人都是獨立的個體，和其他人沒什麼好比的。學習別人的優點固然重要，但是，培養孩子的個性更重要。

　　孩子有了進步就應該鼓勵。只要孩子付出努力，已經盡其所能，家長就不要對孩子提出過高要求，這樣的教育就是成功的。

第十章
向國外家長學習家庭教育

國外的家長是怎樣教育孩子呢？他們的優秀之處在哪裡？這些優秀的方法是否值得我們學習？鑑是的，作為家長，為了教育好孩子，一定要學會從別人身上汲取長處，彌補自己的短處。只有這樣，才能培養出優秀的孩子。

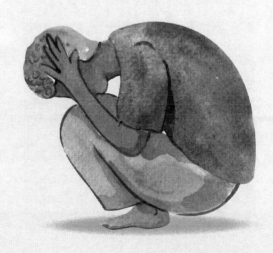

德國家長這樣教育孩子

德國是資源缺乏的國家，今天它得到的經濟成就雖然主要依靠的是受過良好教育的專業人力，但家庭教育與職業引導的作用也不容低估。

德國提倡的是：培養一個完整的人，因為孩子是個活潑的完整的人。德國幼兒教育的特色是把教育的責任歸於父母，認為嬰幼兒階段父母是家庭教育的主人。德國憲法明文規定：教養兒童是父母的自然權利和義務，政府在幼兒教育中站在輔助的立場上，真正擔任教育責任的是父母。

德國 80％以上的孩子對自己的評價良好，他們會感激父母在人格、修養方面對自己潛移默化的影響。孩子們欣賞的共同特徵可概括為：勤奮、認真、按計畫做事、言而有信並值得信賴。

儘管德國家庭普遍富裕，但孩子從小就養成相對獨立的習慣。與東方的孩子相比，他們較少有依賴他人的意識。大部分孩子在中學階段就有打工賺錢的經歷，特別是在假期。中學畢業或到一定的年齡後，孩子們會在父母的指導和自己的選擇下離開家庭乃至家鄉到外面去開創自己的生活。

可以說，德國家長在養兒育女方面，最突出的還是培養孩子的善良品格和教育孩子堅持原則。

眾所周知，德國是引發兩次世界大戰的「罪魁禍首」。所幸的是，德國各階層能夠深刻反思這段歷史，甚至因此格外重視培養孩子的善良品格，並將其列為德國教育的重要部分。德國的善良教育有這樣幾個部分。

愛護動物

在孩子剛剛蹣跚學步時，不少德國家庭就特意養了小狗、小貓等小動物，讓孩子親自照料，以便使他們學會體貼入微地照顧弱小生命。幼稚園也飼養各種小動物，由孩子輪流負責餵養，還要求注意觀察牠們的成長、發育，與牠們遊戲，可以的話還要做「飼養紀錄」。正式入學後，孩子的作文中常會出現關於小動物的生動描繪，其中優秀的文章會被老師推薦為

範文發表在壁報上。此外，小學生還熱衷於用自己的零用錢來「領養」動物園裡的動物，或捐款拯救瀕臨絕種的動物。

善待生命

柏林一個 13 歲的男孩為一隻小鳥治傷，後來又將牠放歸大自然。一位小作者以充滿愛憐的筆調記錄了這個充滿愛心的過程，此文榮獲該校「善待生命作文大賽」的一等獎。相反，虐待小動物的孩子則會受到各種指責：輕則受到朋友批評或師長訓導，重則可能受到相應的懲罰。如果仍然不思悔改，就可能被送去做心理治療，因為在大人看來，這是比成績退步更嚴重的「品德問題」。越來越多德國人都有這樣的共識：小時候以虐待動物為樂的孩子，長大後往往有暴力傾向。

憐貧惜弱

在成人社會的宣導鼓勵下，孩子幫助盲人、老人過馬路早已形成風氣；為身障同學解決問題者也比比皆是。曾發生過這樣一件事：有個孩子粗暴地將一位上門乞食的流浪漢趕走，全家人很重視這事，並鄭重地召開家庭會議。大人嚴肅認真又耐心細緻地啟發孩子：流浪漢儘管穿著邋遢，但同樣有人的尊嚴。最終孩子明白了這樣一個道理：仰慕強者也許是人之常情，而同情弱者更是美好心靈的展現。後來，孩子主動提出邀請這位流浪漢來家裡做客，大人欣然同意。

德國家長教育孩子做事要堅持原則，他們認為，做事缺乏原則的孩子意志力薄弱，這樣的孩子必定不會有什麼出息。值得稱道的是，他們教育孩子堅持原則的方法就是以身作則。

有位留學德國的家長寫了如下文章：

一次，我與德國鄰居外出春遊。鄰居太太準備了新鮮的麵包、乳酪、香腸做午餐。在原野的召喚下，孩子只顧著玩耍，根本沒想到吃飯。德國媽媽告誡小孩，用餐時間如果不回來吃飯，到下午回家前，不會再有任何食物。小孩沒有理她，依然開心地玩著。

　　果然，回家途中，小孩哭鬧著肚子餓，德國媽媽視而不見，同行的爺爺奶奶也立場堅定，一個多小時的路程，竟然真的不給小孩任何食物，任由他們哭鬧。

　　後來，我與鄰居太太聊到這件事：「小孩子哭著喊肚子餓，你心裡不難過嗎？」

　　鄰居太太說：「當然不好受。可是，如果父母自己先違背原則，那麼以後教育孩子就會一次比一次難。」

　　教育孩子堅持原則，家長首先要堅持原則。可是，在現實中，有太多家長因為心軟、因為心疼孩子，無法堅持自己對孩子的要求，結果孩子就得寸進尺，家長沒有了威信，孩子也就越來越難教育。

美國家長這樣教育孩子

　　總結起來，美國家長教育孩子的做法主要包括以下幾方面：

▶ **重視培養孩子的平等意識**：美國家庭把各式各樣的玩具和兒童讀物放在讓孩子能接觸的地方，牆上門上貼滿孩子的「美術作品」。在家裡家長很少強求孩子的言行循規蹈矩，孩子像平輩似的稱呼長輩的名字是很自然的事，家長與孩子說話總會蹲下來。

▶ **重視培養孩子的手做能力**：美國家長看見孩子在牆上亂畫、用嘴咬玩具、拿剪刀在書本衣服等物品上亂剪亂畫，往往不是痛惜某件東西被孩子損壞，而是感到高興，然後耐心地告訴孩子一些操作上的技巧和知識。因為他們認為這樣能讓孩子學會某種技能。

▶ **重視培養孩子的獨立能力**：在美國，家長從小培養孩子的獨立意識，孩子從小睡小床，稍大後單獨有一個房間。在孩子打理日常事務上，家長只幫孩子做些當時年齡還做不到的事，凡孩子自己能做的事都盡量由孩子自己完成。絕大多數 18 歲以上的青少年，都自己賺錢讀書。

▶ **重視培養孩子的創造能力**：美國家長從不對孩子進行大量的知識灌

輸，而是設法把孩子的眼光引向家庭外無邊無際的知識海洋，在師長的幫助下學會游泳。他們很少讓孩子死記硬背大量公式和定理，而是煞費苦心地告訴孩子如何思考問題；他們從不用考試把孩子分等級，而是竭盡全力肯定孩子的一切努力，讚揚孩子透過思考得出的一切結論。

美國《華盛頓郵報》在一篇文章中對家長如何教育子女使他們健康成長提出了十二條基本通用法則：

▶ **歸屬法則**：保證孩子在健康的家庭環境中成長。
　這條法則看起來不言而喻，哪個家長不想給孩子創造健康環境？但實際上也不盡然，有些家長有心卻不懂怎麼做。比如說，過分溺愛嬌慣孩子，由著孩子不知節制地吃喝、不運動、不勞動，這都是不正確的做法。孩子變得好逸惡勞，罪魁禍首也是家長的慫恿。還有，父母之間有矛盾經常當著孩子的面爭吵，也是不正常、不健康的環境。

▶ **希望法則**：永遠讓孩子看到希望。
　家長們都對孩子寄予希望，但是否永遠用正面鼓勵的話語讓孩子們看到希望，認為自己確實有希望呢？如果你是家長，卻喜歡對孩子喊：「你怎麼這麼笨」、「這麼沒出息」、「你算是沒指望了」之類的話，以孩子的立場想一想，自己會看到希望嗎？

▶ **力量法則**：永遠不要與孩子爭強。
　大人總是比孩子有力量，無論是拚體力還是鬥智能和經驗，因此，大人與孩子爭強本來就不公平，贏了也不光彩。尤其是家長、老師等和孩子關係密切的成年人，不可採用與孩子賭氣、硬比等方式刺激孩子。對心理感情還不成熟的青少年來說，「激將法」是不合適的。

▶ **管理法則**：在孩子未成年前，管束是父母的責任。
　「子不教，父之過」在哪裡都通行。孩子自我克制的能力還不成熟，因此，父母必須負起責任管束。但這種管束應該是充滿親情、人性化又不失理性的，切不可把孩子作為私有財產來任意修理擺布，也不可用簡單粗暴的命令，毫不顧及和尊重孩子自己的想法和人格。

▶ **聲音法則**：要傾聽孩子的聲音。

平等地對待孩子，給他們發言權，傾聽他們的聲音，他們才會說出真實的想法。如果大人不尊重孩子的想法，忽略他們的心聲，久而久之，他們就不敢對家長說真話，不愛與家長交流。

▶ **榜樣法則**：言教與身教對孩子是很好的榜樣。

「以身作則，言傳身教」放之四海而皆準。家長檢點自身言行極為重要，孩子的教養，多半來自生長環境的耳濡目染。家長也要注意人際關係和常去的場合對孩子的影響。

▶ **求同存異法則**：尊重孩子對世界的看法，並盡量理解他們。

孩子和大人的看法往往不同，他們會有很多不符合常理的幻想。其實，這些正是孩子童心的可愛之處。如果大人認為孩子的想法奇怪而潑冷水，會扼殺他們的想像力和好奇心，也會讓他們因為不被人理解而失望。

▶ **懲罰法則**：這一法則容易使孩子產生叛逆和報復心理，慎用。

單純的懲罰，尤其體罰，是非常負面和拙劣的教育方式，也是不文明的。孩子做錯事可以批評，也可以採用適當方式做些處罰，比如孩子做錯了事，可以罰幾天不能看電視，但絕不能不許孩子吃飯，甚至罰站數小時，打罵更是不行。

▶ **後果法則**：讓孩子了解行為可能產生的後果。

有時候，當大人都說不清楚後果和危害就指責孩子，這就無法服人。因此，要讓孩子心服口服，家長、老師等成人首先得周密思考前因後果，然後好好與孩子談談，曉之以理，讓孩子明白道理。

▶ **結構法則**：教孩子從小了解道德和法律的界線。

在美國這樣的法治社會，法治教育融匯在社會生活和學校教育之中，因此做到這點不算太難。孩子從小就受到薰陶，心中都有一道道德底線和法治底線。或許有人以為美國很開放，但實際上，美國人對待道德感情、家庭責任、兩性關係等，很少超越底線，也很少有人因為幫親友等社會關係的忙而違法。因為他們心中有原則，知道越界就是犯罪，不能為了遷就親人而觸犯法律。

▶ 二十碼法則：尊重孩子的獨立傾向，與其至少保持二十碼距離。

這個「二十碼」是個象徵，說明美國人重視從小培養孩子的獨立性，為孩子留出心理空間。家長不必處處圍著孩子轉，否則自己覺得是關心照顧他們，孩子們卻覺得家長控制得太嚴。也應允許孩子保有自己的隱私，有自己的主動權和決定權。當然，家長還是需要在二十碼外關注孩子。

▶ 四W法則：任何時候都要了解孩子跟誰在一起（Who），在什麼地方（Where），在做什麼（What）以及什麼時候回家（When）。

有些家長看起來對孩子管得很多，可是卻不知道孩子的這「4W」內容，這可算不上好家長。只有上面所有這些法則都做好了，孩子才肯對家長說真話，家長也才能了解到這「4W」的內容。也有些家長捨得花錢送孩子去昂貴的私立寄宿學校，認為這是為孩子提供更好的學習成長環境。孩子能進管理嚴格專業的學校確實有好處，但家長也應該自問動機，把孩子完全送出去是否有為了省事而把自己應負的責任推給學校的意圖呢？其實，教育培養孩子的過程，也是家長學習成長的過程，過早讓孩子離家寄宿，家長會失去這樣一段雖然辛苦卻非常有意義的人生階段。即便孩子去了寄宿學校，有老師管教，家長仍然不可忘記自己的責任，要隨時了解這些「W」的內容。

韓國家長這樣教育孩子

韓國家長很重視和孩子的溝通和交流，無論工作多忙，身心多麼疲憊，他們回到家裡，總是盡量和孩子相處，以加強和孩子的感情。在一個韓國家庭裡，父親因為經常晚歸，難得和女兒說上更多話 …… 每次晚回家時，看到女兒已經入睡，父親就會把自己想對女兒說的話寫在一張紙上，放到女兒的書桌上。還在上幼稚園的女兒，每天都會在母親的說明下看父親的留言並回信給父親。父親每天根據女兒所寫的內容再回覆並一直持續。女兒起初只會在上面寫「爸爸早點回家」和「謝謝爸爸的掛念」之

類的短句，隨著時間推移，女兒的字條漸漸地越來越長，內容也越來越豐富，父親進而針對其中某些語句和描述的事情褒獎或批評，告訴女兒哪些該做哪些不該做。讓人驚喜的是，女兒竟然很小就學會了寫文章。

這種做法不僅使孩子在潛移默化中學會作文，更重要的是父親在自覺與不自覺中把為人處世之道教給了孩子，這對他們逐步建立正確的人生目標大有幫助，而且還開闢了一條家長與孩子之間相互溝通、相互了解的管道。

前些年，為了籌備第十四屆亞運會，釜山進行市政改造的初期，很多馬路都被弄得坑坑窪窪，行車走路都很不方便。在一輛公車裡，一位臉上長著粉刺的中學生對母親埋怨說：「好好的路被挖成這樣，真是瞎折騰，什麼時候才能修好！」言語中吐露對現狀的牴觸和不滿。媽媽隨即告訴兒子：「我們不該只看到眼前顛簸帶來的不舒服，應該想到的是在不久的將來，路面會更寬敞，你完全可以想像那時候有多美好！」教育孩子放眼未來、凡事往好處想的同時，這位母親還不忘打一個非常具體的比喻：「這滿地的沙礫，就像你臉上的青春痘，雖說不好看，卻預告著你們正處在青春妙齡的美好時期，只要你不去抓，不去擠壓，很快就會好起來的。和修路一樣，需要眾人出力，需要一定的時間來完成。當你的臉像將來的馬路一樣平滑時，你就會發現當年的青春煩惱多麼不值一提！」聽完這席話，中學生感激地回答母親：「媽媽，妳說得對，我明白了！」

在亞洲經濟危機期間，一位韓國母親將自己所有的金銀飾品全部捐給國家。女兒不理解地問：「媽媽，妳把自己的東西都捐出去有什麼用？」母親告訴她：「孩子，對整個國家來說，我拿出來的是微不足道，但是，如果我們每個韓國家長都能拿出些微不足道的東西為國家分憂，那麼我們的國家就會很快度過危機。我們的國家好了，我們的日子就會幸福了。」聽完母親的解釋，女兒跑到臥室，把自己撲滿裡的錢全部拿了出來捐給國家。

韓國家長非常注重家長和孩子的互動，真正把言傳身教落實到每一件具體的事情中。他們反對急功近利，更不會揠苗助長；他們推崇的是和孩

子在共同體驗中鍛鍊孩子的各種能力；他們的目光不僅停留在孩子功課好、將來考上好大學上，還把家教和國事緊密地聯結起來。這大概是這些年韓國國民綜合素養快速提高很重要的原因吧。

日本家長這樣教育孩子

日本的科技發達固然與政府重視科學、重視人才有關，但更重要的是日本始終把對下一代的教育貫穿在孩子的日常生活中，而日本家長對家庭教育的重視就是最好的佐證。

在一次夏令營活動中，媒體這樣描述日本孩子的表現：矮小的男孩黑木雄介肚子疼，臉色蒼白，汗珠如豆。領隊發現後，讓他放下背包，他卻不放，讓他坐車更是不肯。他說：「我是來受鍛鍊的，當逃兵是可恥的，這樣回去後怎麼向老師和爸媽交代？我能撐住，我一定要走到底！」在醫生勸說下，他才在草地仰面躺下，大口喘息。只過了一會兒，他又爬起來繼續前進。

不得不說，日本孩子的堅強讓很多成年人望塵莫及。「父母精心，孩子就會不凡；父母粗心，孩子就會平凡。」日本家長在面對孩子教育的問題上，從來都不掉以輕心，他們往往把對孩子的教育視為生活中最重要的事。

日本家長還重視培養孩子吃苦耐勞的精神。日本家長注重有意識地提供孩子吃苦的機會，讓孩子從小就經歷磨難和挫折。日本幼稚園都有「遠足」課程，老師會帶孩子步行往返三、四公里到公園遊玩。小學高年級和中學每年都舉辦「田園學校」、「海島學校」、「森林學校」，讓孩子了解農村生活的同時也見見世面。大多數家長會要求孩子從小做家事、整理房間、做飯；上學時，家長從不接送；外出時也是自己背著背包；念大學，學費家長出，生活費得自己打工賺。這樣便培養了孩子的吃苦精神和自立能力。

重視培養孩子的大局觀是日本教育的另一特色。日本家長和老師經常

教育孩子，自己的國家資源稀少，只有靠自己的力量努力奮鬥，才能使國家富強，才能使自己得以生存。因此，每個人都要以國家為重，為國家多作貢獻。這樣，日本孩子從小就在心中打下深深的國家利益的烙印。

此外，日本家長還重視引導孩子團結合作。日本家長認為，團結是一個民族強大的前提，團體的力量永遠大於個人。這種團結精神要從小事、從生活瑣事、從小時候培養。在幼稚園，老師經常帶孩子玩一種遊戲叫「兩人三腳」，就是兩個人各出一隻腳綁在一起，形成「三隻腳」，然後分成幾組賽跑，配合默契稍有一點不好，就會摔倒或落後。

在這樣的教育環境下長大的日本孩子綜合能力好，如此，戰後短短幾十年，日本就從一個癱瘓、封閉、自然資源奇缺的國家一躍成為世界經濟強國，就不足為奇了。

另外，日本家長所信奉的十條教子法則值得我們學習：

▶ 家庭是習慣的學校，父母是習慣的老師。

▶ 對孩子的行為，五件事中三件誇獎，兩件批評，他定會朝好的方向發展。

▶ 與其給他知識，不如讓他感動；與其讓他感動，不如讓他實踐。

▶ 最開始教孩子念書時，一定要為他找到人品好的老師。再有才智、學歷，而人品惡劣的老師，也無法做孩子的模範。

▶ 了解世間之事的人，應該教育自己的孩子不貪戀酒色與金錢。

▶ 朋友的影響大於父母的影響。因為父母與孩子的年齡性別之差制約著父母的影響力，而朋友的影響則不受制約，特別是精神上的影響更大。可見，孩子選擇朋友是何等重要。

▶ 愛哭的孩子長得快。哭是小孩一種自我欲望的表現。孩子的生命力越強，越健康，就哭得越厲害。因為哭對他是一種運動，哭會使他增進食欲，哭累了會讓他酣睡。

▶ 即使挨打，也是父母的棒杖。人生總要在各個階段受到不同的打擊，面對打擊，自制力的有無與強弱非常關鍵。從小總是挨打的孩子習慣了打擊，長大後就有力量保持正常的精神狀態。

▶ 讓所愛的孩子外出旅行。這裡的旅行不是觀光，而是離開家鄉到陌生之地工作。孩子不離開父母的保護，不體會到這種艱辛就得不到錘煉，更談不上真正的幸福。如果真的愛孩子，就要讓孩子吃些苦。否則等孩子長大了真的一無所成，再後悔就來不及了。

▶ 教育的最終目的是讓孩子可以獨立生活，保護者可以安心地從孩子身邊離開。孩子遇到問題，應讓他自己想想如何解決。人的發展就像上臺階，自己不上一個臺階，就無法學會那個階段的東西。

　　日本家庭教育協會認為，「規範形成教育」是家庭教育最重要的作用。只有在家庭教育中讓孩子懂得規矩、養成遵守社會規範的習慣，將來進入社會的每個孩子才能變成自覺遵守規範的社會人，而只有具有共同規範的人之間才能產生信賴。為了復興日本傳統的家庭教育，從而構建一個更加美好的日本，日本政府、教育機構以及家庭教育協會等社會組織從來都沒有放棄過全面普及家庭教育知識的努力。

法國家長這樣教育孩子

　　法國家長認為尊重孩子是最重要的 ——

　　在法國，如果孩子犯了錯，大部分家長都不會先指責孩子，而會先問事情的原因和孩子當時的想法。聽完事情的經過後，家長才開始教育孩子，這種方式會使親子間形成互相信賴的關係，即使家長再指責孩子，孩子也會認知自己所犯的錯。對於年齡較小的孩子，法國家長會採取對話方式進行教育，透過對話使孩子明白自己該做什麼、該怎麼做，然後主動去做。法國家長從來不逼孩子去做事或強制孩子怎麼做，他們認為讓孩子理解是最有效的教育方法，把孩子當作一個完整的人，尊重孩子的人格。

　　法國家長重視培養孩子的個性和獨立能力。如果家裡有客人，法國孩子都會回到自己的房間，因為那裡才是他們的自由空間。為了培養他們的自由天性，法國家長會讓孩子自己裝飾房間和選擇如何玩耍。法國家長還經常和孩子一起旅行，透過親身體驗文化藝術來讓孩子感受生活。在孩子

遇到困難時，家長不是無條件地為孩子排除困難，而是讓他們自己面對困難、自己想辦法解決，從而提高孩子的判斷力和獨立解決問題的能力。家長只是努力給孩子創造一個能使他們更多接觸社會的條件，從而增加他們的閱歷，他們認為培養孩子的判斷力和獨立性比什麼都重要。

　　一位旅居法國多年的作家寫道，「法國家長對下一代的教育著重點放在幼兒的感性認知上。縱觀歷史，我們會發現，法國出現了很多偉大的藝術家和科學家。我們不得不承認，法國人在感性認知的教育很成功。」的確，法國的兒童教育都圍繞著感性教育進行，教育的重點放在對孩子進行音樂和美術的指導。法國所有的幼稚園都把美術教育看成教育的根本，幼稚園全部課程的 80％以上都和美術教育有關。在家裡，手工製作的材料比其他玩具都多；為了讓孩子能隨手畫畫，家長在牆上貼了很多可以繪畫的紙張，家裡到處都是繪畫工具。法國孩子對建築物、對音樂和美術的認知比其他國家的孩子更早，他們看見一幅畫，就能談到配色、素材、明暗、構圖等等，能夠說出對畫的感想。

　　另外，法國的家長還很重視培養孩子的創意思維。他們重視培養孩子把感覺到和看到的事物表現出來的能力，重視孩子們參觀和旅行之後的活動。在文學教育方面，家長讓孩子把所讀到的寫出來；在地理、音樂方面，家長也盡可能使孩子透過聯想找到感覺，培養他們獨有的個性和對藝術的熱愛。

英國家長這樣教育孩子

　　在英國的家庭中，絕對看不到對孩子沒有理由的嬌寵，犯了錯的孩子會受到糾正甚至懲罰。家長們往往在尊重孩子獨立人格的前提下，對孩子進行嚴格的管束，讓他們明白，他們的行為不是沒有限制的，不可為所欲為。英國的法律明確規定允許家長體罰孩子，至今許多學校仍保留著體罰學生的規矩。

　　在一般家庭中，家長不允許 5 歲以下的孩子挑剔吃穿，到了該做什麼

的時候一律按照規矩，故意犯錯和欺負幼小，都會受到嚴厲的懲罰。

英國家長普遍認為，對孩子的溺愛和嬌寵是養成孩子獨立性格的最大障礙。要使孩子日後能適應社會需求，獨立地生活、工作，就必須從小培養他們獨立生活的能力，讓他們學會尊重他人和自我克制，知道對自己的行為負責。「子不教，父之過」也是英國家長的觀點。他們認為，應對孩子成人後的行為負責，如果孩子日後不能像其他人一樣適應社會，對社會有所貢獻，身為家長就沒盡到教育的職責，這樣的家長是不稱職的，他們應該感到愧疚，向社會檢討。

在孩子小時，家長會悉心照料他們，但不該嬌寵、溺愛他們。所以，英國的年輕家長很少將孩子抱在懷裡，而是讓他們隨地爬、隨便玩。如果孩子不慎摔倒在地，英國家長絕不會馬上扶他們起來，而是讓孩子試著自己站起來，用一點一滴的小事去訓練孩子的獨立能力，使孩子明白，他們每個人都無法依賴家長生活，完全要靠自己。所以，在英國的家庭，孩子永遠不是中心。這點在西方大部分國家的觀念是一致的。

在英國，無論是富裕家庭還是平民家庭，無論條件如何，都不會寵溺小孩，人們會刻意創造一些環境，讓孩子在其中遭受人為的困境，磨練他們的意志，以便在以後的生活中應對各種困難。公學是英國的貴族學校，有些公學舉世聞名。公學學費昂貴，公學的學生強調品學兼優。然而，在公學讀書的富家子弟卻生活在極其艱苦的環境中。校方故意將伙食弄得很差，又缺少取暖設備 …… 在公學裡，人們以吃苦為榮，以意志堅定為高尚，建立一種合乎自然的價值觀。在英國家長的眼裡，這是一種類比的生活環境，目的是讓學生透過這環境的磨練，練習許多實際生活的本領，以增強在艱難環境下生活的能力。這也是對孩子的愛的另一種表現，這種愛超越了對孩子的呵護，是家長對孩子的一種真愛。

「傳統無所不在，一旦形成傳統，習慣就會不問理由地存在人們的行為和思想中，具有不可抗拒的巨大力量，成為自然而然的自覺。」傳統的人文思想作為一種傳承深深植根於英國家長的頭腦中，成為他們認知事物的標準和價值所在，也成為他們行為的主導。在對待孩子教育的問題上，

家長的認知是那樣的統一，以至於他們會自覺或不自覺地按傳統辦事、按傳統標準去評定孩子的行為。幾乎所有英國家長都認為孩子應該懂得忍耐，因為現實的成人社會裡有太多需要忍耐的事。他們認為，缺乏忍耐和自我克制是最令人瞧不起、最沒有修養的。即使是孩子，如果學不會忍耐，將來也不會有作為。所以，在家庭中，如果孩子受到一般的傷害，即使他們大哭大鬧也絕不會在家長那裡得到安慰和同情。相反，對那些無法忍受疼痛而肆意大哭的孩子，家長會給予嚴厲的訓斥。這樣，日子久了，孩子漸漸就會明白，他是生活在一個只能依靠自己的環境中，不管是哪種痛苦，都不必求助別人，要自己忍耐。時間一長，孩子的堅忍性格就自然養成了。堅韌不拔的性格有助於成就偉大的事業，這是英國家長一致的看法。

英國家長的一系列做法，使孩子長大後受益匪淺，多數人在後來的生活中深深體會了家長的良苦用心。所以，有過這種經歷的英國孩子在其成人後也會這樣要求他們的孩子，如此便形成傳統，成為英國兒童教育的一種固定模式。

孩子心中的那道疤，必須用一輩子療傷：

填平代溝、尊重隱私、停止比較，營造良好氛圍的第一步，從改善親子關係做起

編　　著：胡郊仁，曉秋

發 行 人：黃振庭

出 版 者：崧燁文化事業有限公司

發 行 者：崧燁文化事業有限公司

E-mail：sonbookservice@gmail.com

粉 絲 頁：https://www.facebook.com/
　　　　　sonbookss/

網　　址：https://sonbook.net/

地　　址：台北市中正區重慶南路一段六十一號八
　　　　　樓 815 室

Rm. 815, 8F., No.61, Sec. 1, Chongqing S. Rd.,
Zhongzheng Dist., Taipei City 100, Taiwan

電　　話：(02)2370-3310

傳　　真：(02)2388-1990

印　　刷：京峯彩色印刷有限公司（京峰數位）

律師顧問：廣華律師事務所 張珮琦律師

定　　價：350 元

發行日期：2023 年 01 月第一版

◎本書以 POD 印製

國家圖書館出版品預行編目資料

孩子心中的那道疤，必須用一輩子
療傷：填平代溝、尊重隱私、停止
比較，營造良好氛圍的第一步，從
改善親子關係做起 / 胡郊仁，曉秋
編著 . -- 第一版 . -- 臺北市：崧燁
文化事業有限公司 , 2023.01
　面；　公分
POD 版
ISBN 978-626-332-905-8(平裝)
1.CST: 親子溝通 2.CST: 親子關係
3.CST: 親職教育
528.2　　111018551

電子書購買

臉書